Kunstvoll Sticken

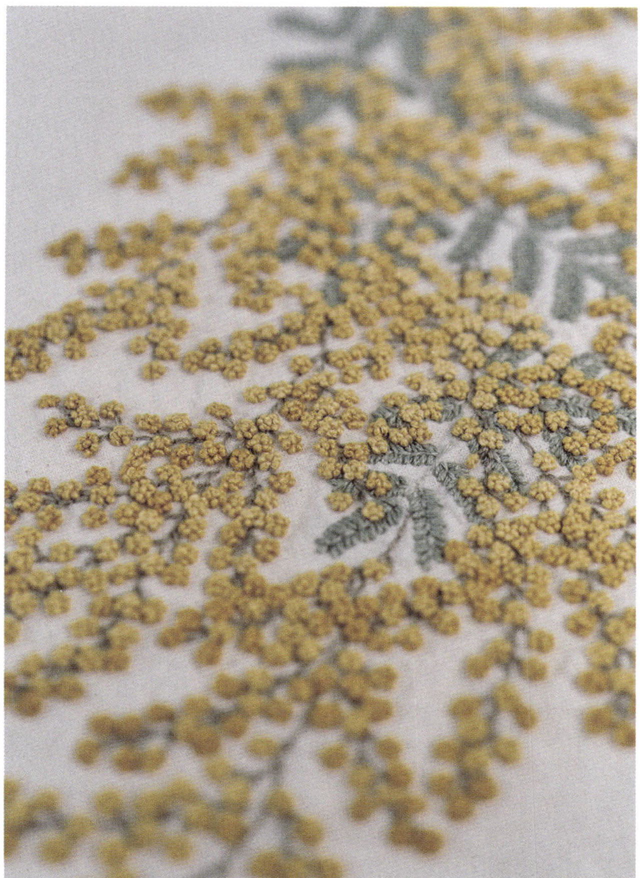

Besondere Motive inspiriert von Pflanzen, Tieren und Geschichten

AF639958

stiebner

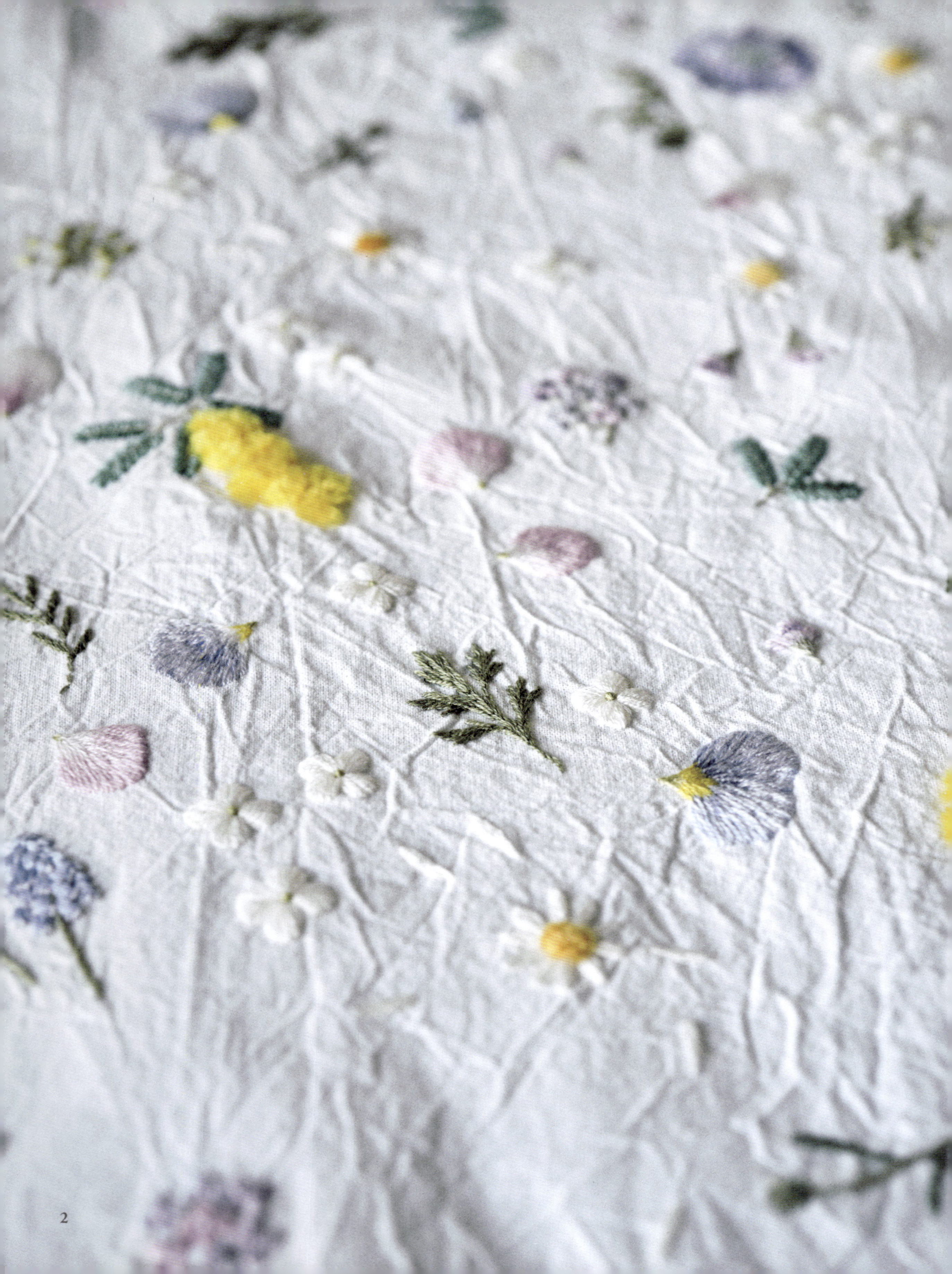

Vorwort

Stickgarn macht mich glücklich.

Dieser schöne Glanz und die atemberaubende Vielfalt der Farben!

Es macht unheimlich Spaß, das passende Garn für einen Sonnenuntergang oder den Farbübergang einer jungen Rosenblüte herauszusuchen, die langsam verwelkt und, kurz bevor sie ihre Blätter fallen lässt, noch einmal diese tolle tiefrote Farbe annimmt.

Mit verschiedensten Sticharten erwecken wir das Garn zum Leben. Doch selbst die komplizierter wirkenden Stiche sind gar nicht so schwierig, wenn du einen Stich nach dem anderen machst. Und auch die schlichtesten strahlen eine überwältigende Magie aus, wenn du sie in großer Zahl aneinanderreihst.

In diesem Buch zeige ich an verschiedenen Beispielen, wie ich meine Ideen mit Nadel und Faden auf den Stoff bringe. Das Wichtigste ist dabei, mit Freude zu sticken. Benutze dieses Buch deshalb bitte vor allem als Anregung – du musst die Anleitungen nicht genau befolgen. Lass deiner Fantasie freien Lauf und erlaube deinen Händen, etwas Eigenes zu erschaffen. Du wirst staunen, was dabei herauskommt.

Mein Buch soll dir helfen, deine eigene Kreativität auszuleben. Viel Spaß dabei!

juno

Inhalt

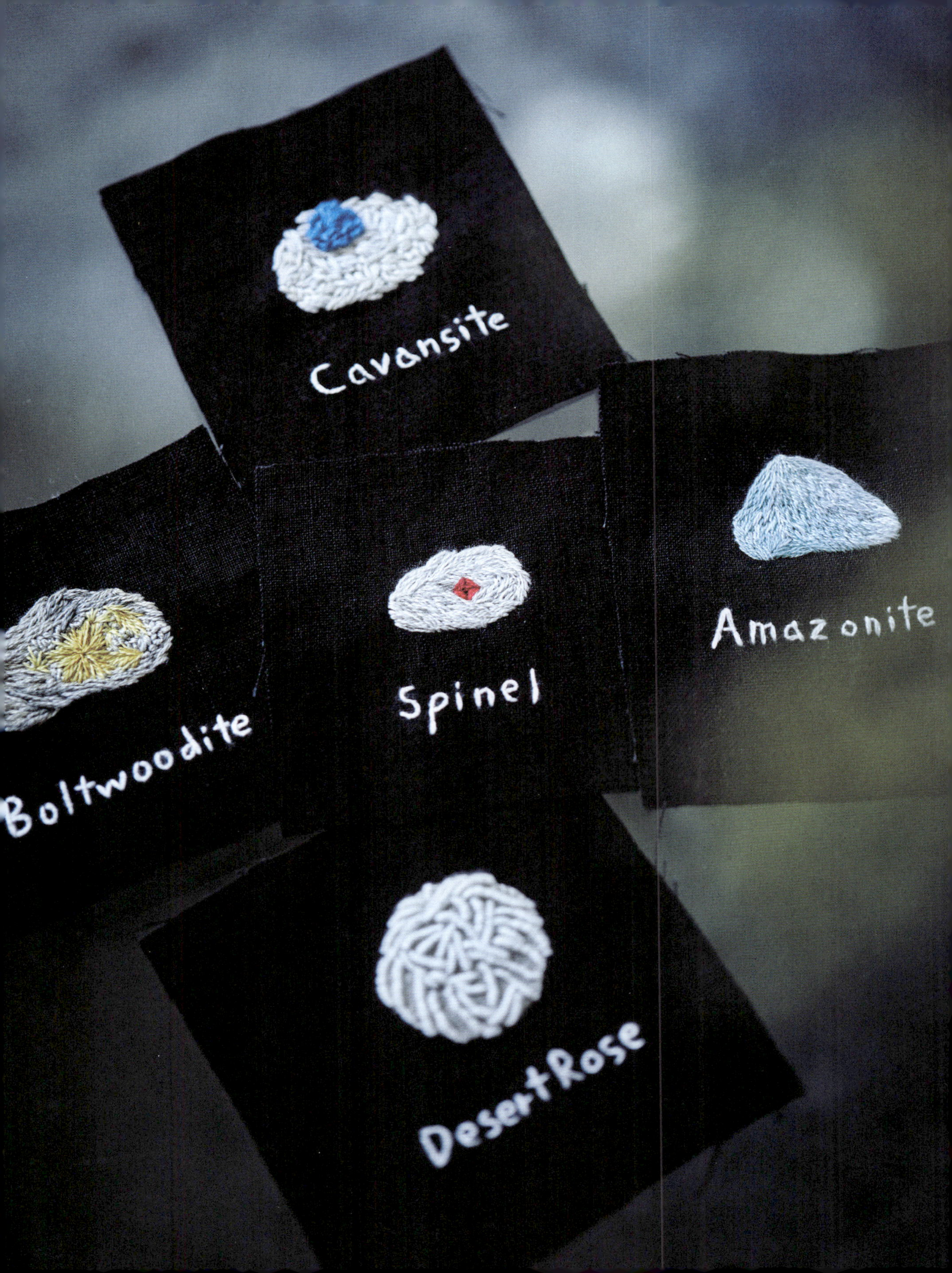
Cavansite
Boltwoodite
Spinel
Amazonite
DesertRose

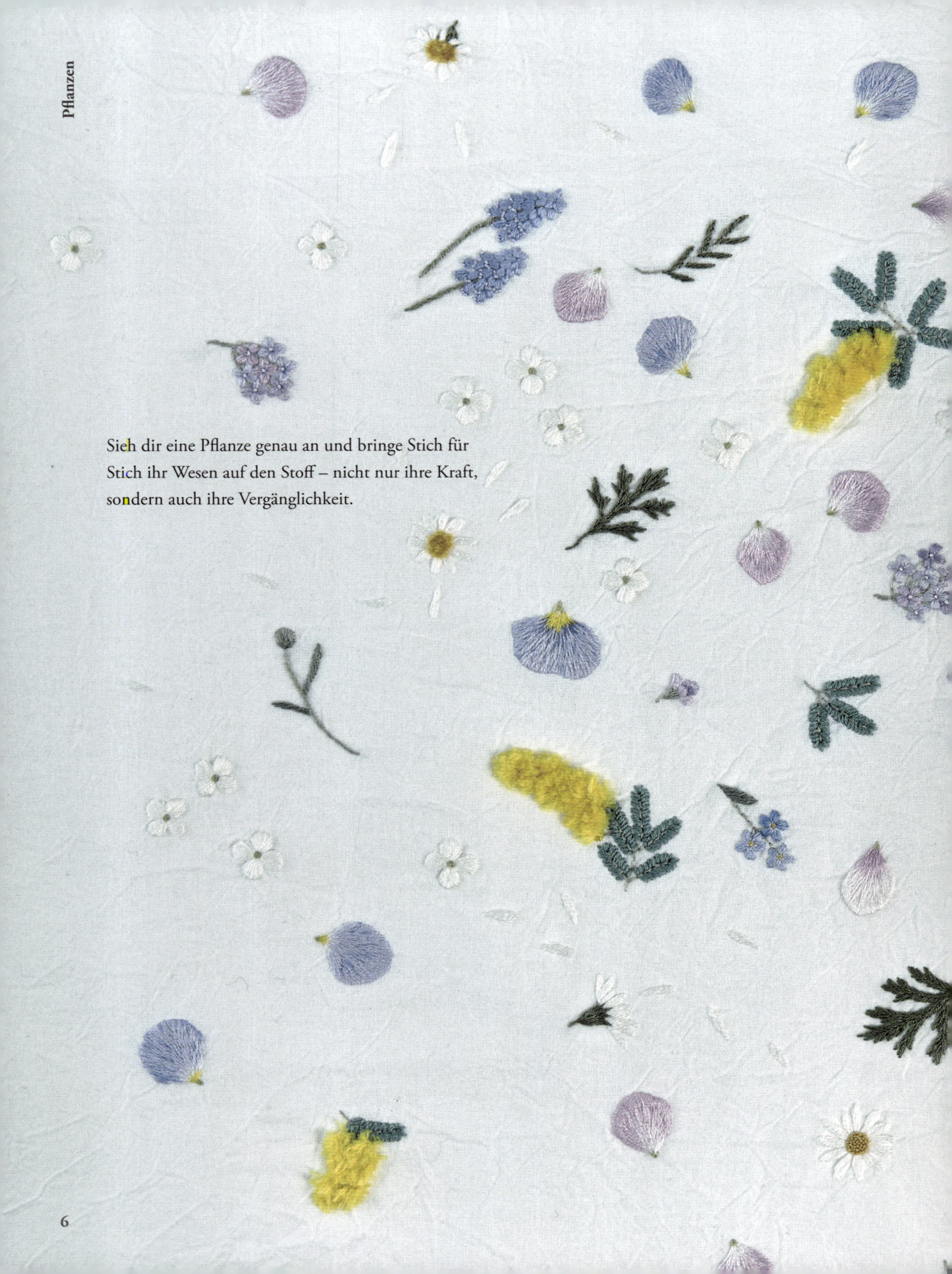

Sieh dir eine Pflanze genau an und bringe Stich für Stich ihr Wesen auf den Stoff – nicht nur ihre Kraft, sondern auch ihre Vergänglichkeit.

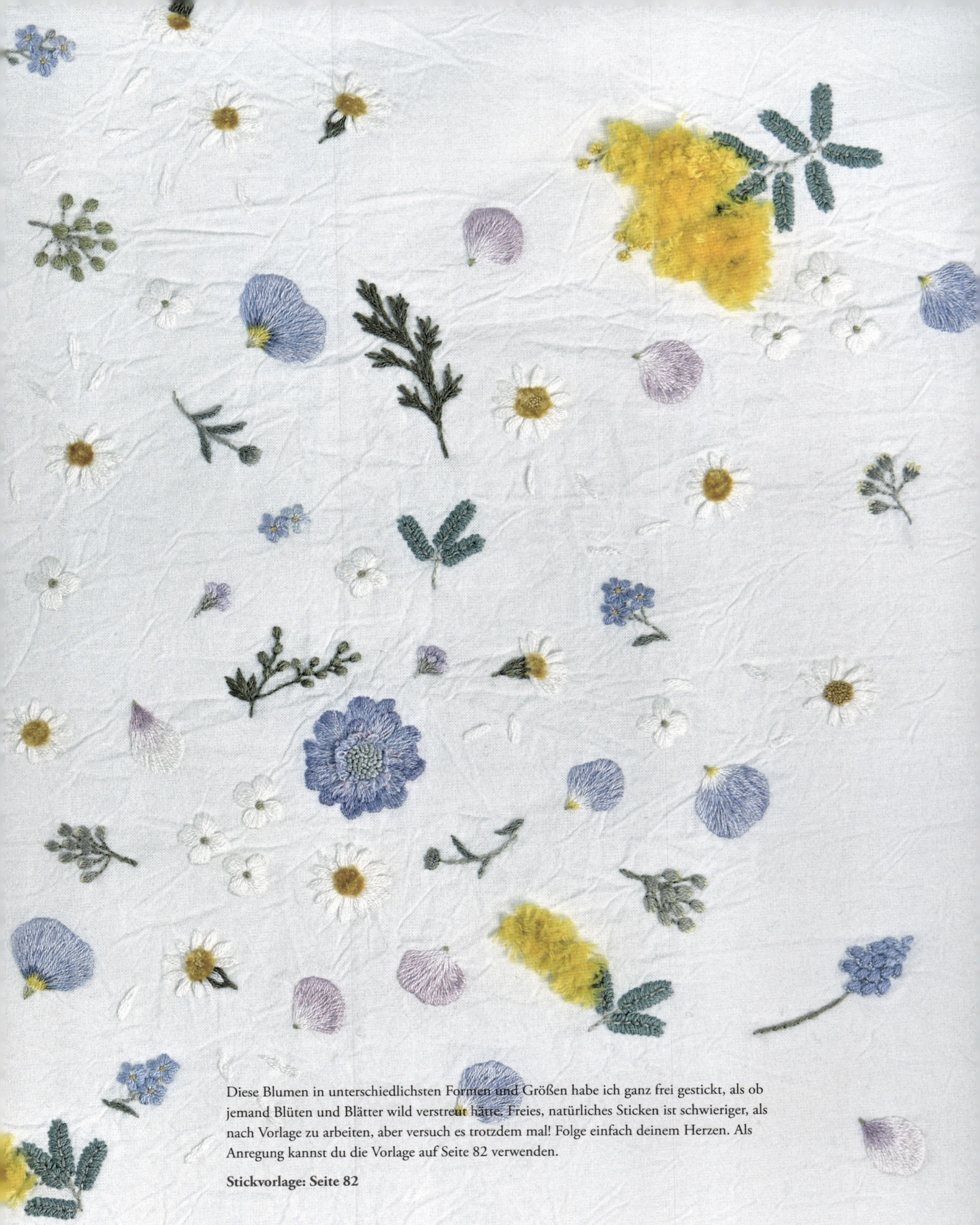

Diese Blumen in unterschiedlichsten Formen und Größen habe ich ganz frei gestickt, als ob jemand Blüten und Blätter wild verstreut hätte. Freies, natürliches Sticken ist schwieriger, als nach Vorlage zu arbeiten, aber versuch es trotzdem mal! Folge einfach deinem Herzen. Als Anregung kannst du die Vorlage auf Seite 82 verwenden.

Stickvorlage: Seite 82

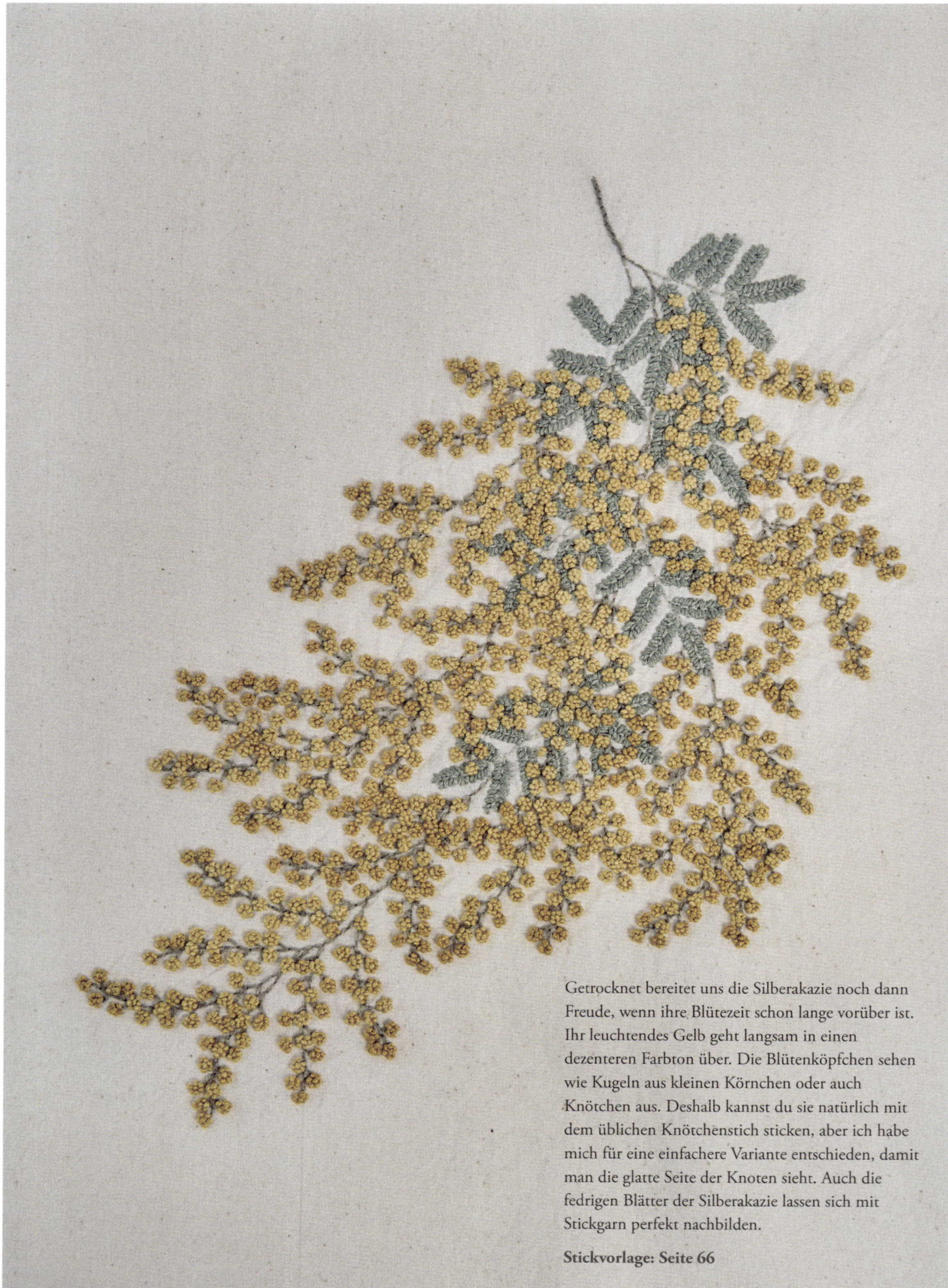

Getrocknet bereitet uns die Silberakazie noch dann Freude, wenn ihre Blütezeit schon lange vorüber ist. Ihr leuchtendes Gelb geht langsam in einen dezenteren Farbton über. Die Blütenköpfchen sehen wie Kugeln aus kleinen Körnchen oder auch Knötchen aus. Deshalb kannst du sie natürlich mit dem üblichen Knötchenstich sticken, aber ich habe mich für eine einfachere Variante entschieden, damit man die glatte Seite der Knoten sieht. Auch die fedrigen Blätter der Silberakazie lassen sich mit Stickgarn perfekt nachbilden.

Stickvorlage: Seite 66

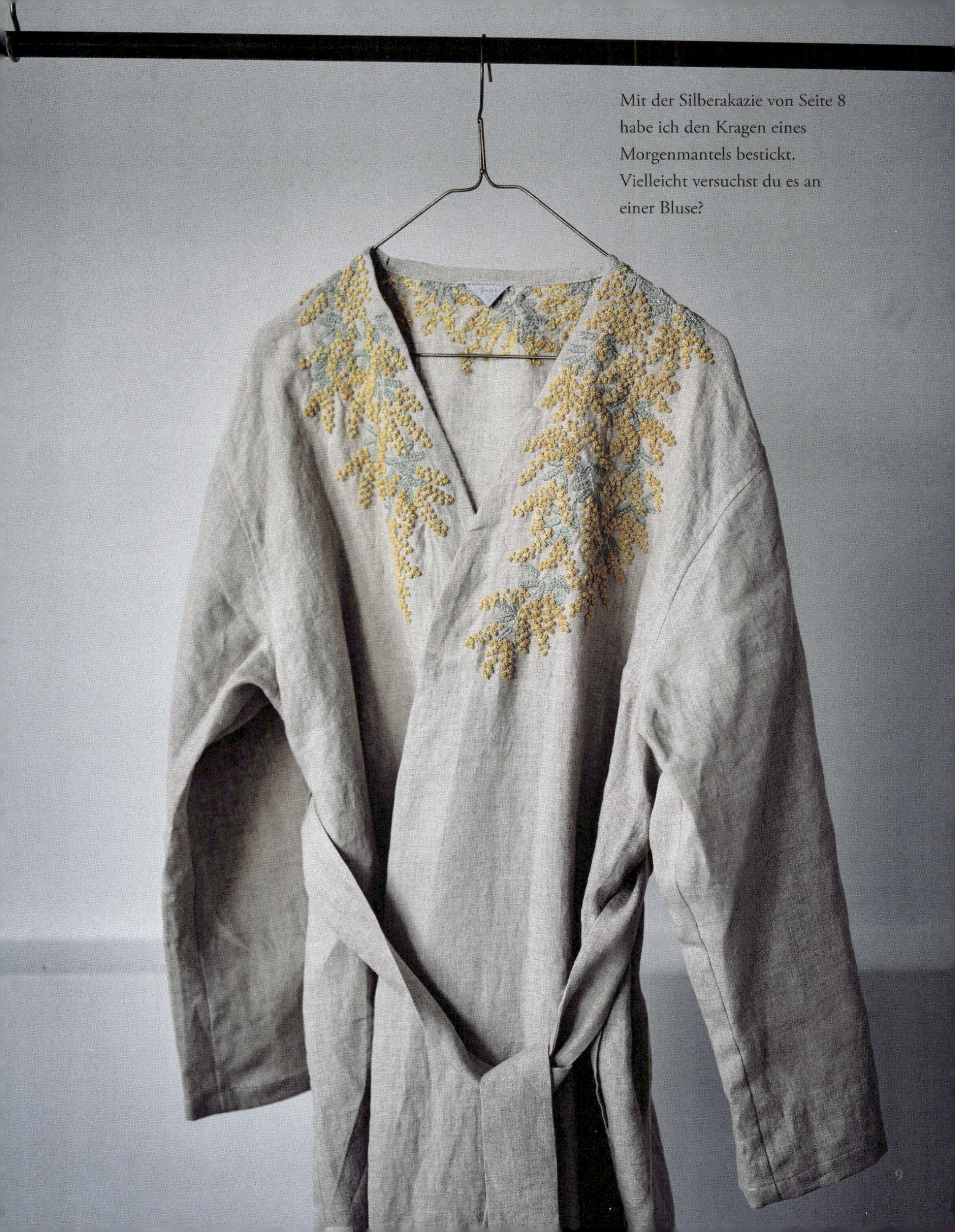

Mit der Silberakazie von Seite 8 habe ich den Kragen eines Morgenmantels bestickt. Vielleicht versuchst du es an einer Bluse?

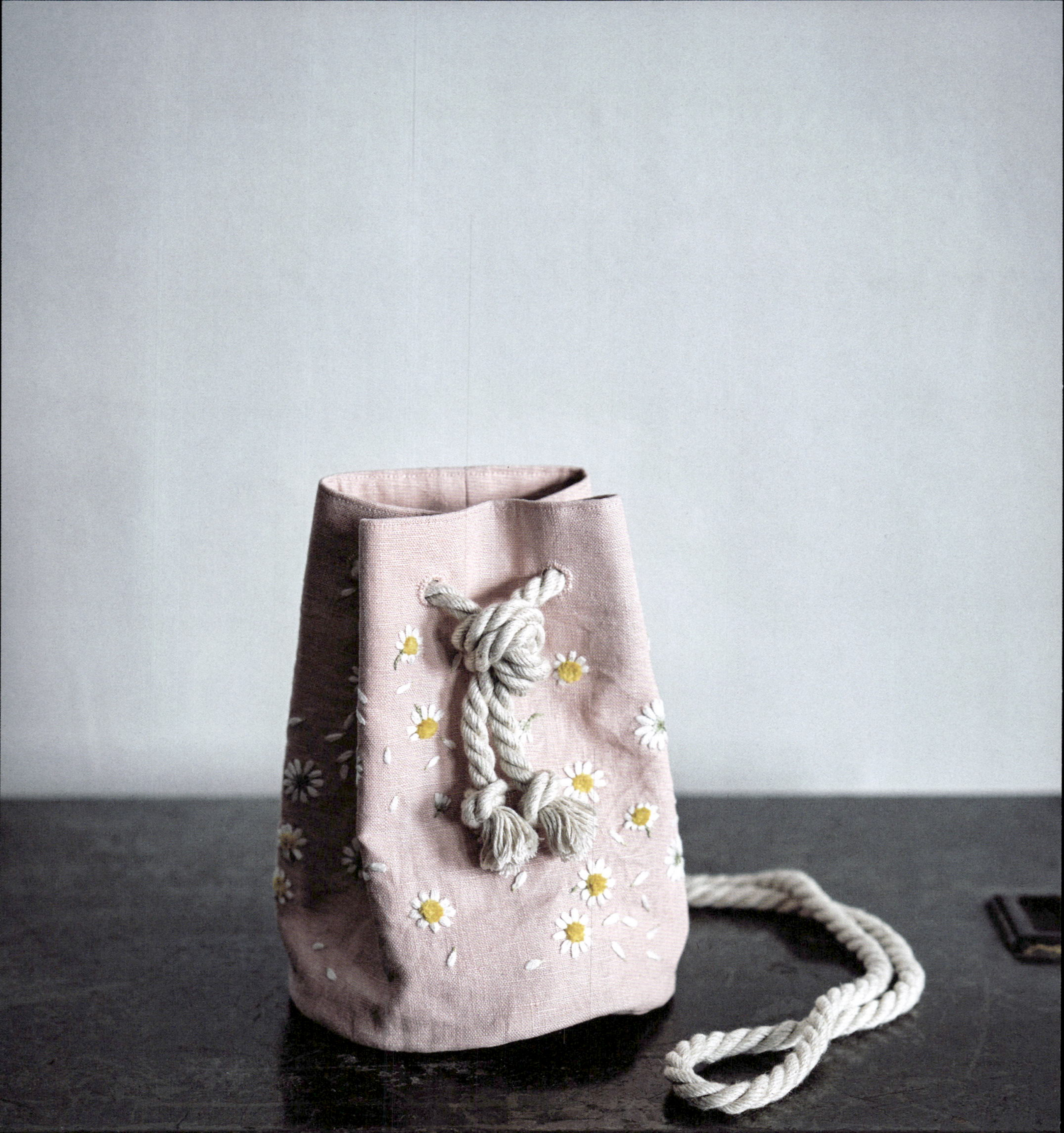

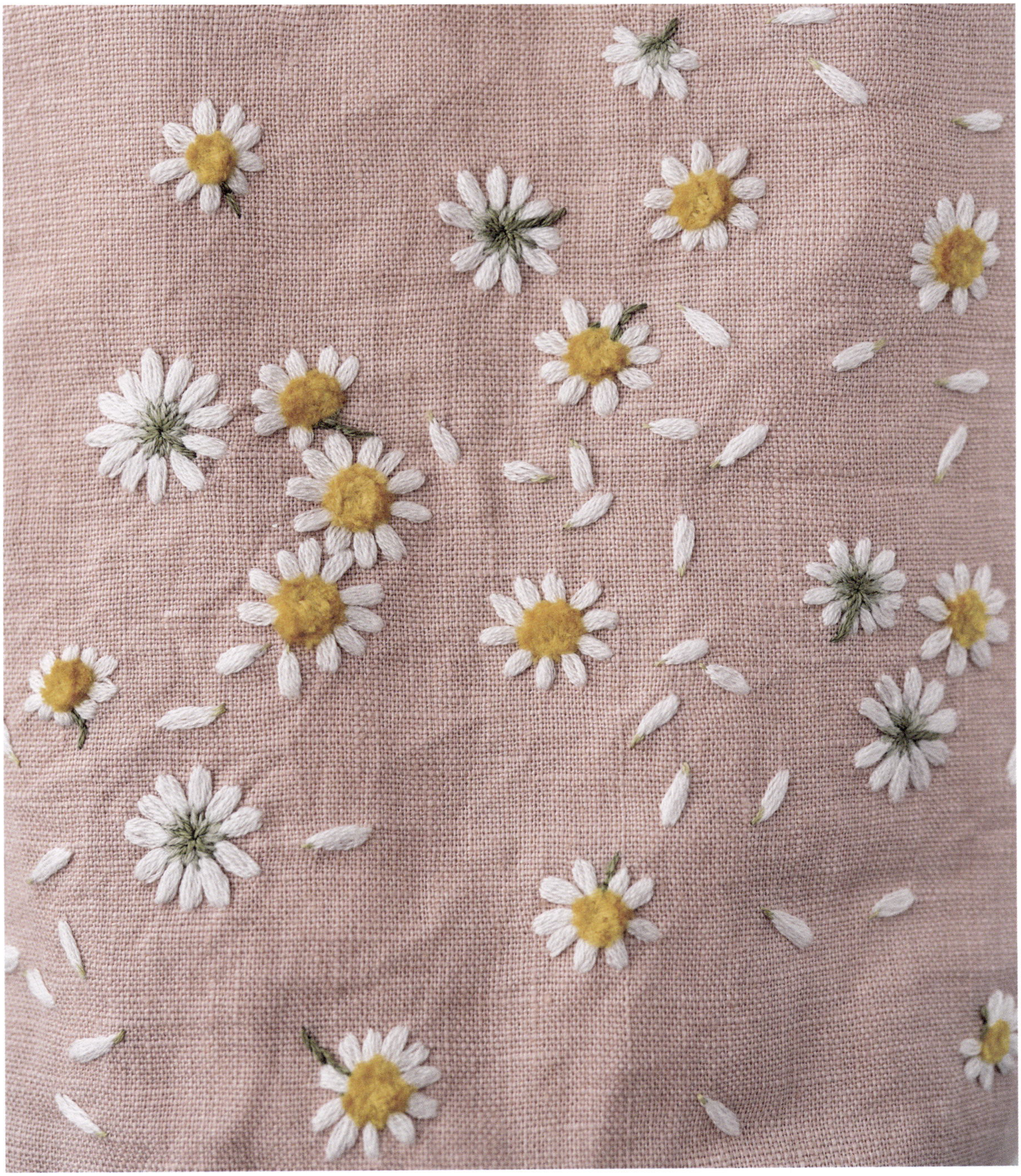

Frisch gepflückte und verstreute Kamille, sodass man ihren Duft praktisch riechen kann – dieses Motiv habe ich für ein Täschchen mit rundem Boden gewählt. Dreidimensional sieht die gelbe Blütenmitte besonders echt aus – und das fühlt sich auch toll an. Sticke zur Abwechslung auch Blüten von der Seite oder von hinten.

Anleitung: Seite 68

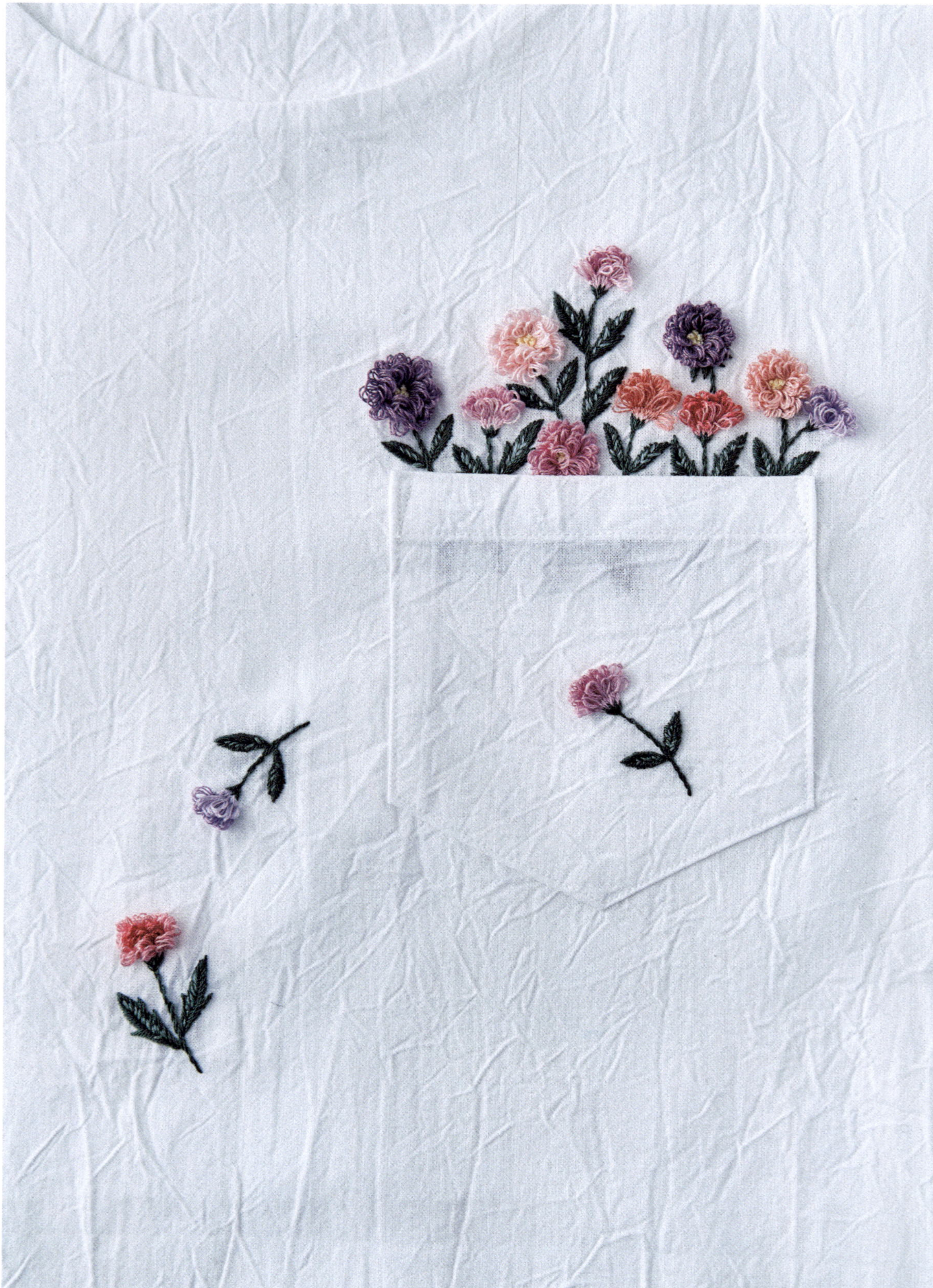

So viele Blumen, dass sie aus der Tasche herausfallen: Dieses Motiv ist für mich der Inbegriff von Freude. Auf der Brusttasche einer schlichten Bluse macht es sich am besten. Wenn die Tasche bereits festgenäht ist, kann das Sticken schwierig werden. Trenne dann vorsichtig die Naht auf und nähe die Tasche nach dem Sticken wieder an. Oder nimm eine Bluse ohne Tasche und nähe eine aus Baumwolle oder Leinen auf. Für die Blüten verwenden wir Fransenstickerei.

Stickvorlage: Seite 70

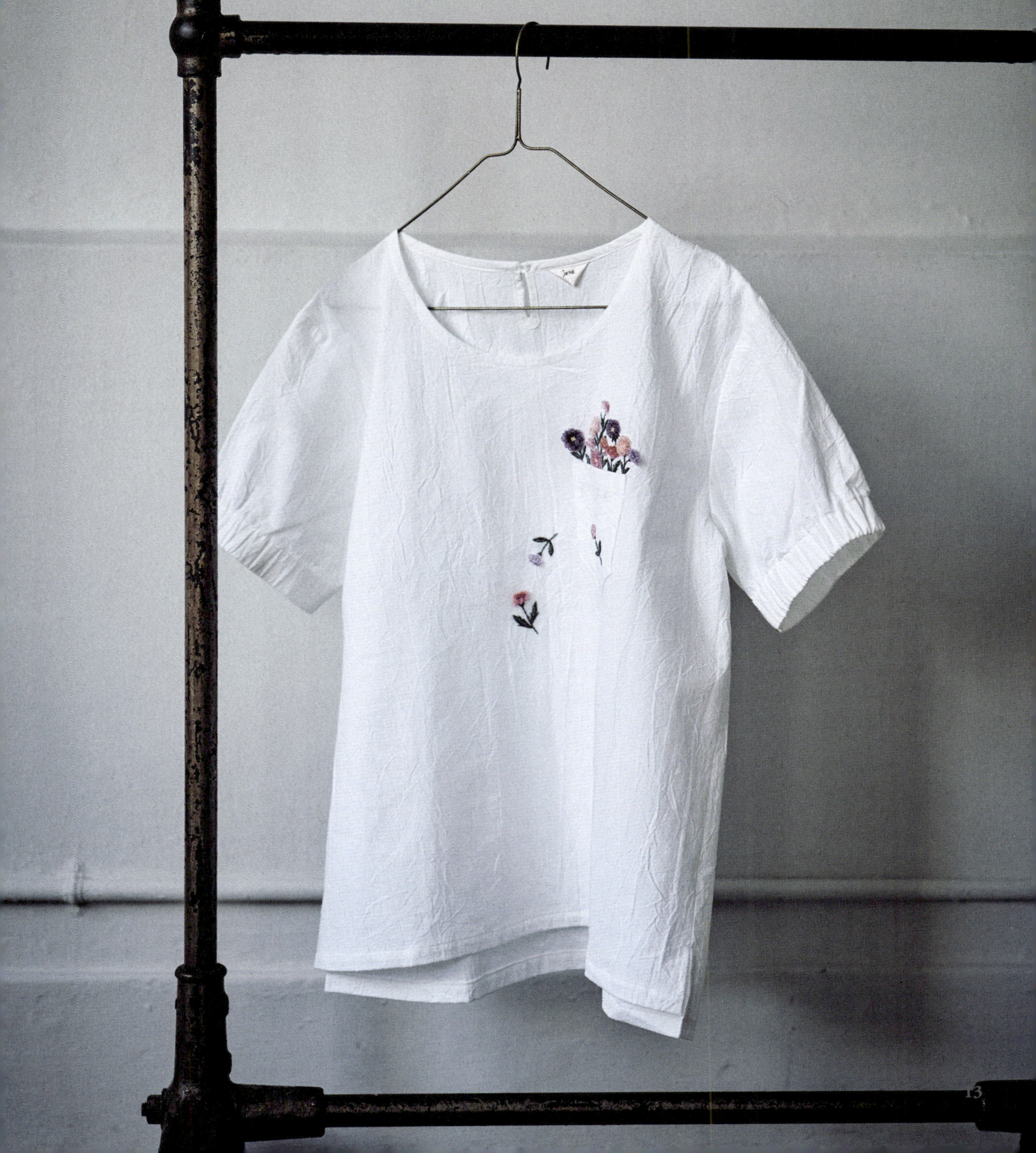

Typisch für den Löwenzahn sind seine runden gelben Blüten, die wegfliegenden Schirmchen – und eine Wurzel, die ganz tief in die Erde reicht. Ich wollte nicht nur den hübschen oberirdischen Teil sticken, sondern auch das, was ihm Leben spendet. Wenn du nicht so viel Platz auf dem Stoff hast, kürze die Wurzel einfach.

Stickvorlage: Seite 72

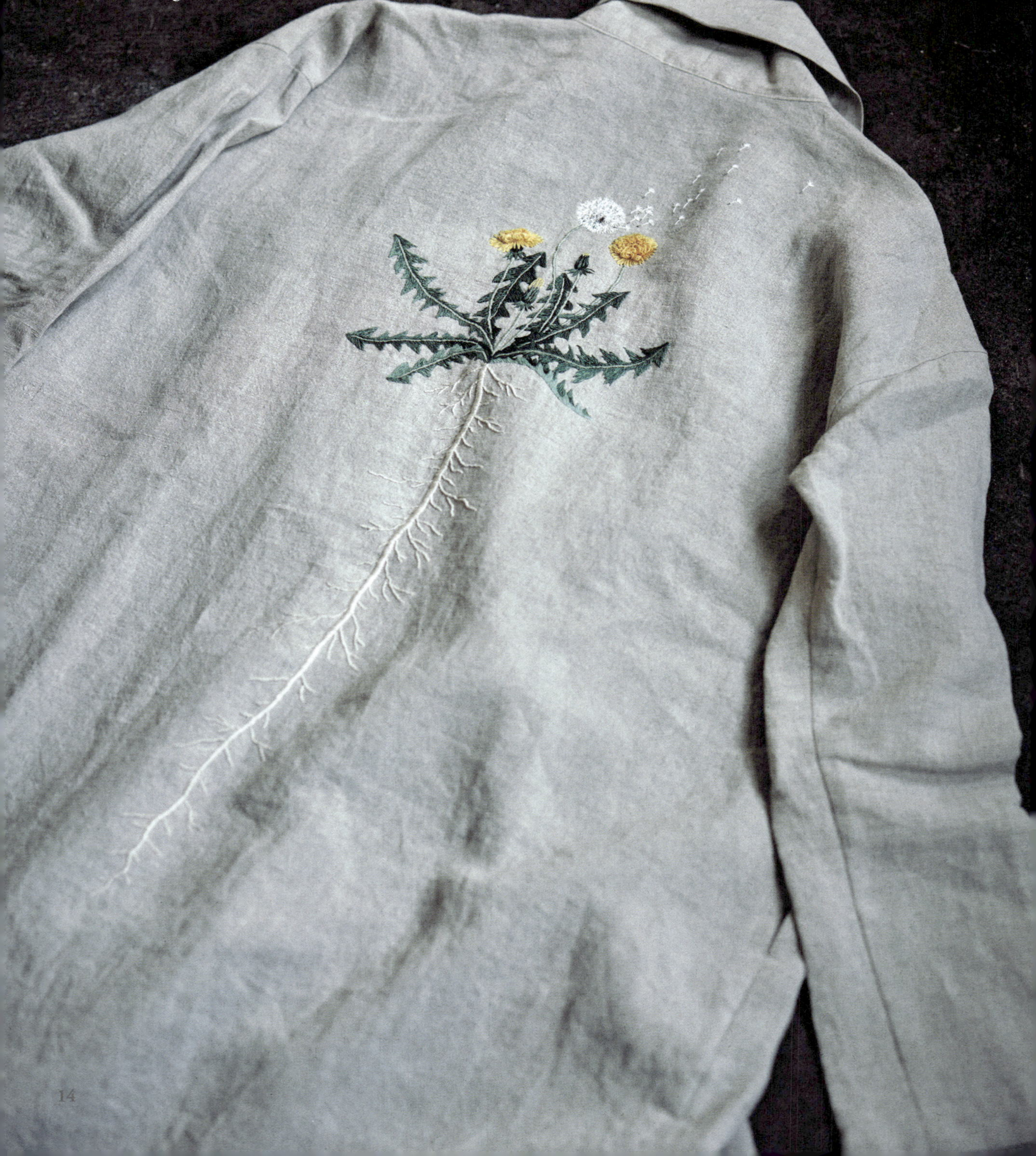

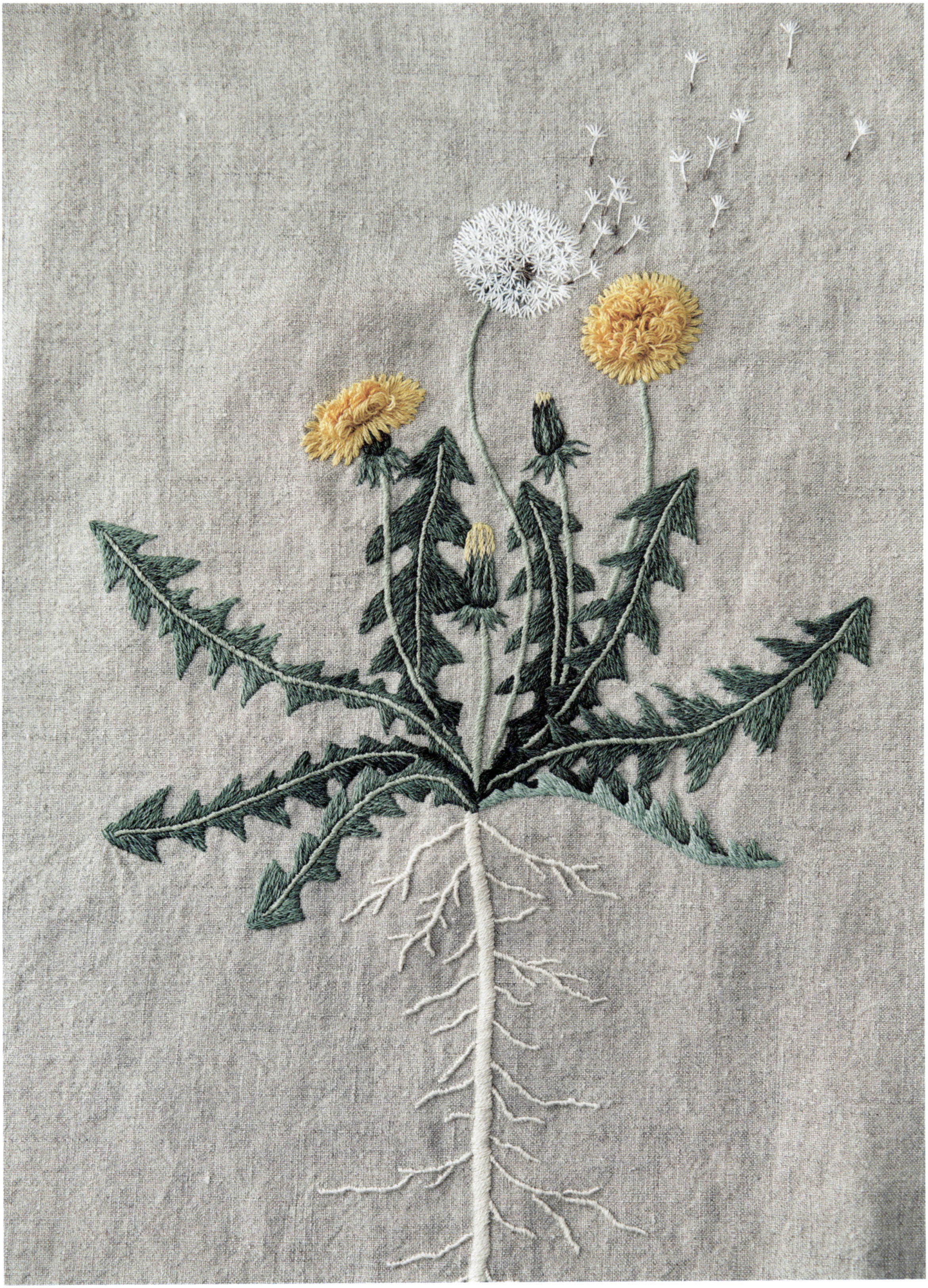

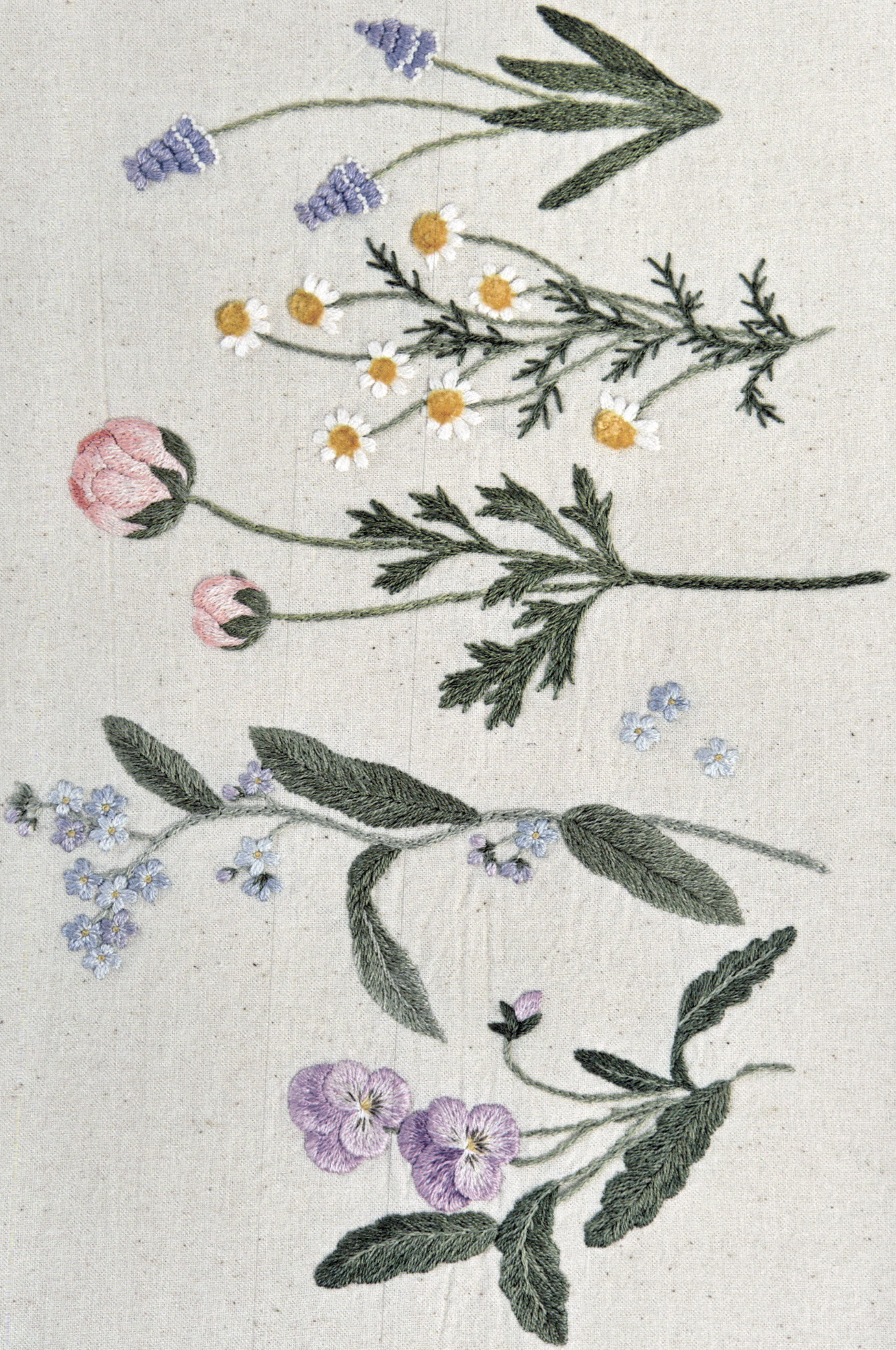

Die ersten wärmenden Sonnenstrahlen locken im Frühjahr diese zarten Blumen hervor. Ich habe sie so gestickt, dass man die weichen, prallen Blätter, die grazilen Stiele und die Blüten mit ihrem sanften Farbverlauf förmlich spüren kann. Stellen mit vielen Farbschichten wie die Blütenblätter habe ich nur einfädig gestickt, damit sie nicht zu dick werden. Sticke das Motiv auf einen robusten Baumwollstoff und nähe dir dann daraus eine einfache und rustikale, aber wunderschön verzierte Tasche.

Anleitung: Seite 74

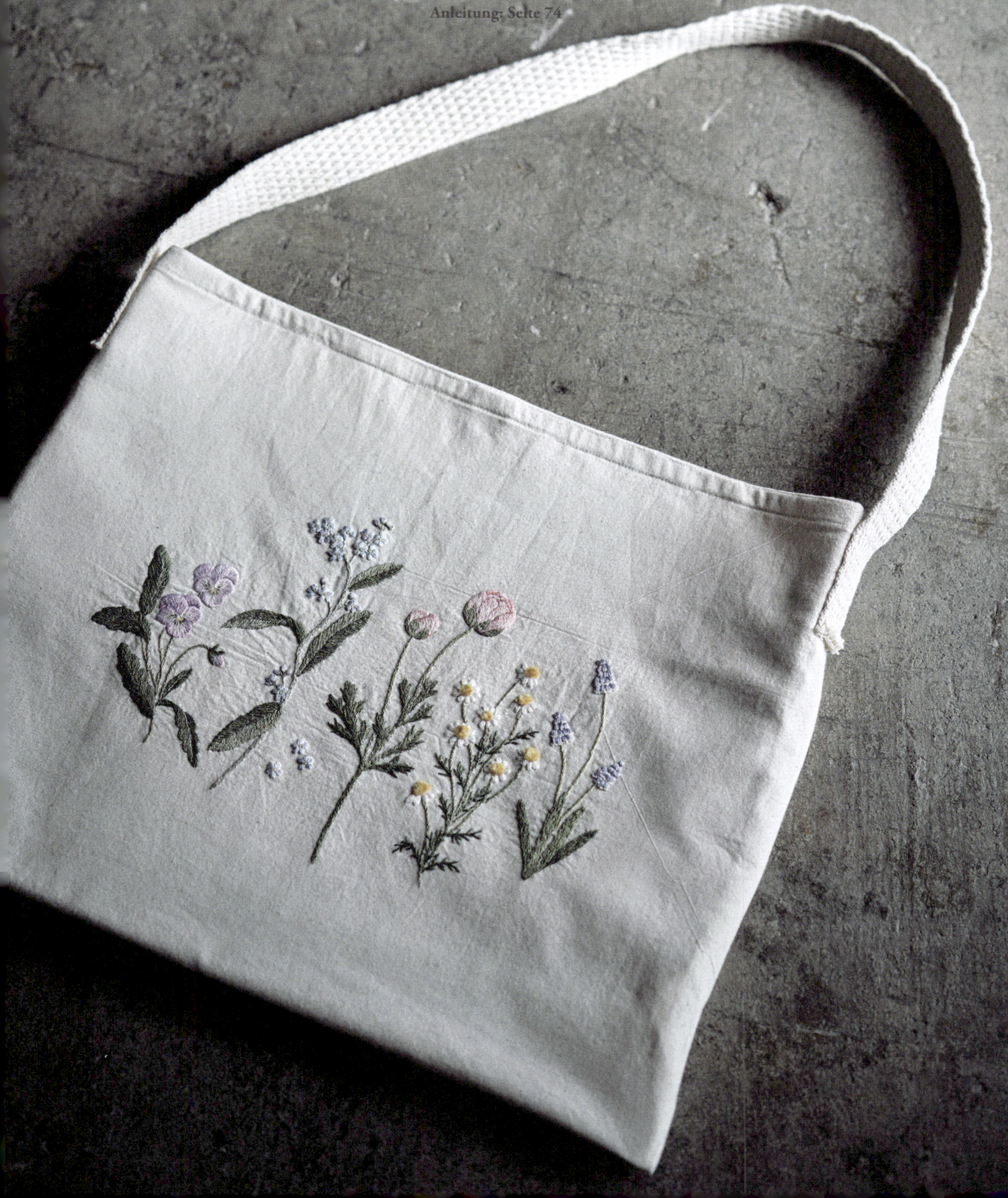

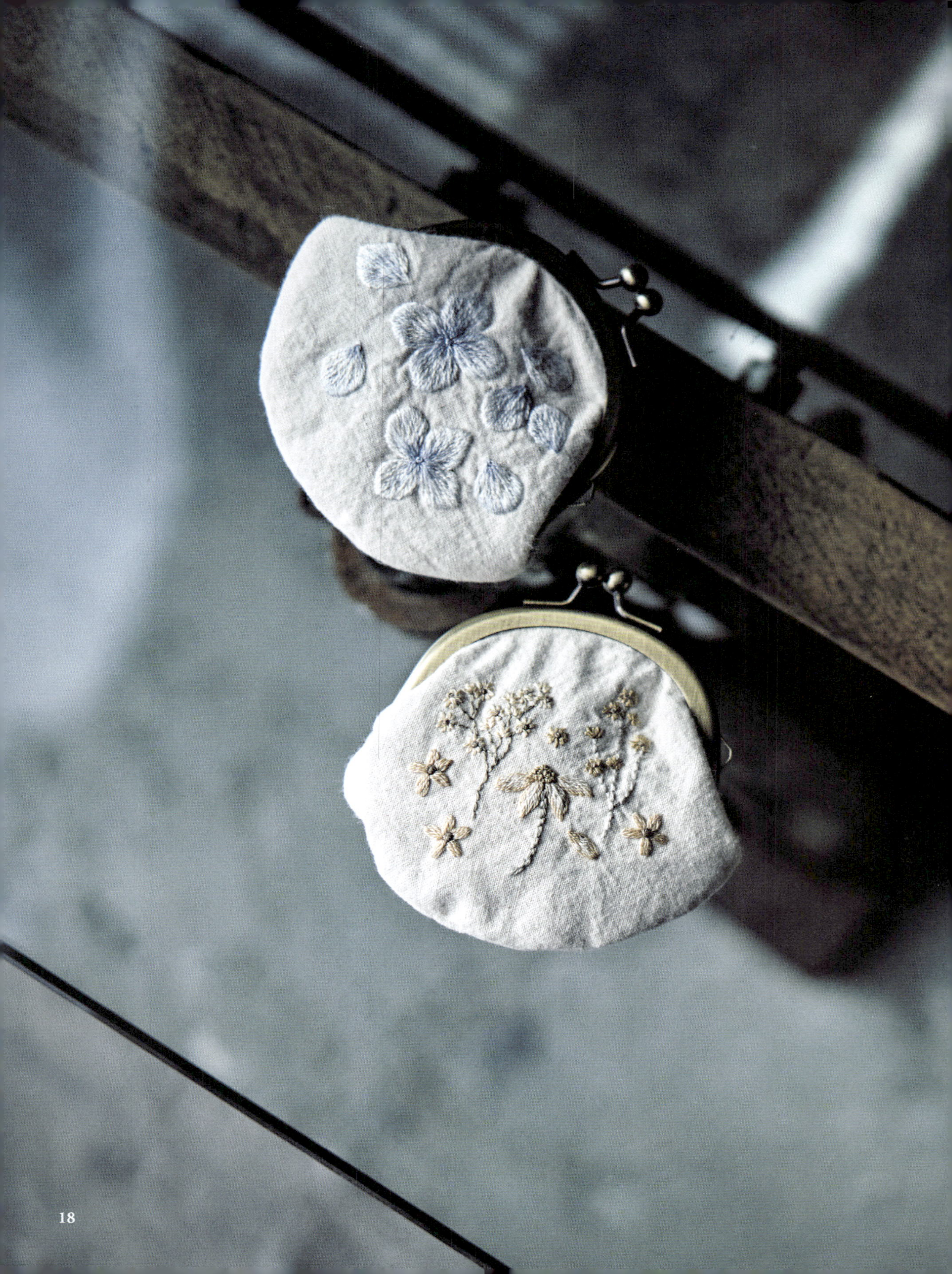

Mit einem meiner Lieblingsmotive, den Trocken-
blumen von Seite 20, habe ich kleine Geldbörsen mit Bügelverschluss hergestellt, denn die sind nicht nur niedlich, sondern auch praktisch. Die antikgoldene Farbe der Verschlüsse passt perfekt zu den getrockneten Blumen.

Anleitung: Seite 78

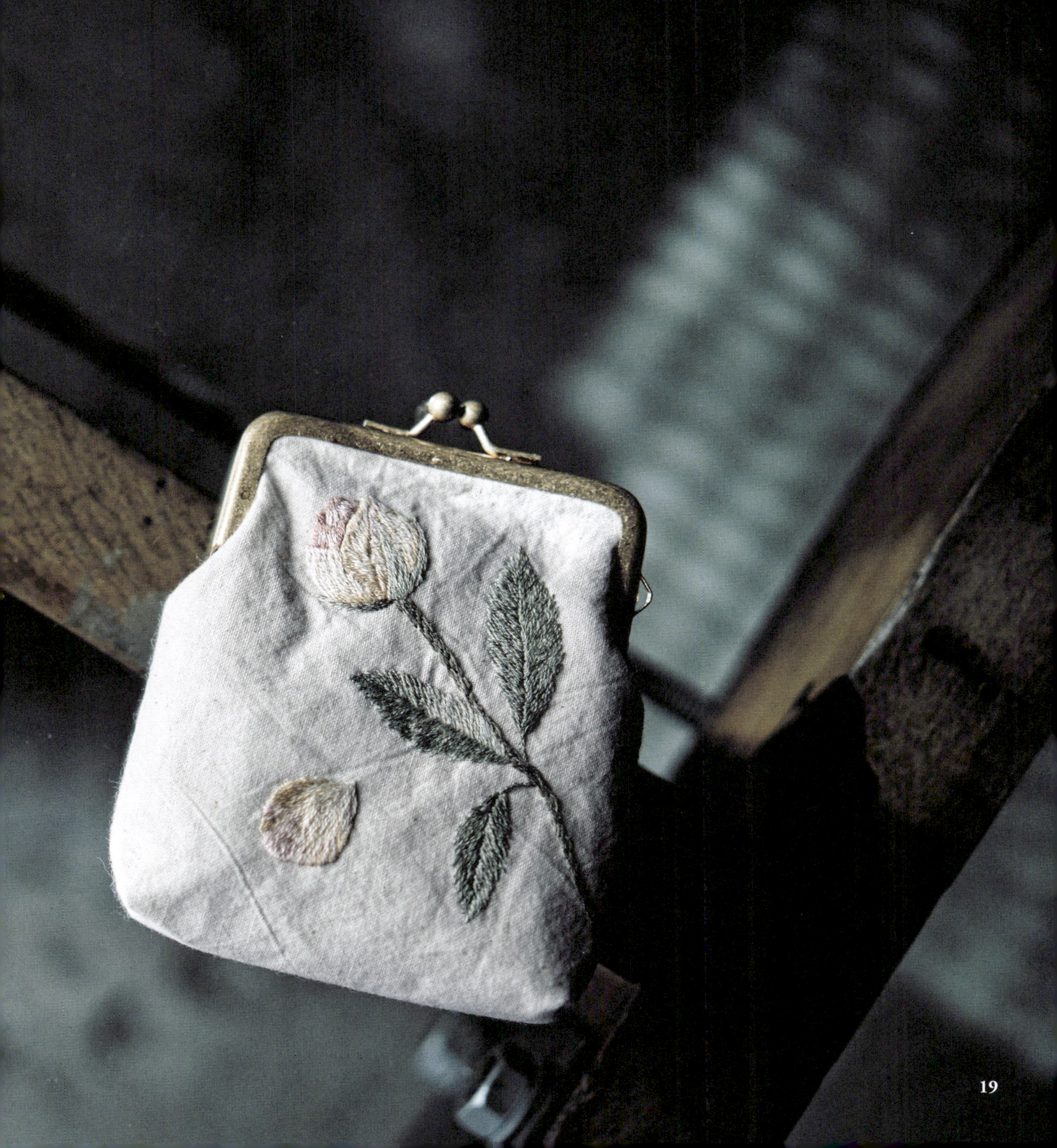

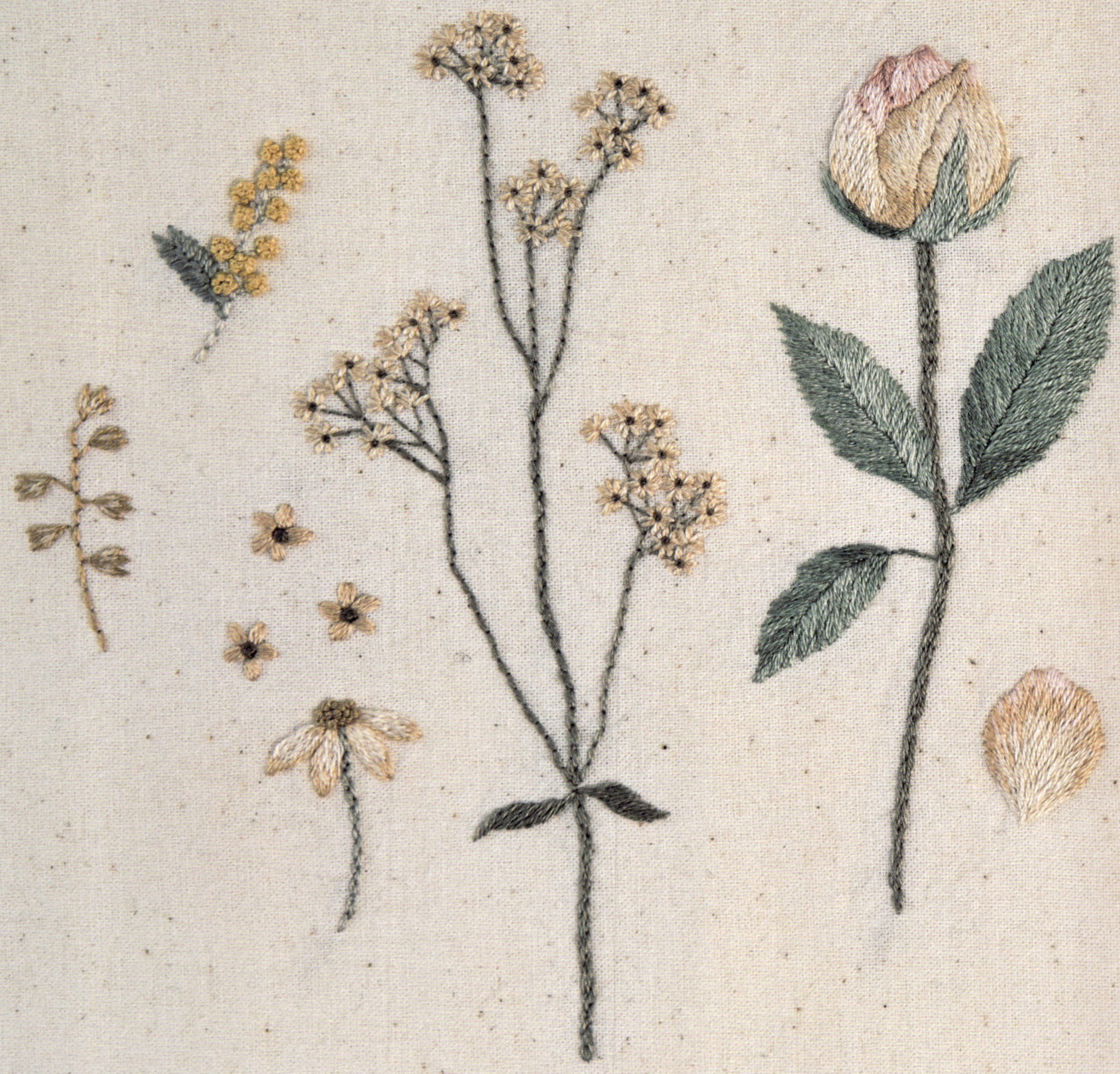

Ich finde auch die matten Farben verblühender Blumen sehr schön. Neben der frischen Lebendigkeit von Frühlingsblumen (wie auf Seite 16) gefallen mir getrocknete Blumen mit ihrer zurückhaltenden Erscheinung sogar am meisten. Sie sind einfach nur in einem anderen Zustand. Hier sieht man übrigens schön, dass ich meine Motive am liebsten ganz locker anordne. Ein perfektes Layout ist mir nicht so wichtig.

Stickvorlage: Seite 80

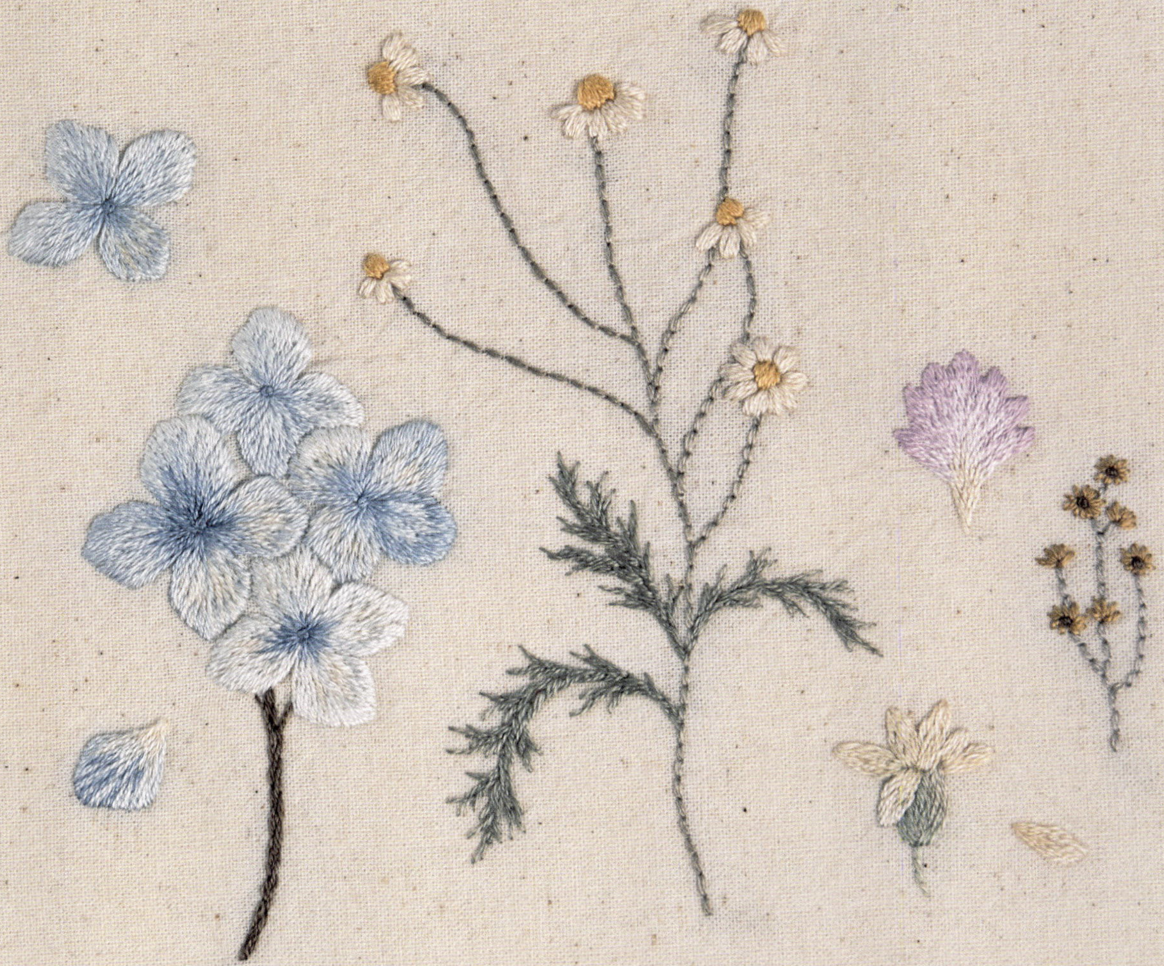

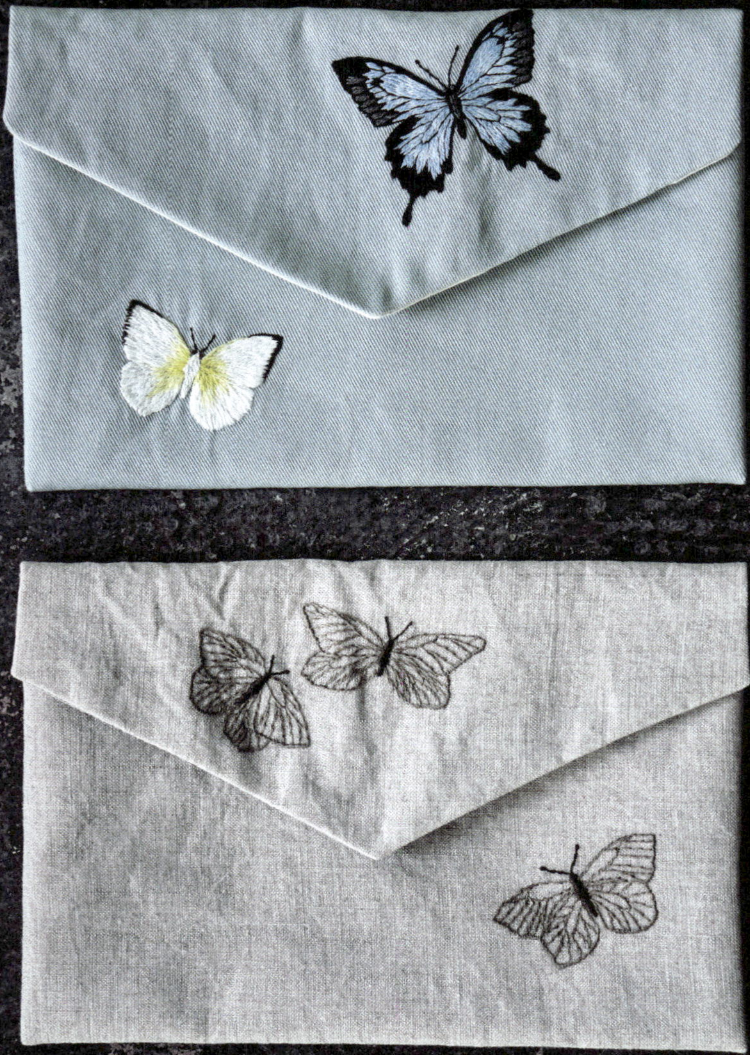

Wenn ich solche kleinen Dinge herstelle, baue ich immer gern eine kleine Überraschung ein. Wenn man diese Mäppchen aufklappt, steigen Schmetterlinge über einer Blumenwiese auf. Das obere Mäppchen ist farbenfroh und realistisch, das untere eher schlicht, mit ruhigen Farben. Den Stoff kannst du ganz nach Belieben auswählen, und auch die Größe lässt sich flexibel anpassen.

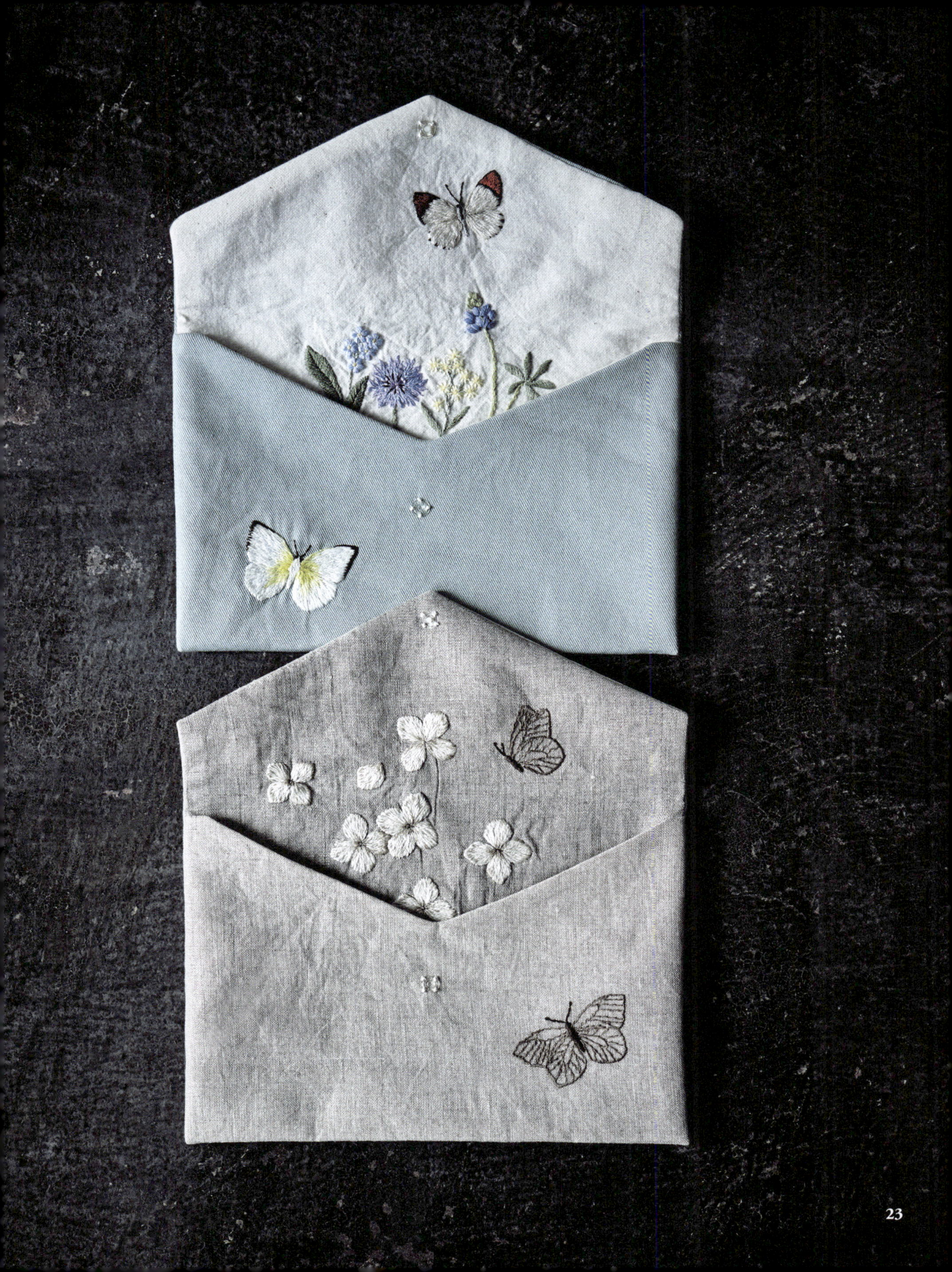

Kleine Details wie Augen und Fellrichtung haben einen großen Einfluss auf die Wirkung eines Tiers. Das macht diese Motive spannend – und schwierig. Doch vielleicht ist das ja gerade angemessen – schließlich versuchen wir, mit Nadel und Faden etwas Lebendiges nachzuahmen.

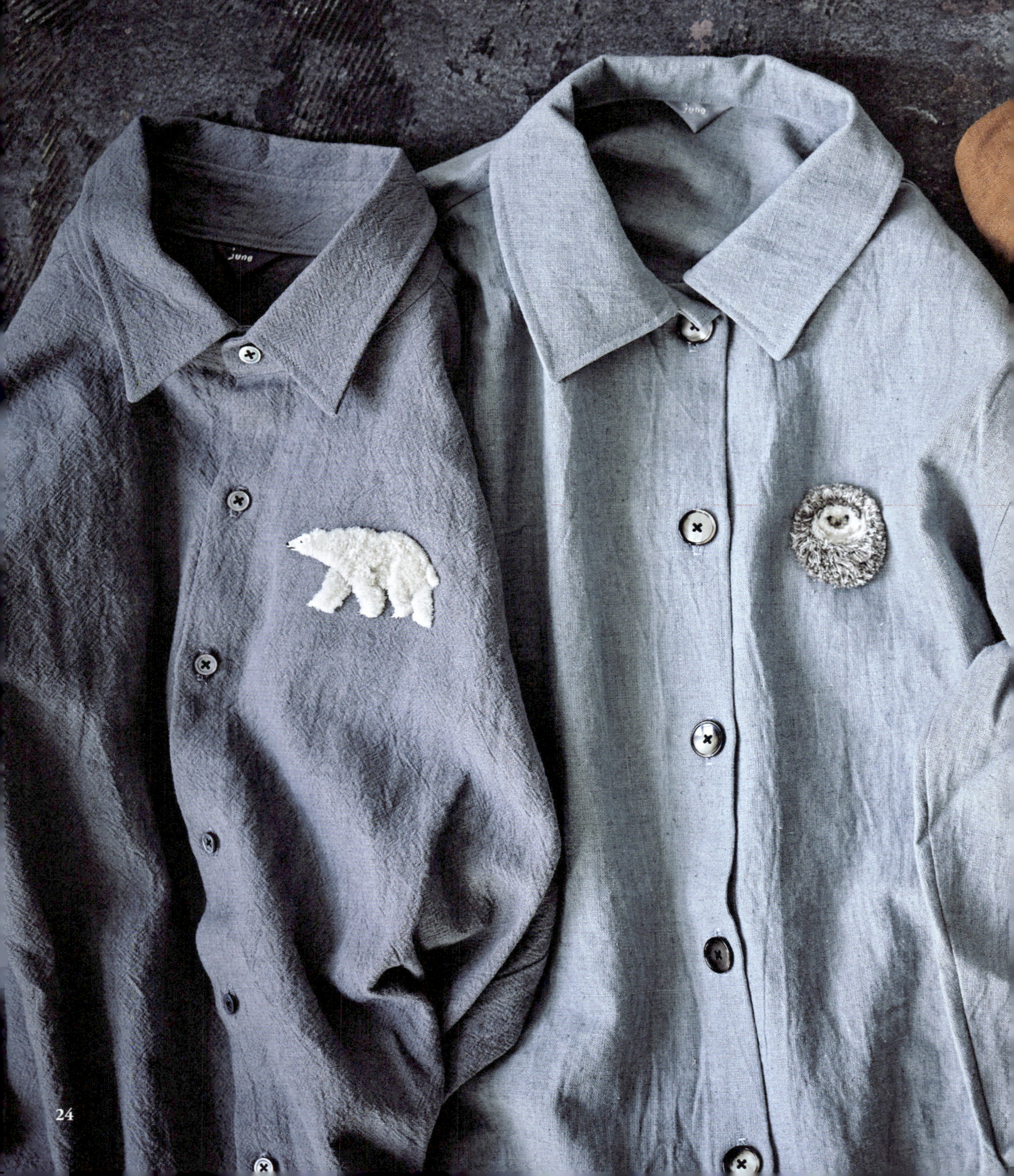

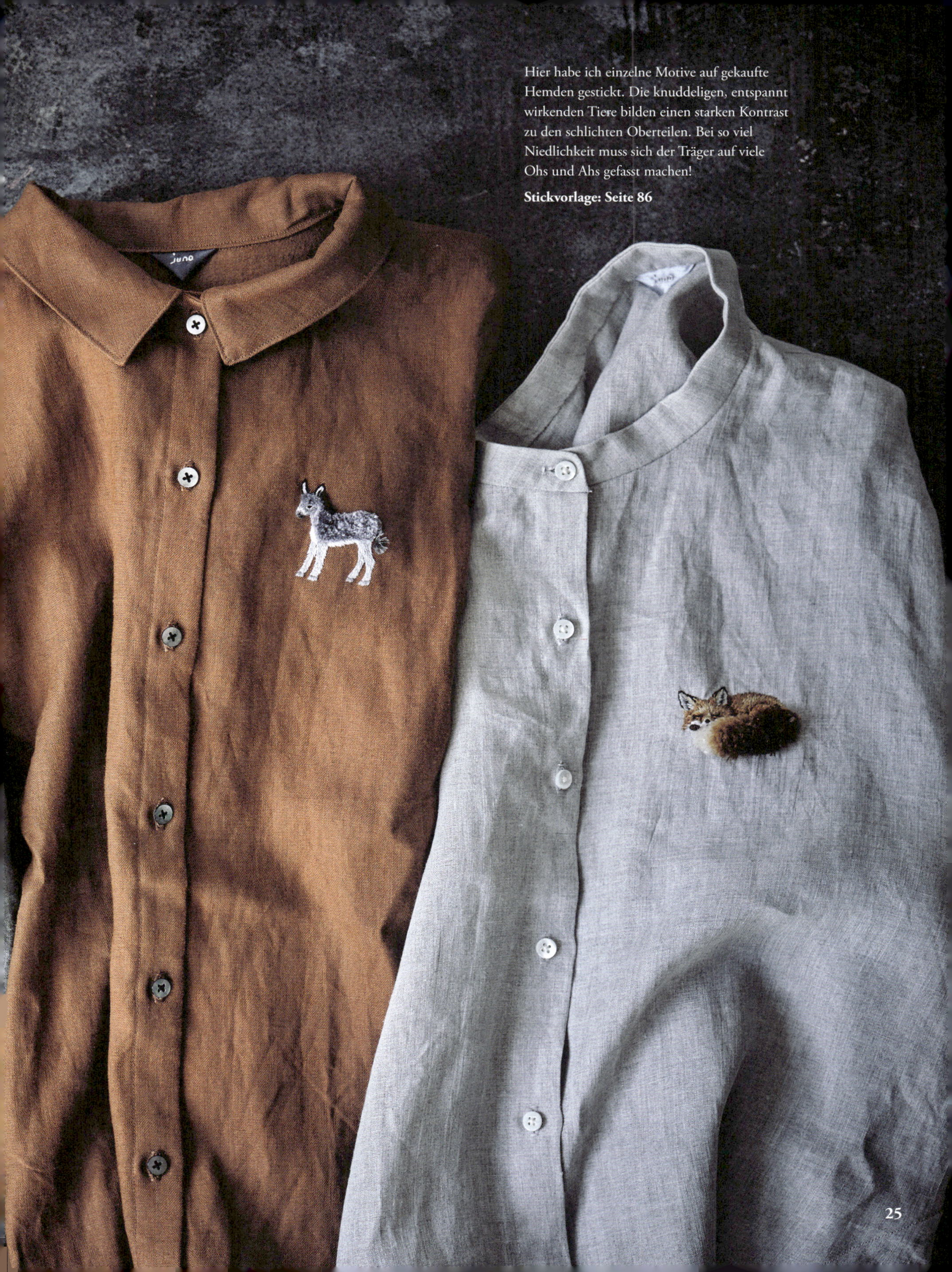

Hier habe ich einzelne Motive auf gekaufte Hemden gestickt. Die knuddeligen, entspannt wirkenden Tiere bilden einen starken Kontrast zu den schlichten Oberteilen. Bei so viel Niedlichkeit muss sich der Träger auf viele Ohs und Ahs gefasst machen!

Stickvorlage: Seite 86

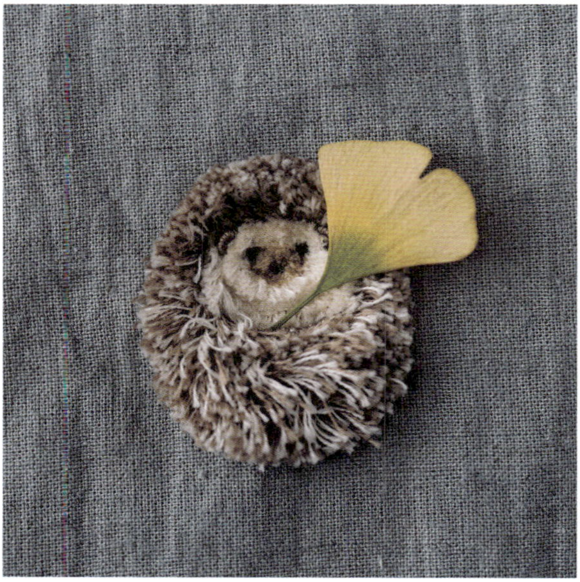

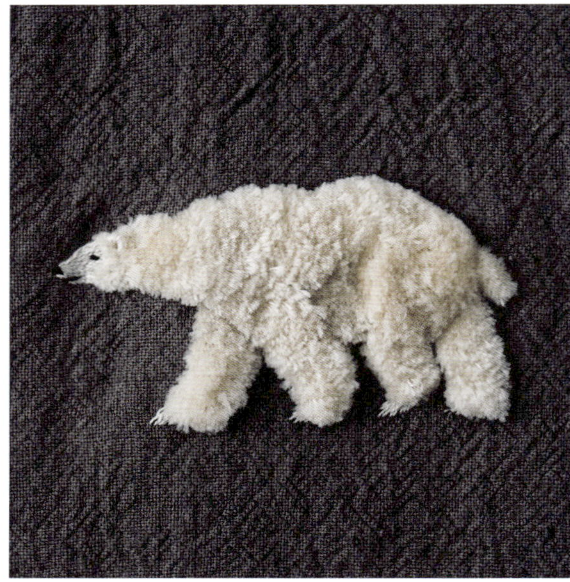

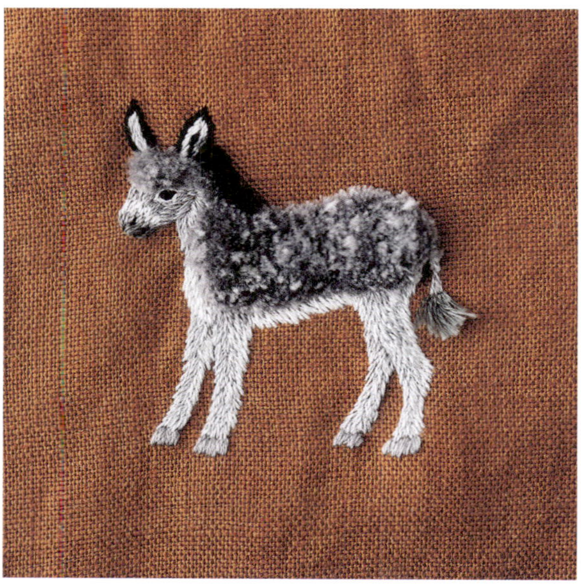

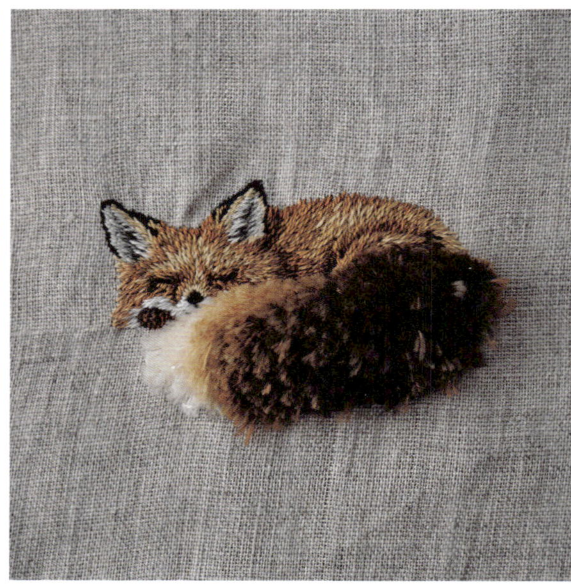

Die flauschigen Stellen sind jeweils Fransenstickerei. Die Fadenschlaufen aufschneiden und dann das Fell in Form bringen.

Oben links: Der Bauch des Igels ist eine winzige Tasche! Stacheln und Gesicht werden separat gestickt und danach zusammengesetzt.

Unten rechts: Den Schwanz zuletzt sticken, dabei an der Spitze beginnend die Farben ineinander übergehen lassen.

Oben rechts, unten links: Bei Eisbär und Esel nach dem Aufschneiden der Fransenschlaufen das Fell mit der Spitze der Stickschere vorsichtig in Form schneiden. Das ergibt einen schönen dreidimensionalen Effekt: Kürzer geschnittene Stellen wirken automatisch dunkler.

Mit Fransenstickerei wird das Katzenfell richtig fluffig. Ganz exakt sticken lässt sich das nicht, aber dafür sieht das Ergebnis richtig witzig aus.

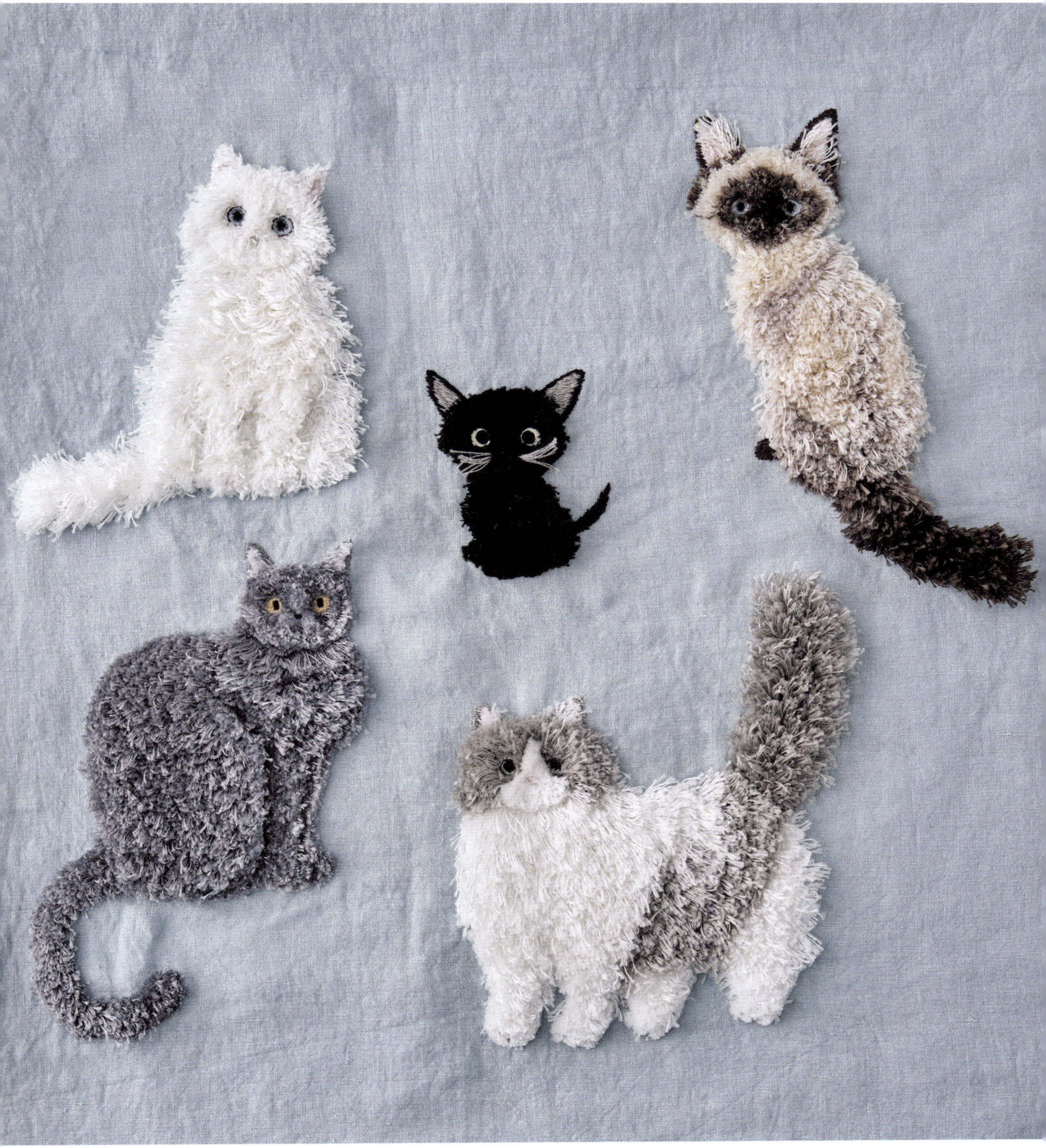

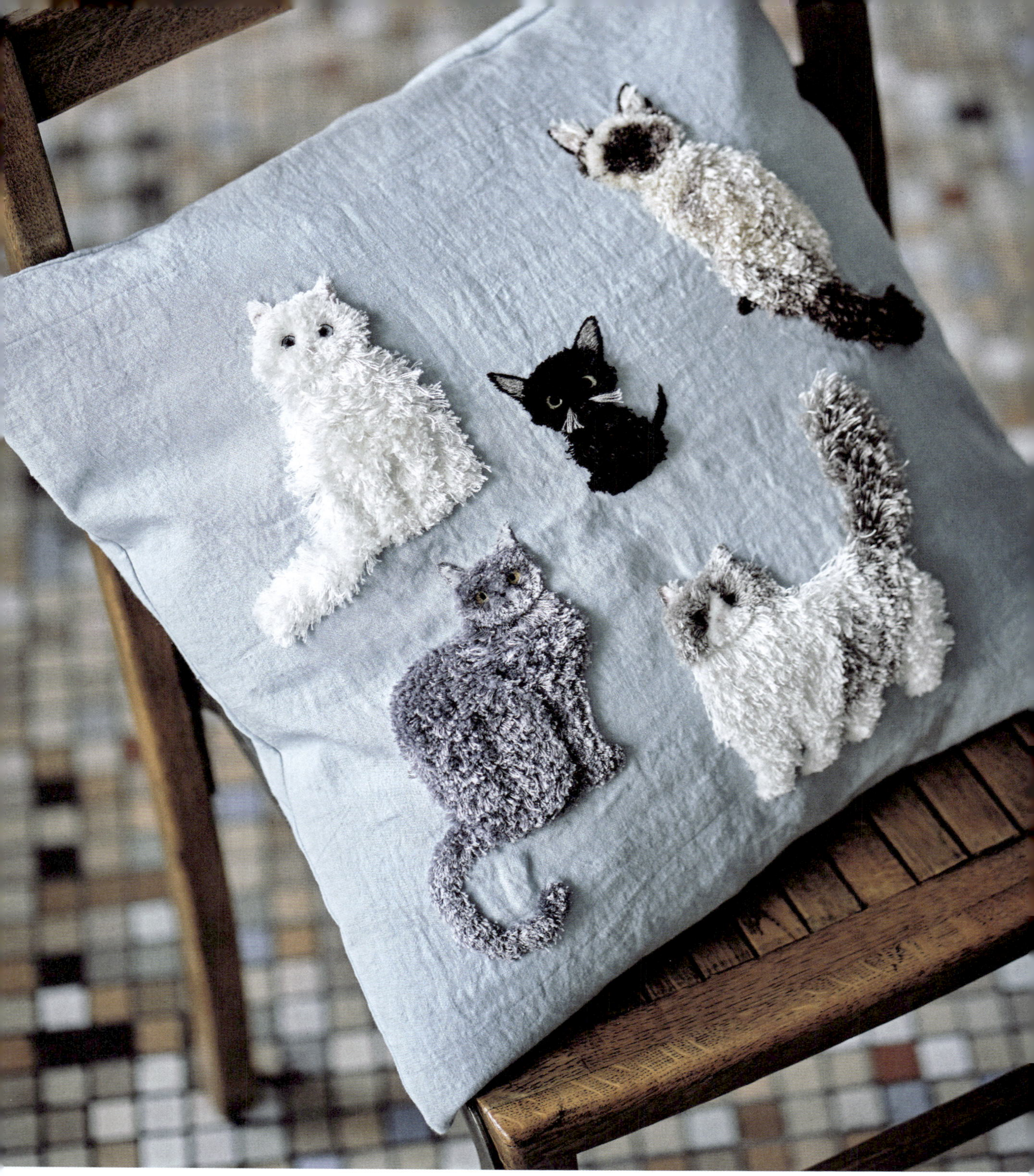

Eine Katzenversammlung! Wenn du eine lustige Idee hast, probiere sie einfach aus, egal ob etwas Praktisches dabei herauskommt oder nicht. Wenn du nicht die ganze Fläche besticken magst (was auch nicht ganz einfach ist), sticke nur ein Tier, das wirkt auch schon sehr hübsch. Und wenn du selbst eine Katze hast, nimm doch ihre Farben!

Anleitung: Seite 89

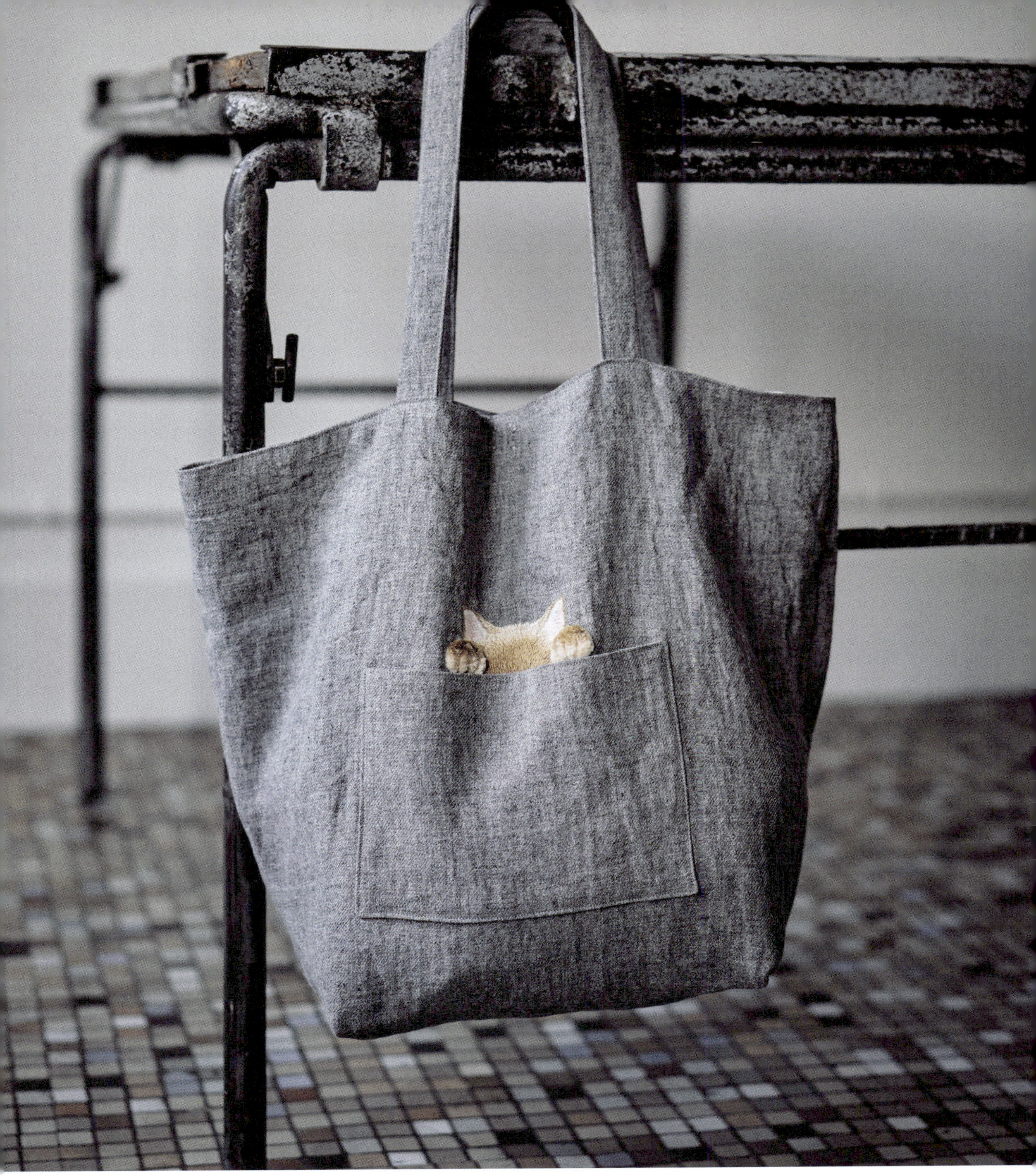

Die tapsigen Pfoten entstehen mit Fransenstickerei. Das Katzengesicht wird nicht gestickt, das kannst du dir in der Tasche versteckt vorstellen. Achte beim Positionieren der Pfoten darauf, wie sehr die Taschenkante durchhängt, damit keine Lücke entsteht, die den Effekt zunichtemacht.

Anleitung: Seite 92

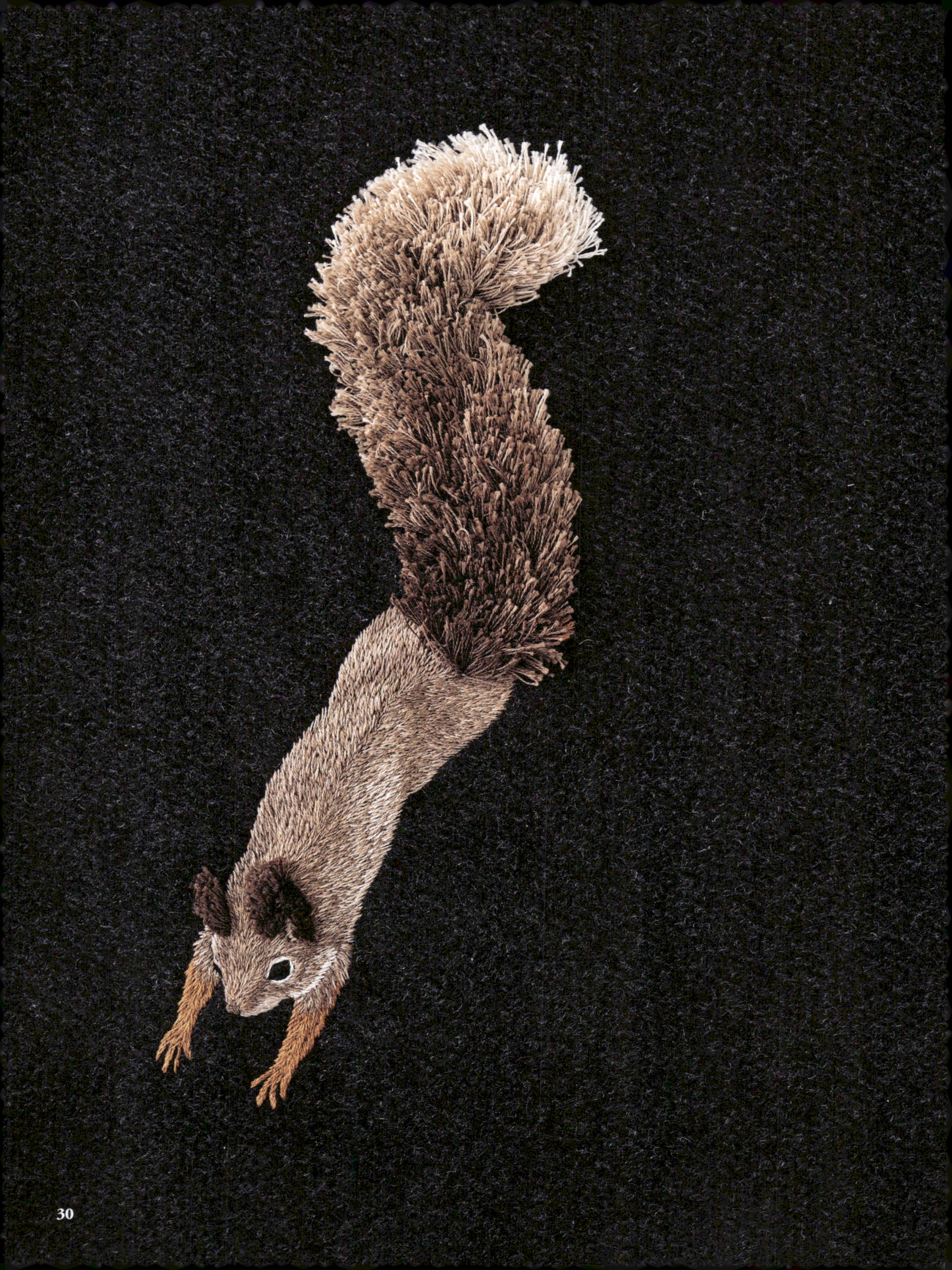

Beim Trickfilmschauen als Kind wollte ich so gern einen Kumpel wie diesen bei mir haben. Jetzt bin ich zwar erwachsen, aber was hält mich davon ab, mir ein fröhliches kleines Eichhörnchen auf eine Decke zu sticken und mich damit auf dem Sofa einzukuscheln?

Anleitung: Seite 94

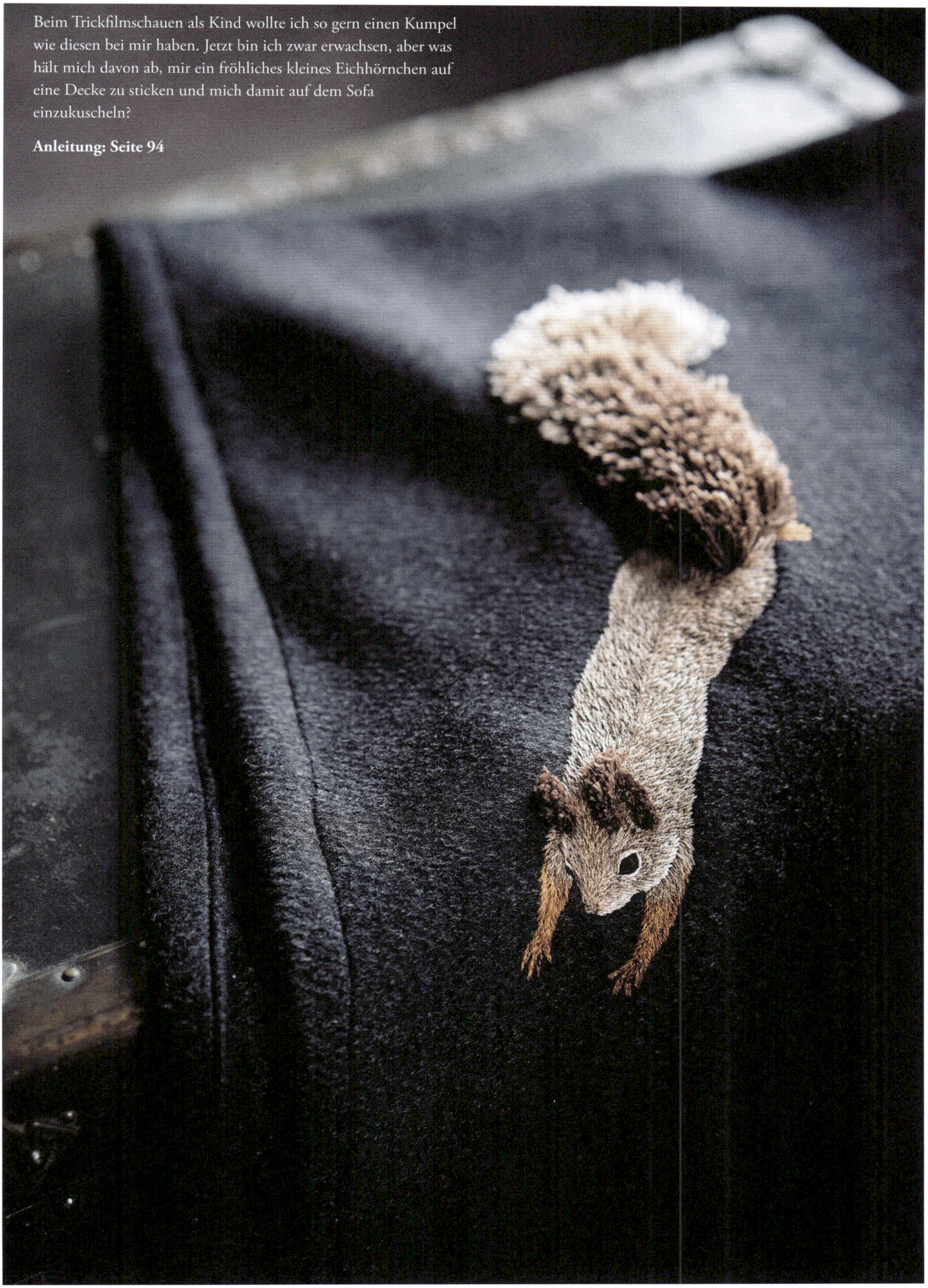

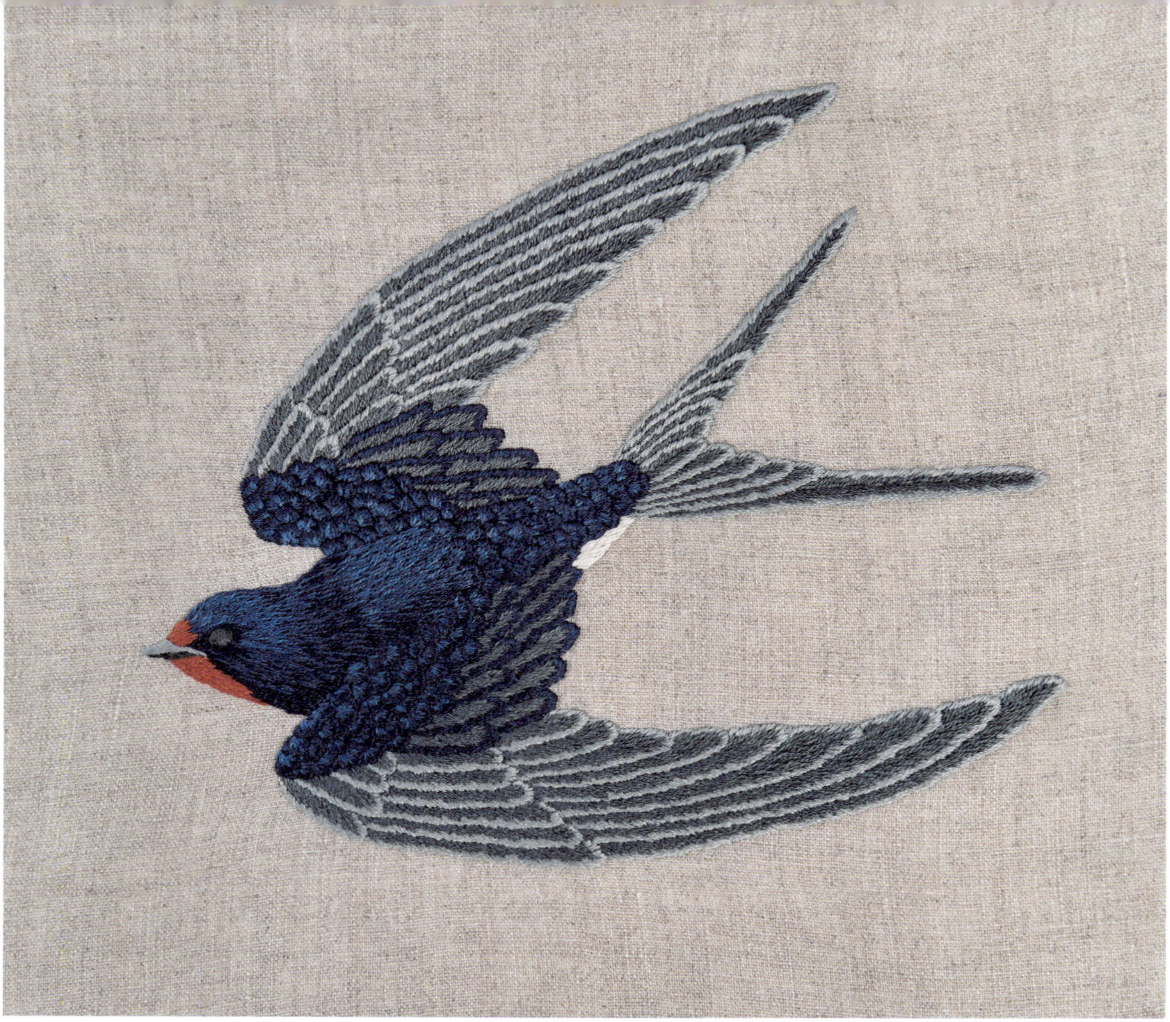

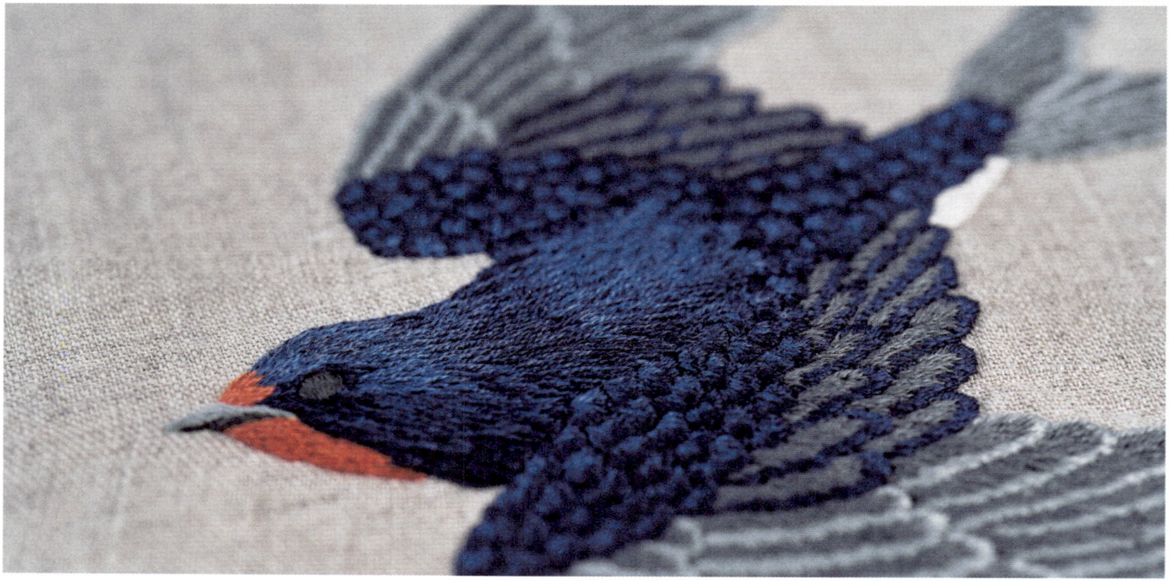

Schwalben kommen im Frühjahr, bauen ihre Nester unter Dächern und kündigen den nahenden Sommer an. Markant ist besonders ihr gegabelter Schwanz, der fast ein wenig an Beine erinnert. Mit den klar umrissenen Flügeln sind sie einfach zu sticken, sodass ich das Motiv immer und immer wieder verwende.

Stickvorlage: Seite 96

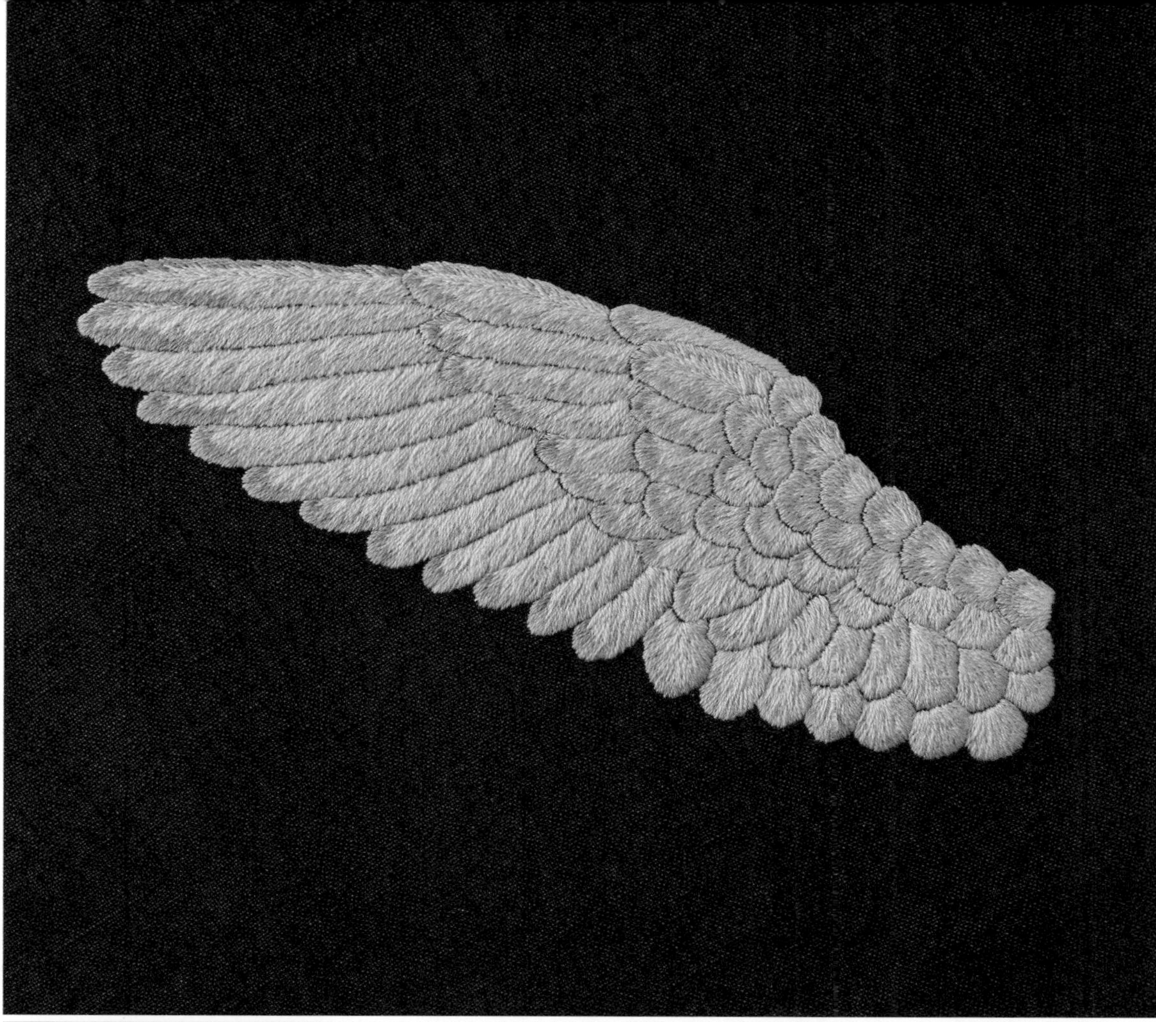

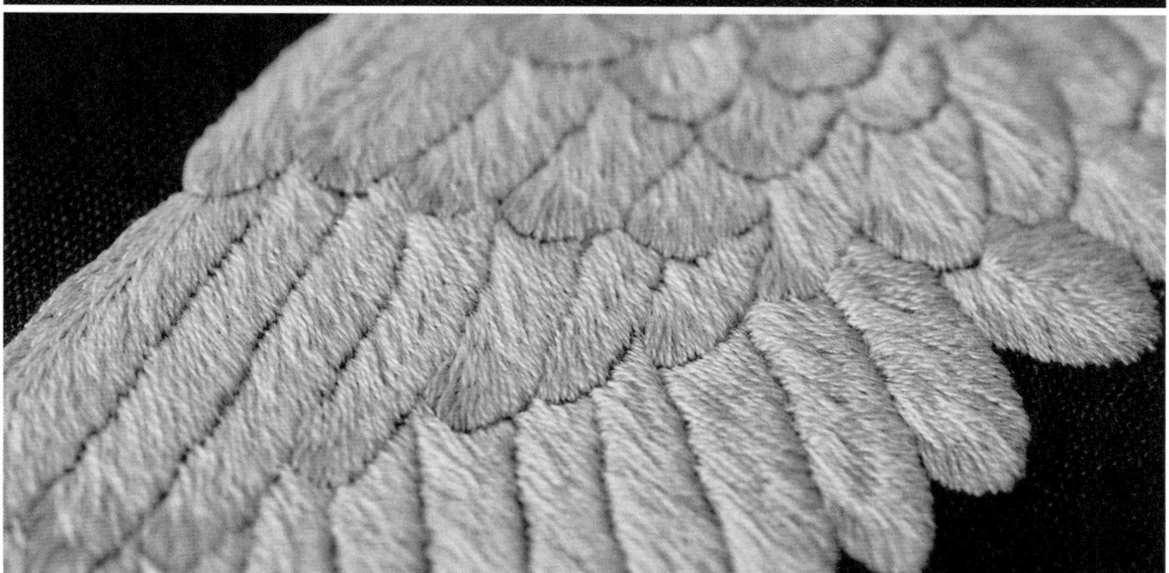

Flügel sind immer ein attraktives Motiv. Nicht nur ihre Fähigkeit zu fliegen ist bemerkenswert, sondern auch ihre Form und Struktur. In den Federn werden die Stiche trotz gleichbleibender Richtung ein wenig unregelmäßig gesetzt, um einen dreidimensionalen Effekt zu erzeugen. Nachdem du das Federinnere gefüllt hast, arbeitest du den Rand mit versetztem Plattstich. So entstehen schöne glatte Kanten.

Stickvorlage: Seite 97

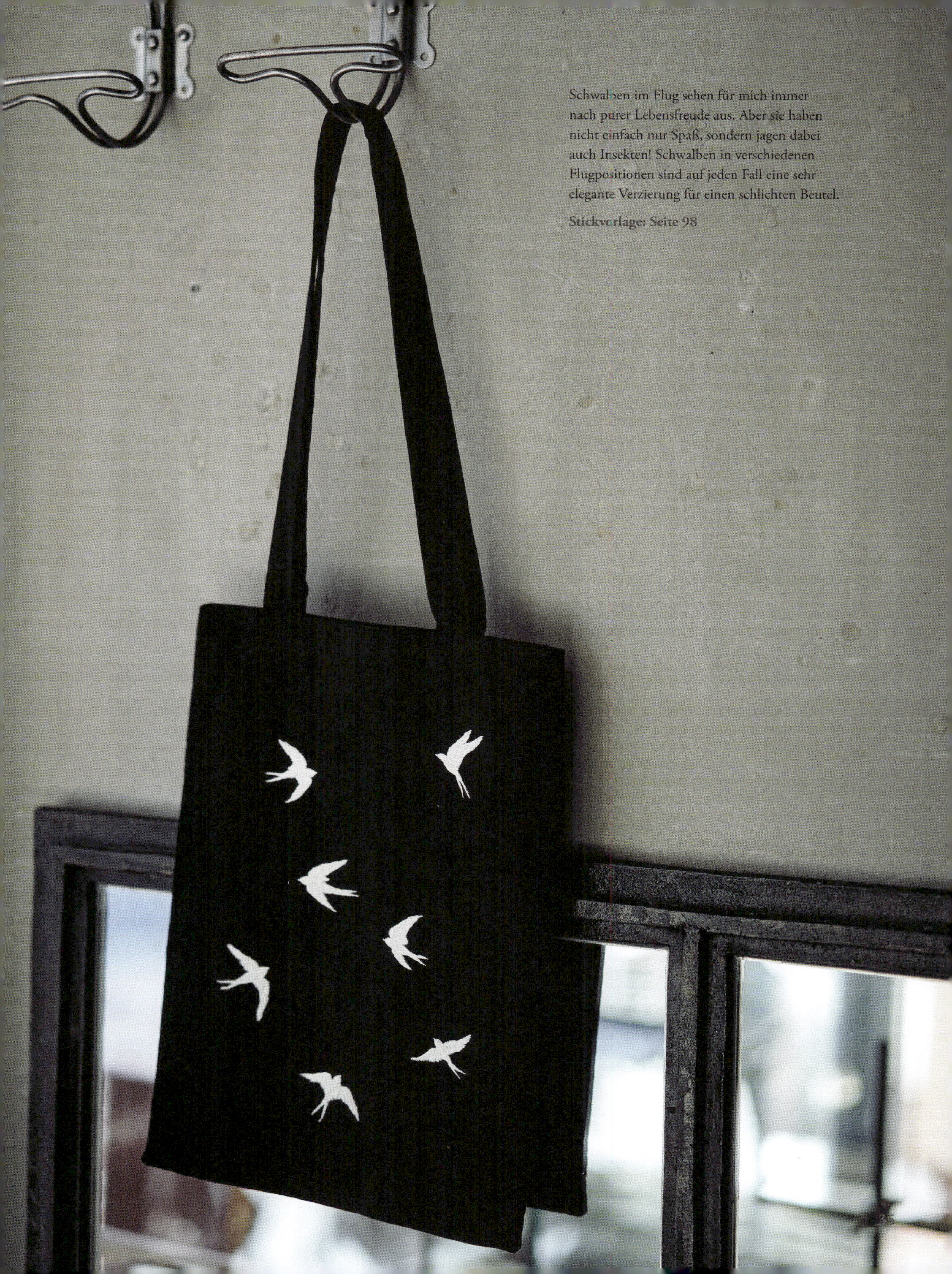

Schwalben im Flug sehen für mich immer nach purer Lebensfreude aus. Aber sie haben nicht einfach nur Spaß, sondern jagen dabei auch Insekten! Schwalben in verschiedenen Flugpositionen sind auf jeden Fall eine sehr elegante Verzierung für einen schlichten Beutel.

Stickvorlage: Seite 98

Formen aus der Natur

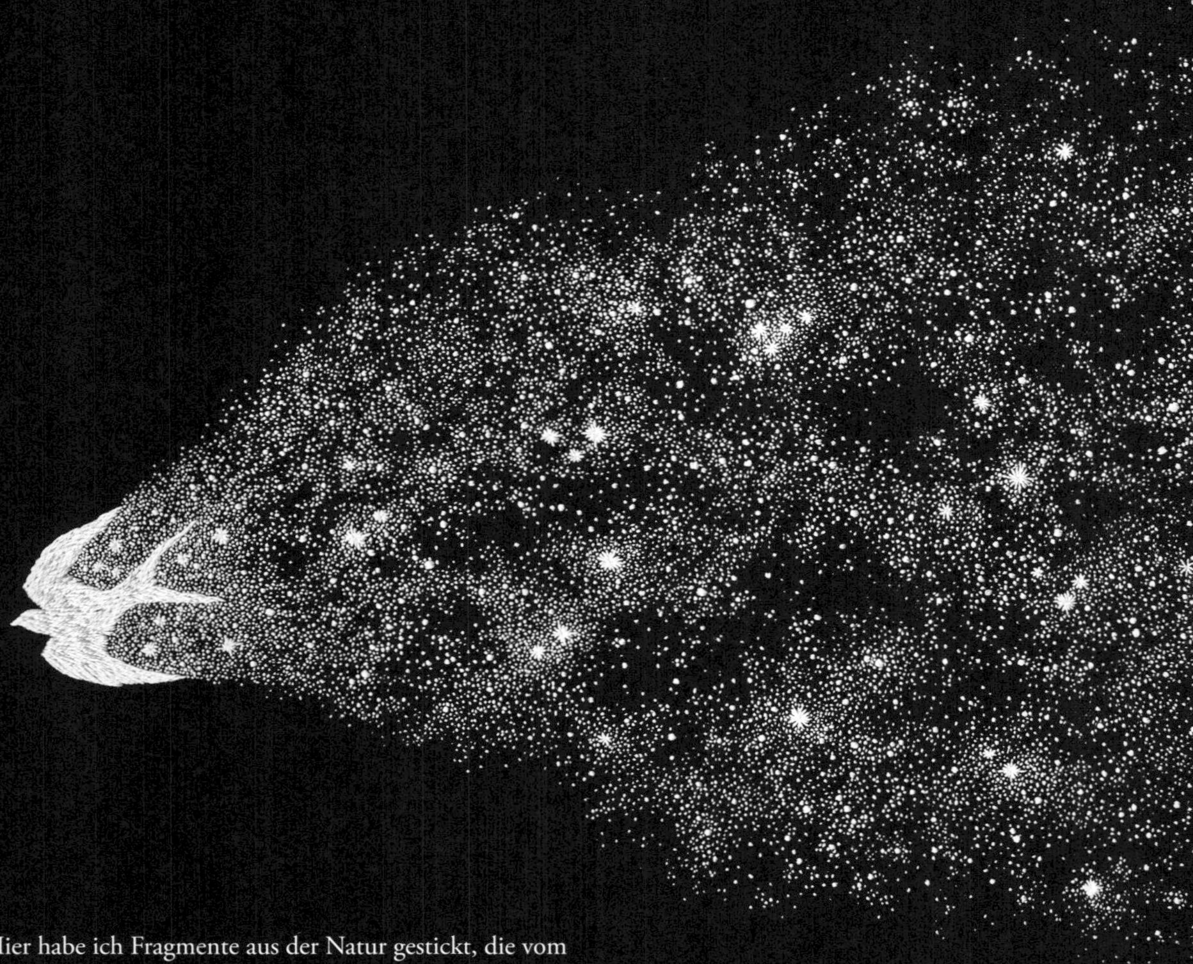

Hier habe ich Fragmente aus der Natur gestickt, die vom Himmel, vom Meer und von den Bergen geschaffen wurden. Wenn du genau hinschaust, entdeckst du viele seltsame, interessante Formen.

Die »Sternenschwalbe« fliegt mit Hochgeschwindigkeit durch den Weltraum. Ihr Körper besteht aus Lichtpartikeln, sodass sie vom Boden wie eine Sternschnuppe aussieht ... Das ist etwas, was ich an Handarbeiten so mag: Ich kann alles ausdrücken, was mir an Szenen in den Sinn kommt. Bei diesem Design stickst du mit einer einzigen Farbe und ganz simplen Sticharten einfach immer weiter vor dich hin, ohne konkrete Vorlage. Doch Vorsicht, dabei verlierst du schnell jegliches Zeitgefühl! Du lebst dann ganz im Moment, es gibt nur noch dich und deine Stickerei, die vor deinen Augen aus deiner Fantasie heraus entsteht – fast wie Meditation. Das ist etwas ganz Besonderes, das du eher nicht erlebst, wenn du nach einer festen Vorlage arbeitest oder schnell fertig werden möchtest.

Stickvorlage: Seite 106

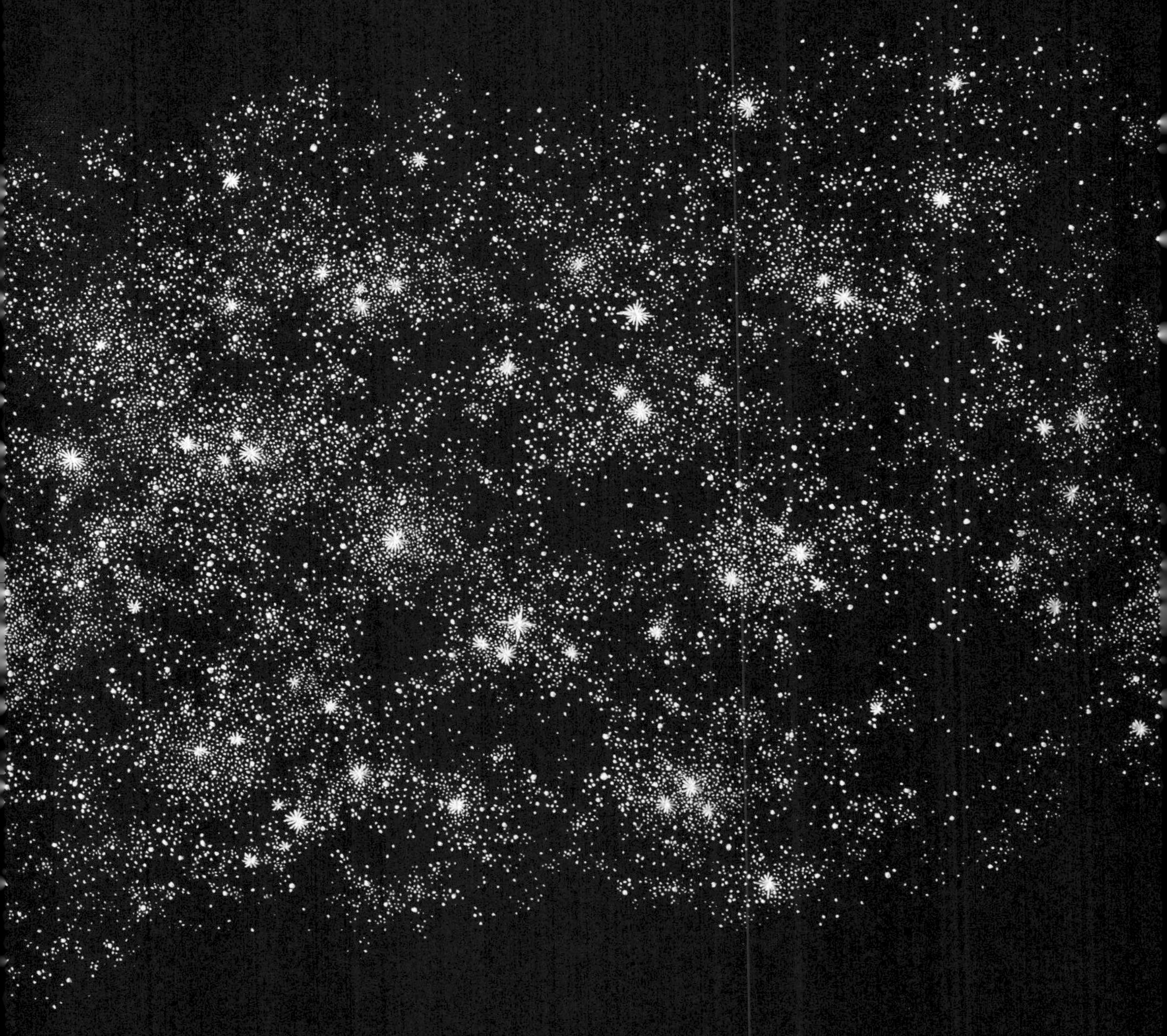

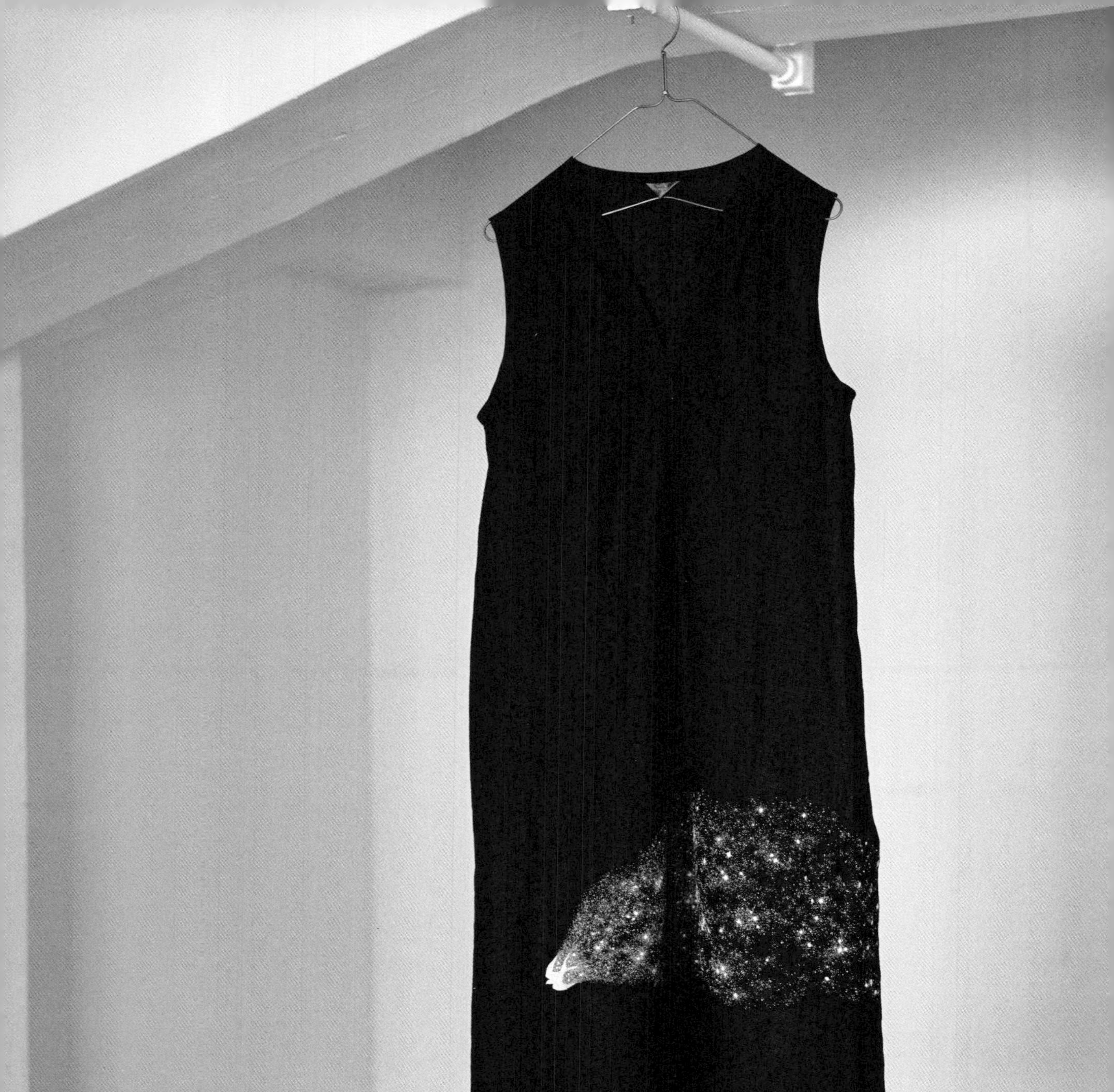

Unsere »Sternenschwalbe«, hier auf einem schwarzen Kleid, wird mit ganz einfachen Stichen gearbeitet. Je nachdem, wie das Licht auf den Stoff fällt, scheint sich die Farbe zu verändern, beinahe wie bei Nordlichtern. Stellen wir uns nicht genau so das Universum vor?
Das Design kannst du ganz spontan sticken. Nimm dir ein passendes Kleidungsstück und fange einfach an. Du kannst sogar noch weiter daran sticken, wenn du es schon ein paarmal getragen hast, ganz nach Lust und Laune.

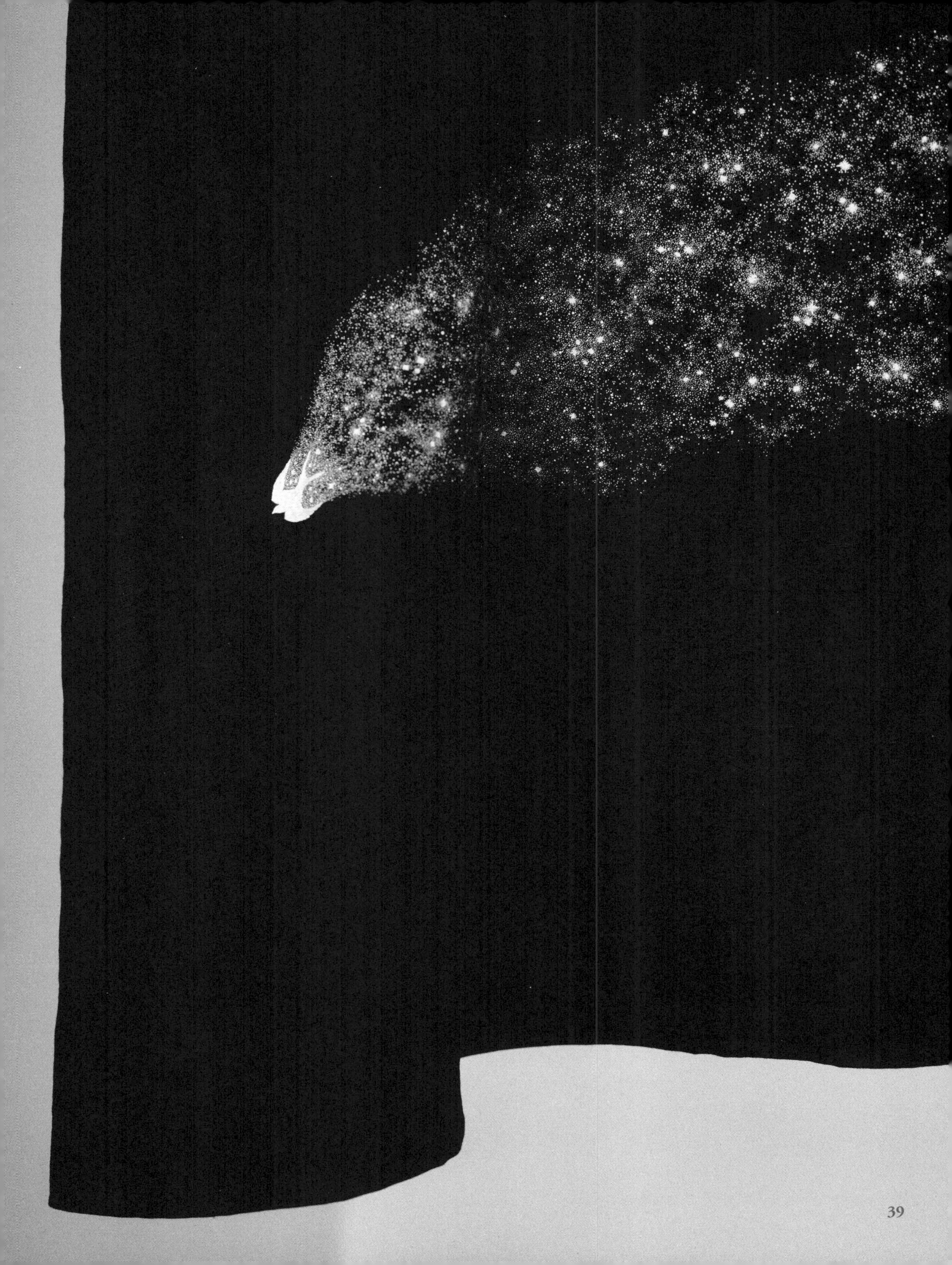

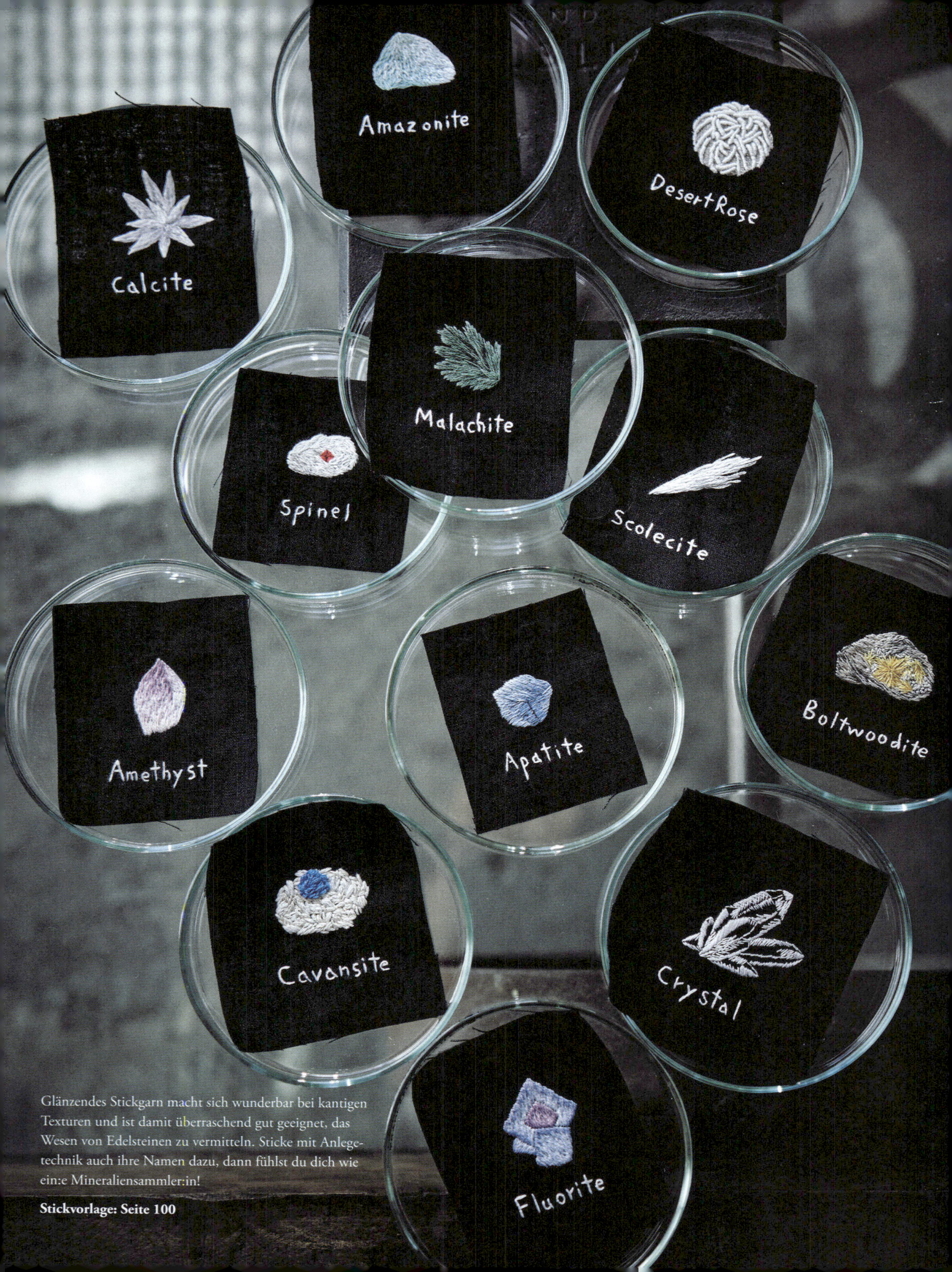

Glänzendes Stickgarn macht sich wunderbar bei kantigen Texturen und ist damit überraschend gut geeignet, das Wesen von Edelsteinen zu vermitteln. Sticke mit Anlegetechnik auch ihre Namen dazu, dann fühlst du dich wie ein:e Mineraliensammler:in!

Stickvorlage: Seite 100

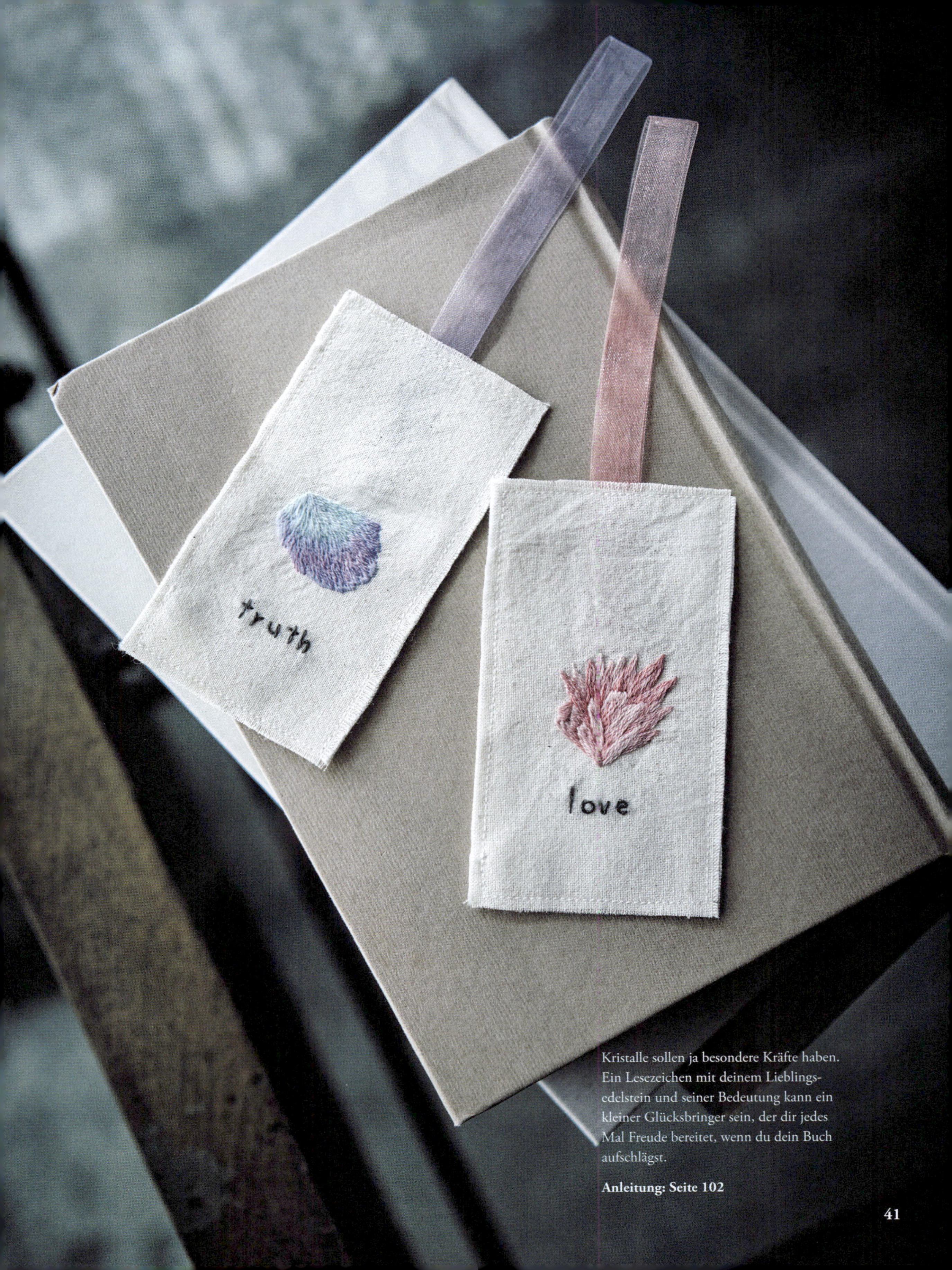

Kristalle sollen ja besondere Kräfte haben. Ein Lesezeichen mit deinem Lieblingsedelstein und seiner Bedeutung kann ein kleiner Glücksbringer sein, der dir jedes Mal Freude bereitet, wenn du dein Buch aufschlägst.

Anleitung: Seite 102

Alles auf der Erde besteht aus dem gleichen Stoff, sagt man. Ob es daran liegt, dass Dinge aus dem Meer und aus den Bergen sich erstaunlich ähneln? Nebeneinander angeordnet und gerahmt sehen sie wie Präparate in einem Museum aus. Ich finde, mit wenigen Farben kommen ihre Formen am besten zur Geltung.

Anleitung: Seite 103

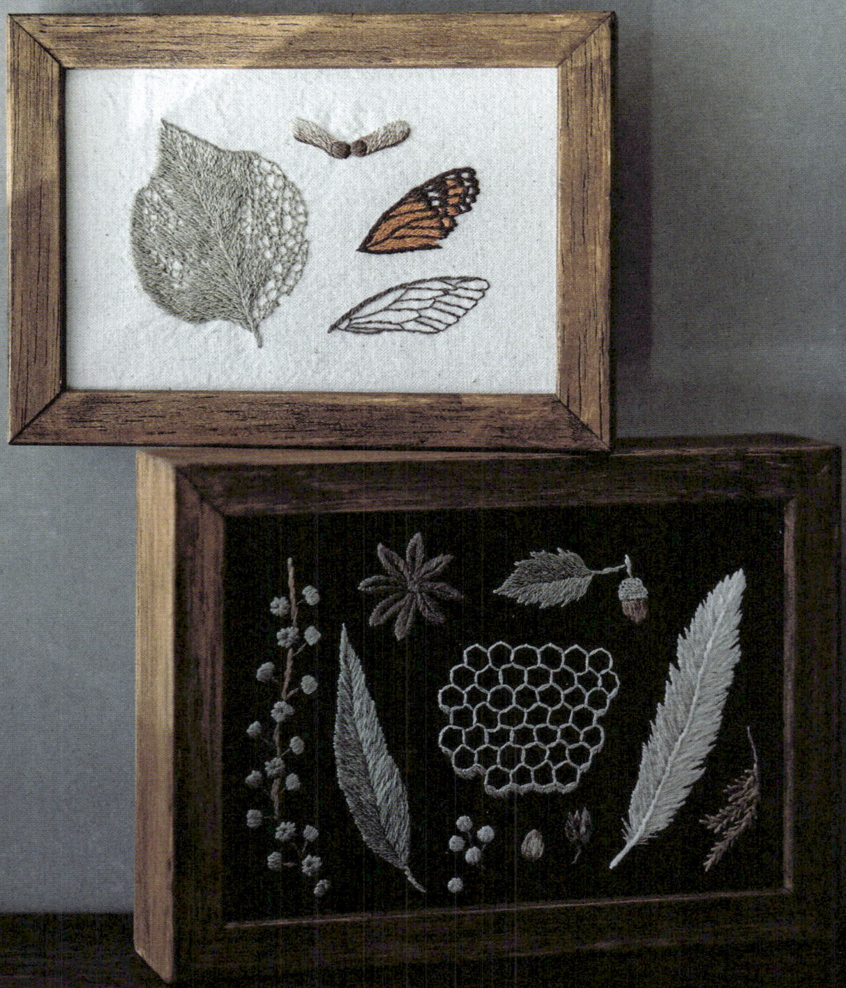

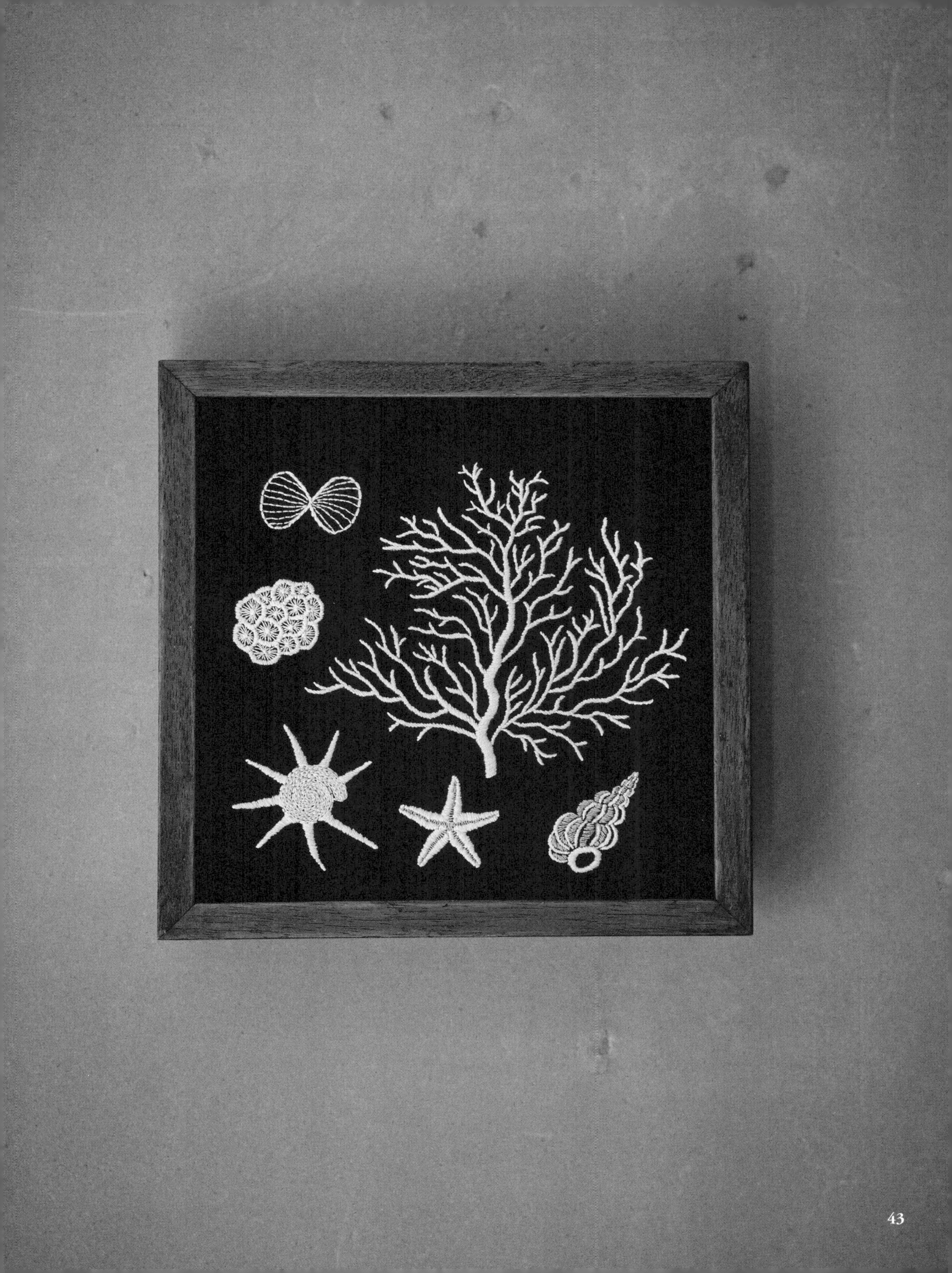

BÜCHER UND STICKEN

Mein Leben fülle ich vor allem mit Sticken und Lesen. Den größten Einfluss auf meine Stickerei hatten zwei Romane von Michael Ende, die ich als Kind gelesen habe. Mein ständiges Bedürfnis, Fantasie in den Alltag zu bringen, wurde von der *Unendlichen Geschichte* genährt, und wie *Momo* bin ich davon überzeugt, dass man Zeit großzügig verwenden sollte, denn Zeitsparen bringt einen seelenlosen Geist hervor.

Sticken ist sehr zeitaufwendig, aber wenn du es als Genießen des Augenblicks betrachtest, wird deine Ungeduld bald verschwinden, und langsames Vorankommen macht dir nichts mehr aus. Am Ende erreichst du mit dieser Einstellung mehr. Wenn ich still mit meinen Händen arbeite, höre ich oft, dass das regelrecht meditativ aussieht. Ich habe nichts gegen Meditation, sehe mich selbst aber eher als Zauberin, die ihre innere Welt mit der Realität verbindet.

Design-Ideen bekomme ich nicht direkt aus Büchern. Stattdessen setze ich mich mit meinem Denken oder meiner Einstellung auseinander, zum Beispiel in *Zen* von D. T. Suzuki oder 大人の女が美しい – *Otona no onna ga utsukushii (Die Schönheit reifer Frauen)* von Setsu Nagasawa. Was Stickliteratur angeht, mag ich besonders 刺繍のABC – *Shishu no ABC (Das Stick-ABC)* von Ayako Otsuka. Es steckt voller Ideen, und der Stil ist einfach zeitlos. Ich freue mich, dass solch einfache Stickerei auch einen normalen Tag zu etwas Besonderem machen kann.

Ratgeber predigen: Sei du selbst und entfalte dich! Und sie haben recht. Von diesem Mantra lasse ich mich leiten. Manchmal, wenn meine Gedanken mich zu unterbrechen drohen, zwinge ich mich, weiterzusticken und ganz in meiner kreativen Arbeit aufzugehen. Ich empfinde diese Arbeit als Teil meines Selbst, und sie macht mir große Freude.

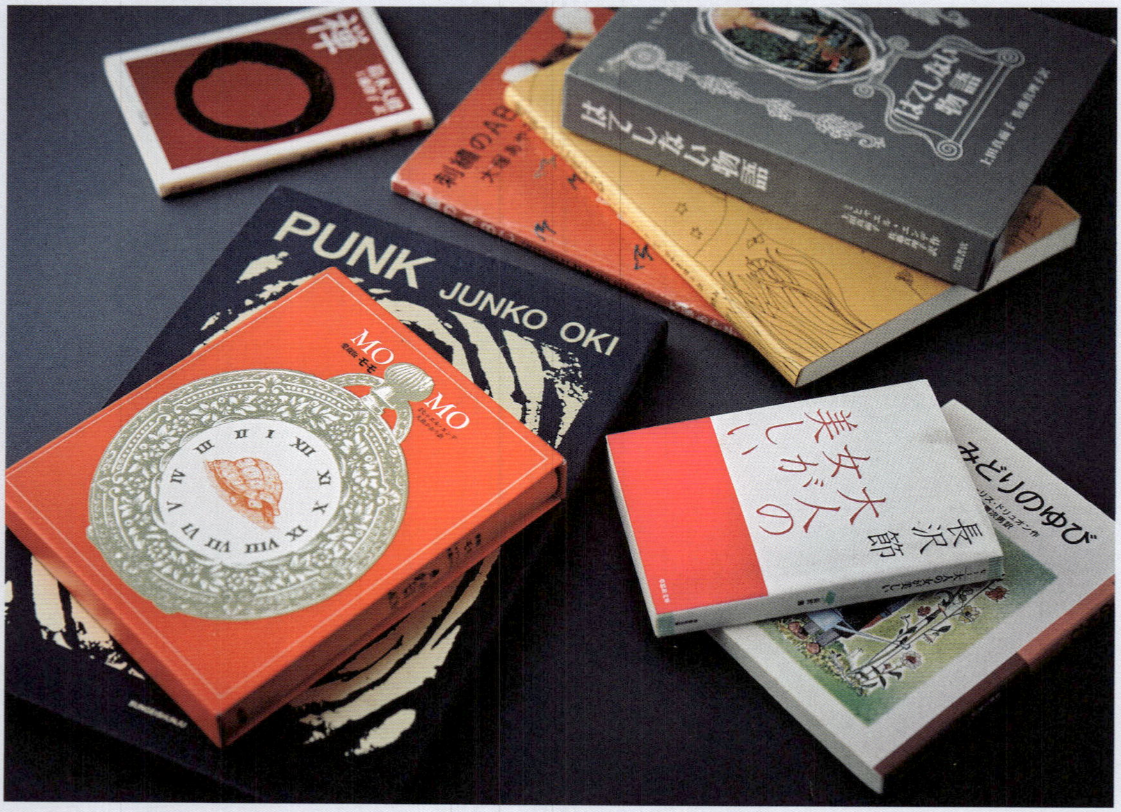

Zweimal ist es vorgekommen, dass ich plötzlich Interesse für eine bestimmte ethnische Gruppe entwickelte. Neugierig saugte ich alle Informationen auf und machte mich dann auf den Weg. Auf diese Weise habe ich das Volk der Shipibo in Peru und die Leng Teng in den Bergen von Laos besucht.

Beide Volksgruppen sind asiatischer Abstammung, was mir als Japanerin vertraut ist. Viele Frauen verbrachten den ganzen Tag mit Sticken, Färben und anderem Textilhandwerk. Was den beiden Völkern gemein ist: wie sie ganz in Ruhe ihrer Handarbeit nachgehen, während sie draußen sitzen und sich unterhalten oder in einer Hängematte liegen. Auch sticken beide ganz ohne Stickrahmen! Es hat mich gefreut zu sehen, dass auch Menschen in abgelegenen Gegenden mit ganz wenig Material solch schöne Werke erschaffen können. Und ich bekam das Gefühl, dass meine Lieblingstätigkeit, das Sticken, etwas ganz Instinktives sein muss.

Ich schreibe diesen Text im Jahr 2020, in dem Reisen leider nicht so einfach möglich ist. Ich freue mich aber jetzt schon darauf, wenn ich wieder in die Welt hinausziehen und mich treiben lassen kann.

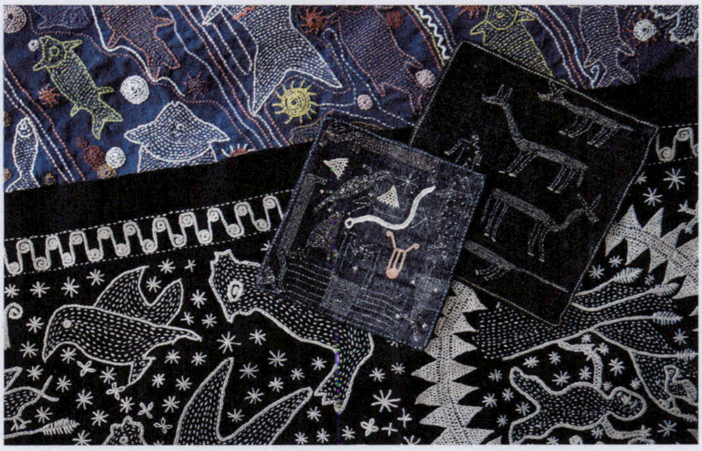

Stickerei der Leng Teng
Die Leng Teng spinnen Baumwollgarn, weben daraus Stoffe, färben sie mit Pflanzenfarben, besticken sie und nähen daraus verschiedene Gegenstände – und alles per Hand! Ihr spontanes, fröhliches Sticken drückt ihre Freiheit und ihre Liebe zum Alltagsleben aus.

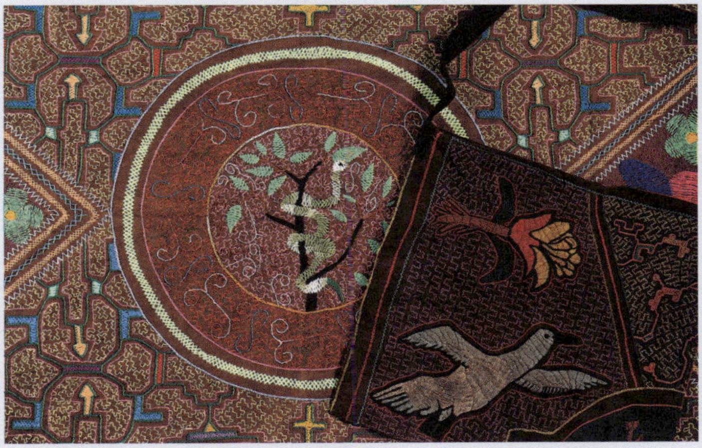

Stickerei der Shipibo
Das Volk der Shipibo lebt im peruanischen Regenwald und glaubt an die Kraft des Schamanismus. Ihre einzigartigen geometrischen Formen symbolisieren die Lebensenergie. Mithilfe von Pflanzen wie Ayahuasca und Piri Piri verwandeln sie ihre Visionen in Stickereien und Schlammfärberei.

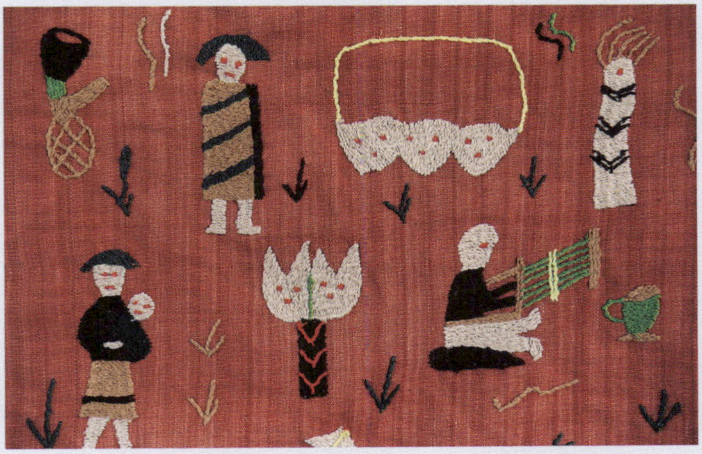

Stickerei der Naga aus Myanmar
Naga-Stickereien sah ich zum ersten Mal in einem Spezialgeschäft in Onomichi. Die an erstaunte Gesichter erinnernden Motive haben mir gleich gefallen. Jedoch erfuhr ich später, dass die Nagas früher auf Kopfjagd gingen, was die Motive in einem anderen Licht erscheinen ließ …

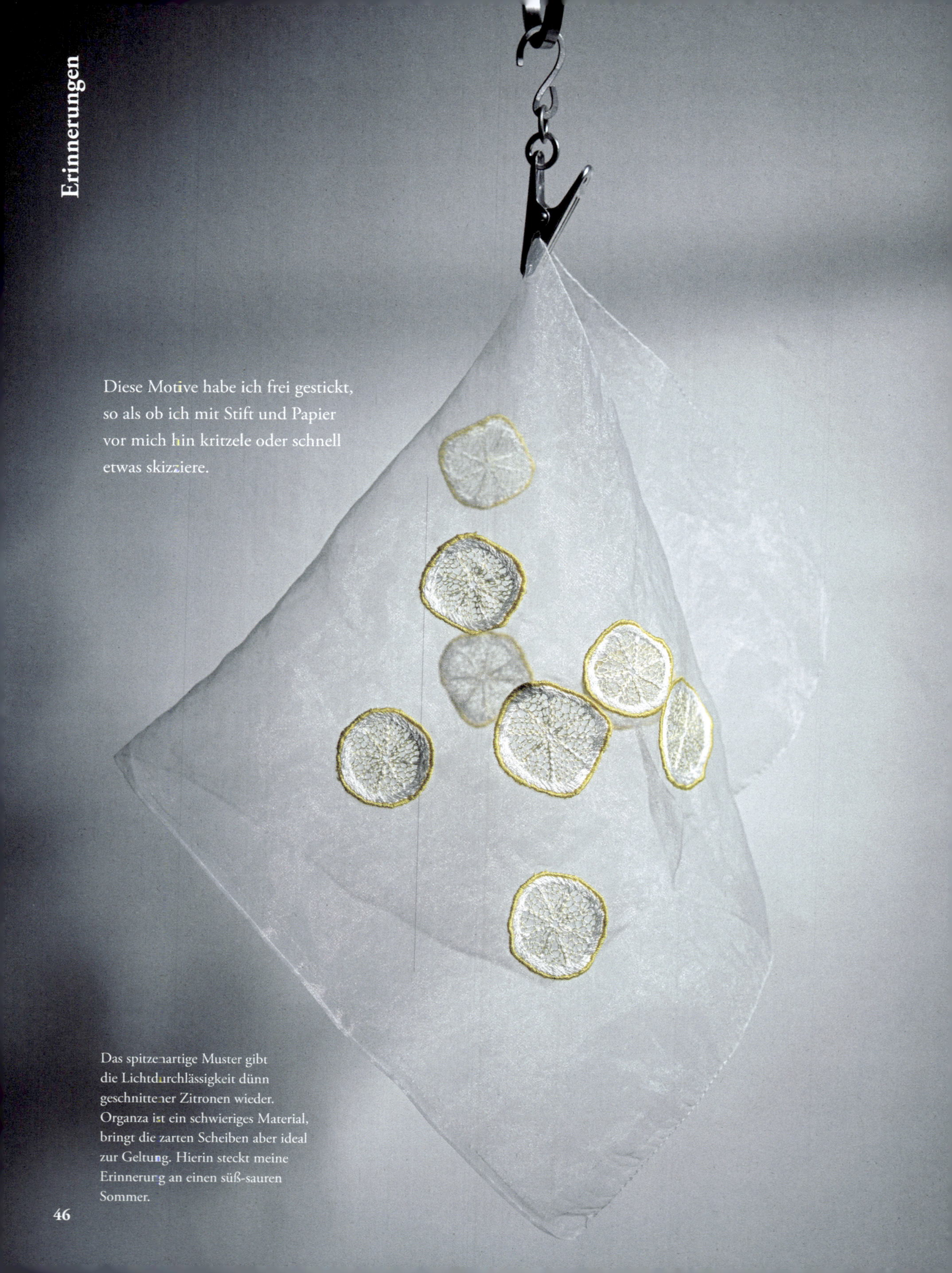

Diese Motive habe ich frei gestickt, so als ob ich mit Stift und Papier vor mich hin kritzele oder schnell etwas skizziere.

Das spitzenartige Muster gibt die Lichtdurchlässigkeit dünn geschnittener Zitronen wieder. Organza ist ein schwieriges Material, bringt die zarten Scheiben aber ideal zur Geltung. Hierin steckt meine Erinnerung an einen süß-sauren Sommer.

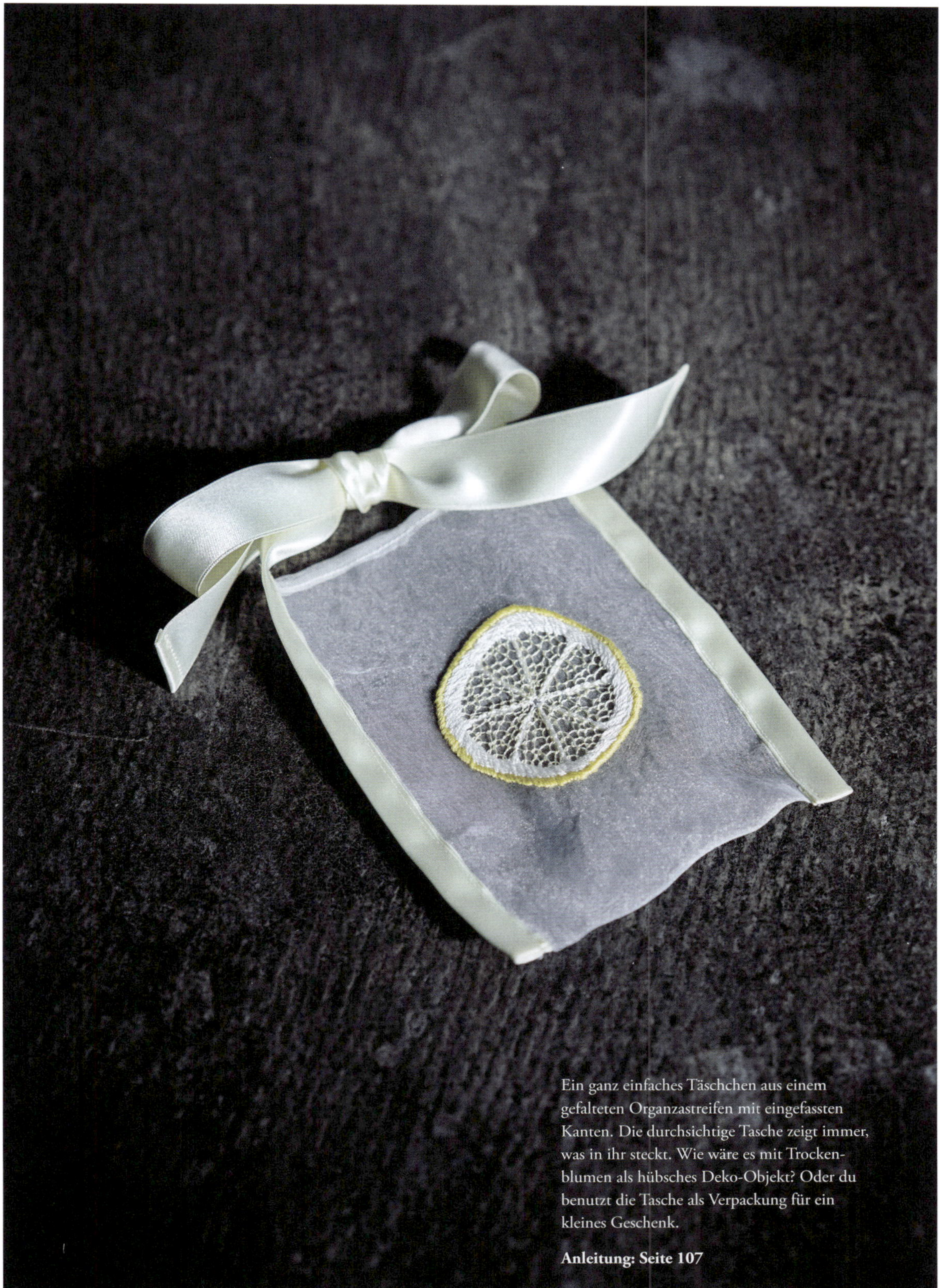

Ein ganz einfaches Täschchen aus einem gefalteten Organzastreifen mit eingefassten Kanten. Die durchsichtige Tasche zeigt immer, was in ihr steckt. Wie wäre es mit Trockenblumen als hübsches Deko-Objekt? Oder du benutzt die Tasche als Verpackung für ein kleines Geschenk.

Anleitung: Seite 107

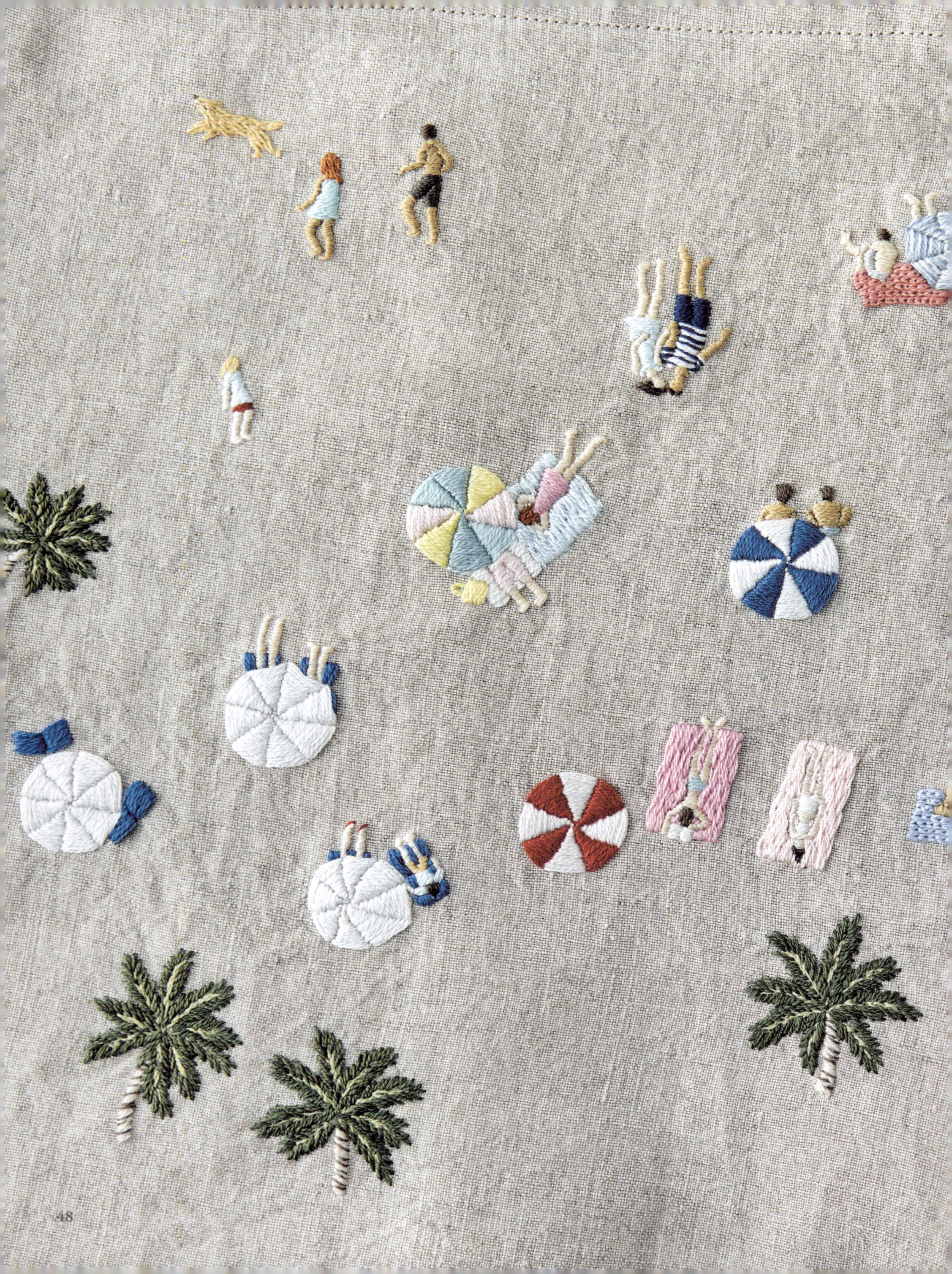

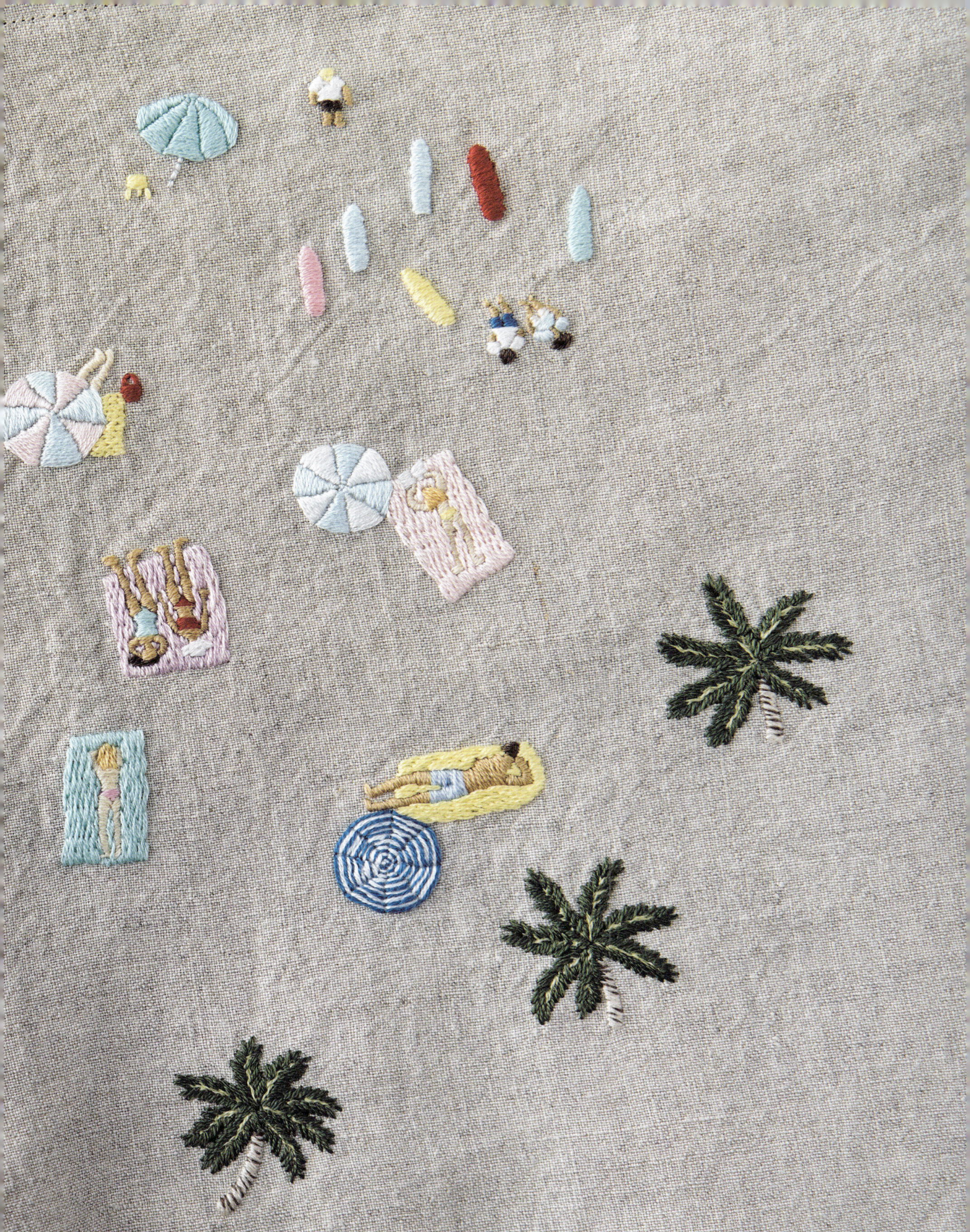

Bei dieser Sommerhose aus grobem Leinen musste ich gleich an einen Sandstrand denken. Deshalb habe ich sie mit vielen Menschen bestickt, die einen warmen Sommertag genießen. Trage eine blaue Bluse dazu, dann hast du auch gleich das Wasser! Ich habe die Hose von der Hüfte bis zur Taille bestickt, aber du kannst das Motiv ganz nach Belieben platzieren.

Stickvorlage: Seite 108

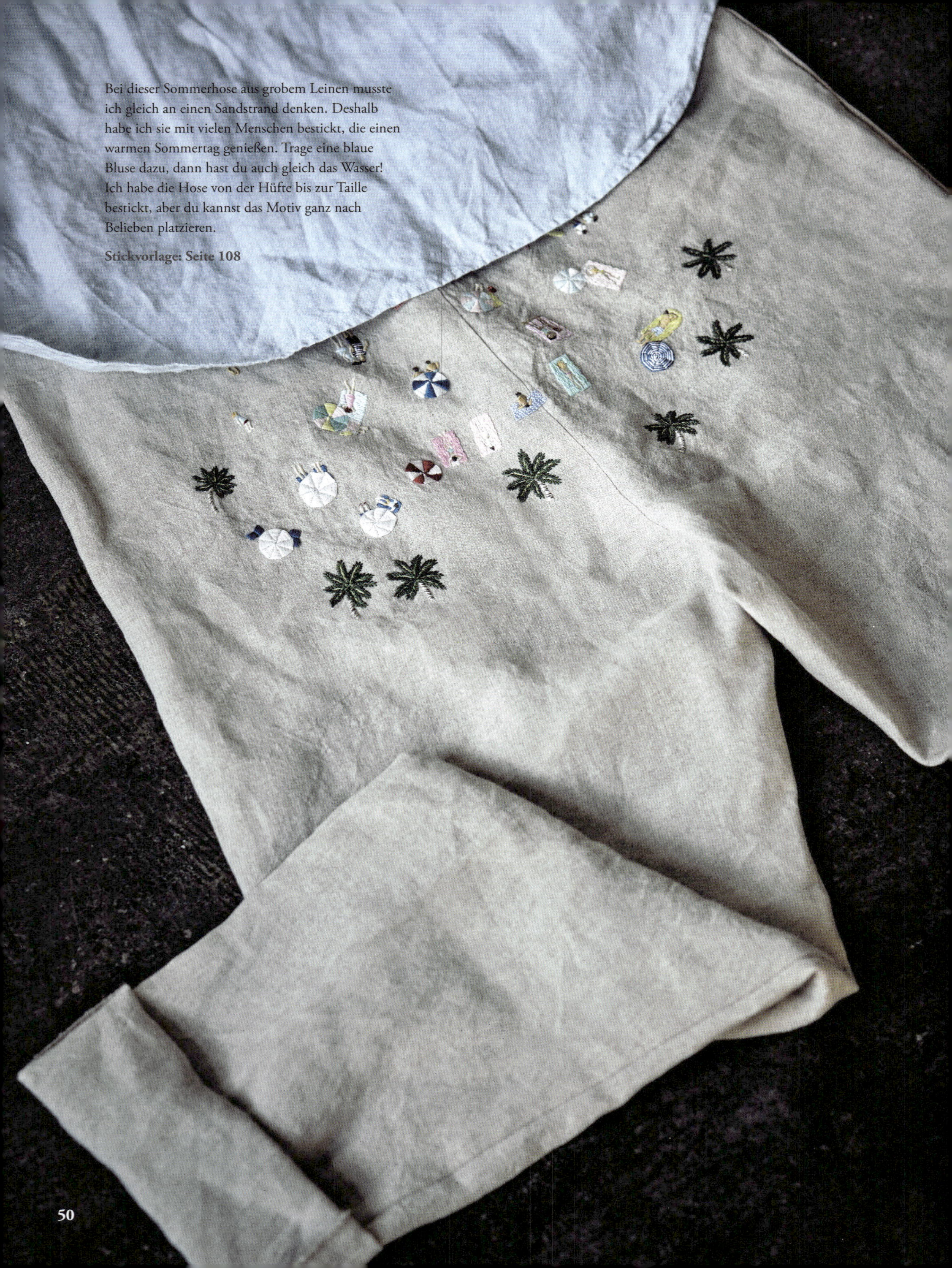

Die beeindruckenden schneebedeckten Berge sehen nach viel Arbeit aus, sind sie aber gar nicht, denn wir machen uns die Farbe der Bluse zunutze. Die Skifahrer:innen kannst du aus Garnresten ganz frei sticken. Nimm einfach die Farben, die du am liebsten magst. Genau wie beim Strandmotiv kannst du dieses Design auf jedes beliebige Kleidungsstück sticken. Achte nur darauf, dass sich eventuelle Knöpfe gut in das Bild einfügen.

Stickvorlage: Seite 110

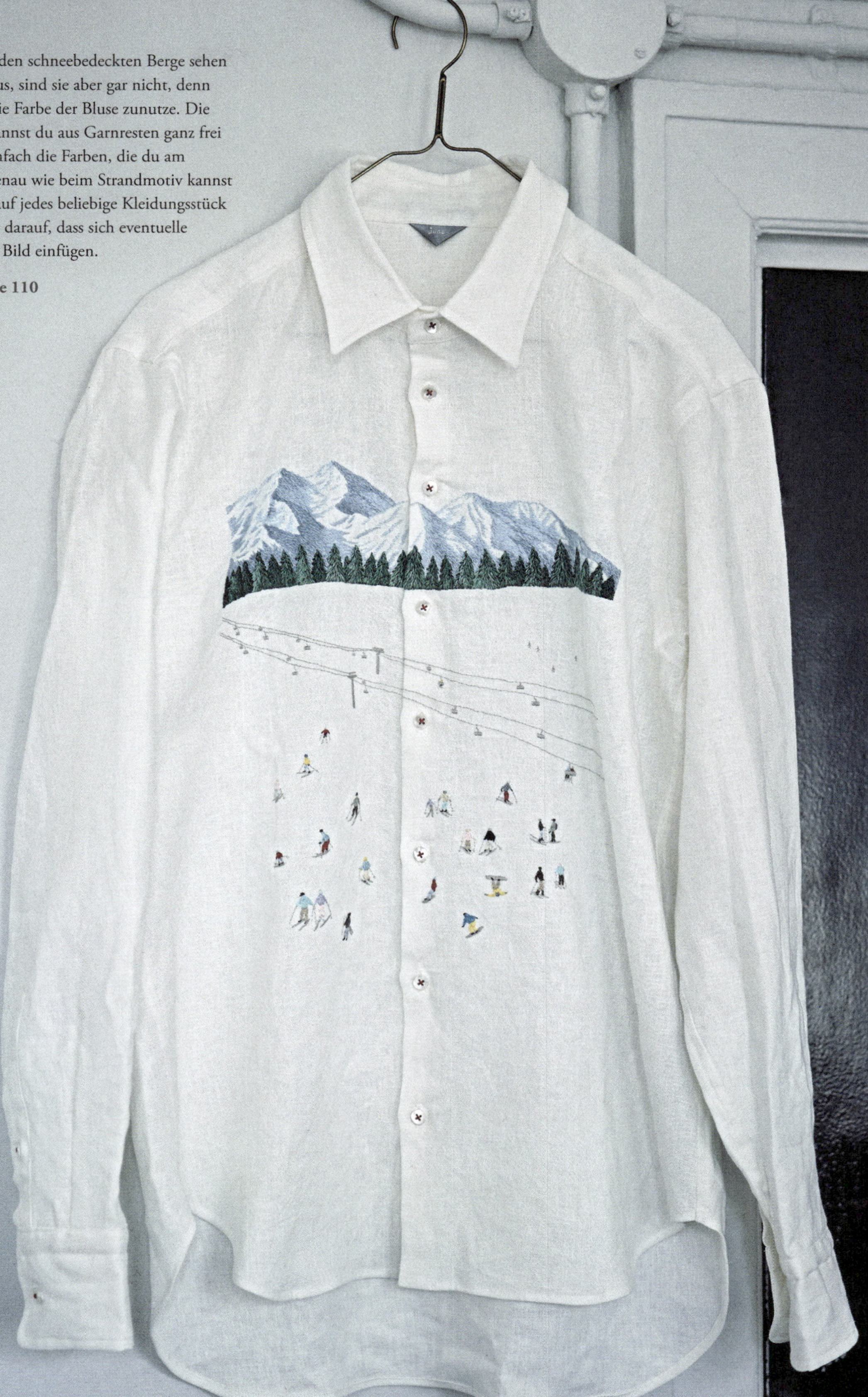

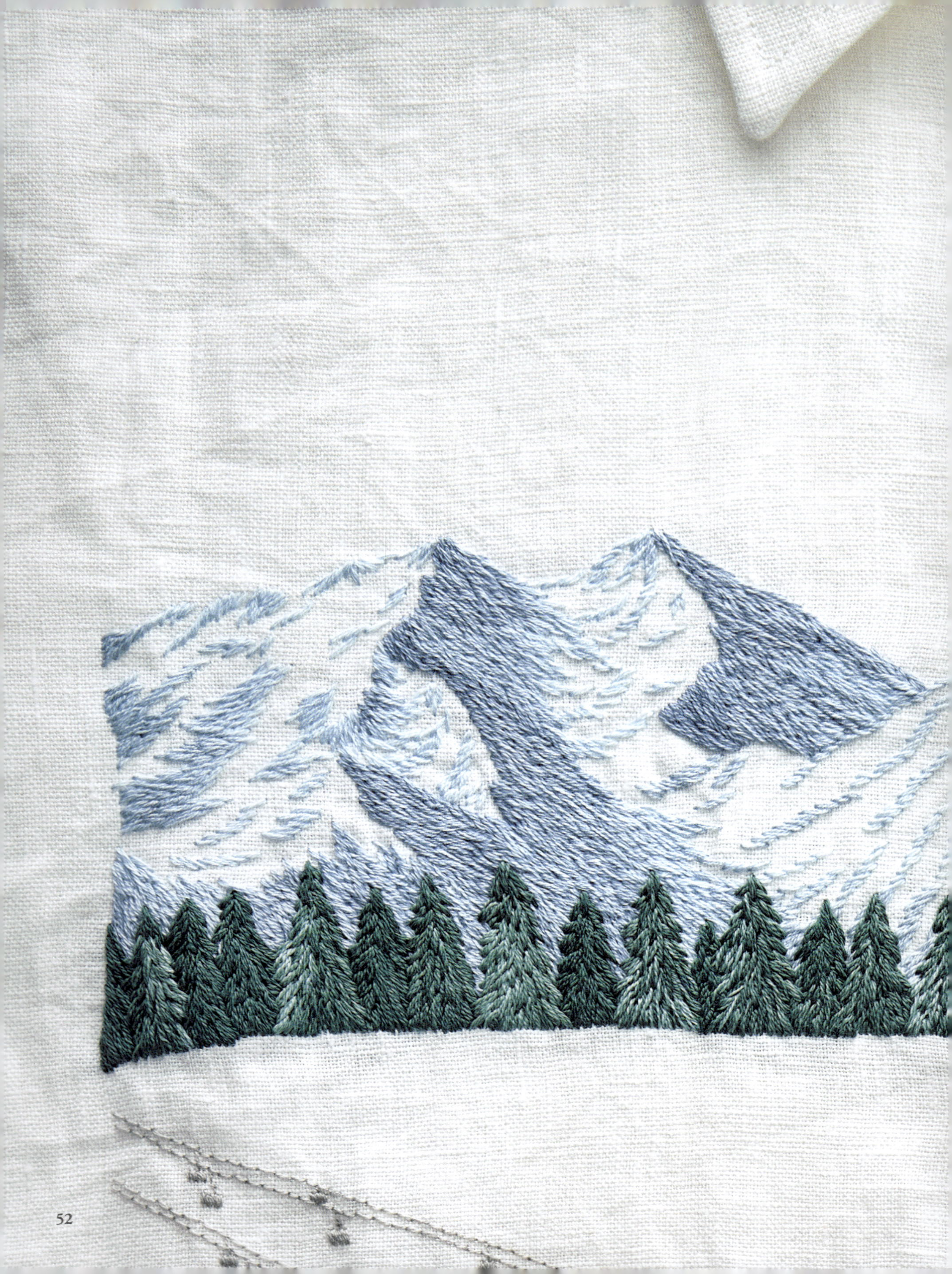

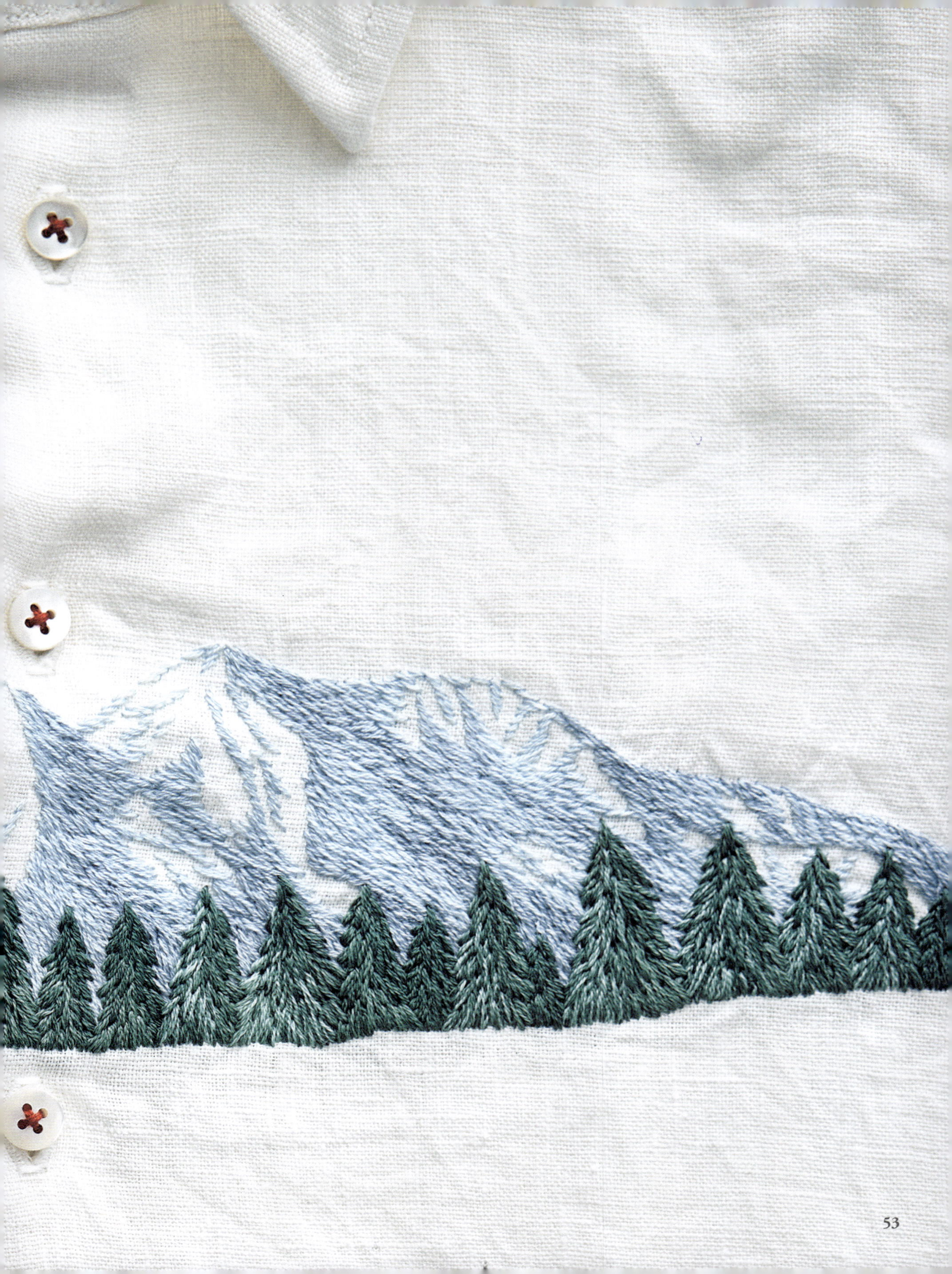

DER ZAUBER DER RÜCKSEITE

Ich versuche, beim Sticken möglichst kein Garn zu verschwenden.
So entwickelt auch die Rückseite einen ganz eigenen Charme, der nur zufällig entstehen kann.
Sie sieht immer so aus, als lebte in meinem Unterbewusstsein eine impressionistische Malerin.

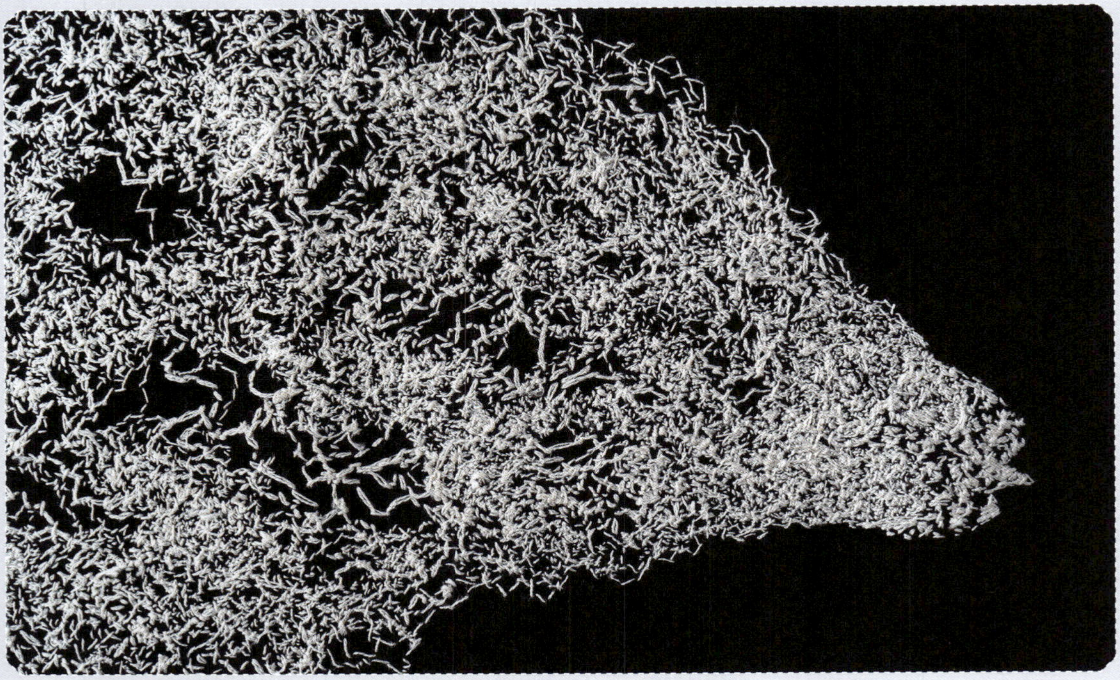

Die Rückseite der »Sternenschwalbe« ist recht chaotisch.

Von vorn bilden die Stiche kleine Punkte, doch hinten sind sie alle durch kurze Linien verbunden. Das Ergebnis sieht aus wie ganz viele interessante Fußabdrücke.

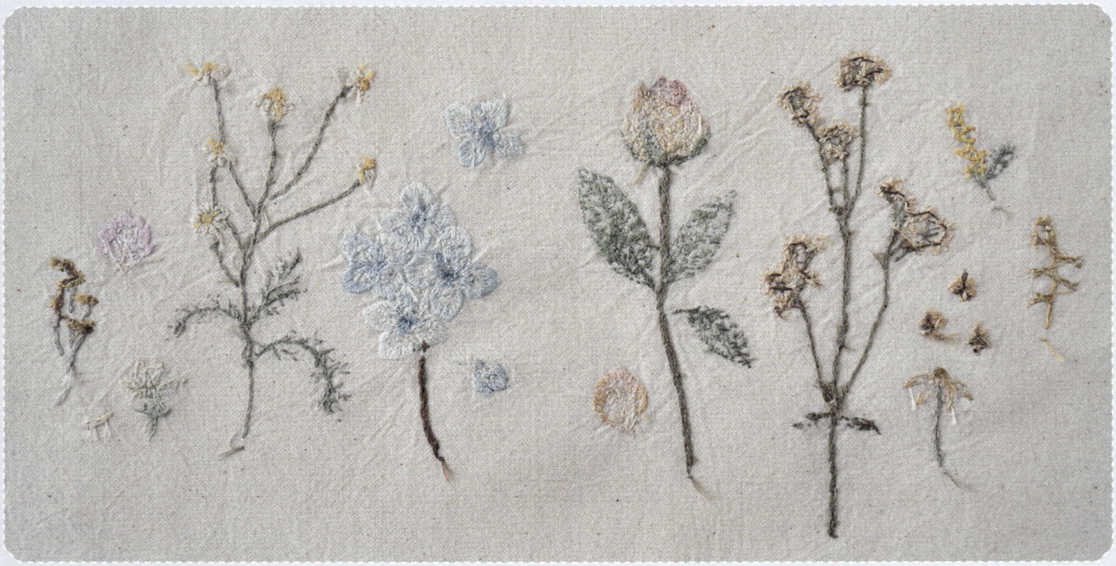

Von hinten betrachtet, wirken die gestickten Trockenblumen sogar noch zerbrechlicher.

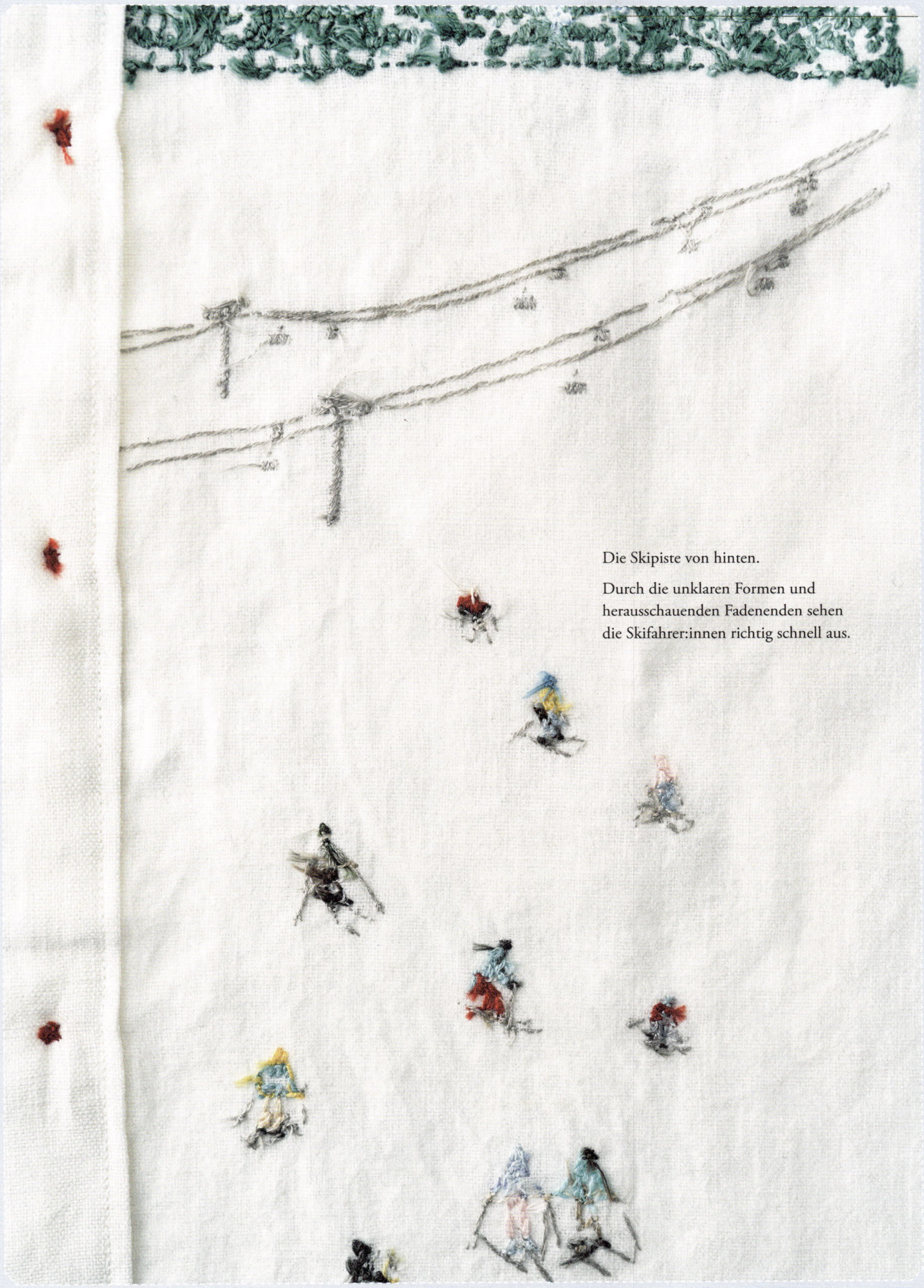

Die Skipiste von hinten.

Durch die unklaren Formen und herausschauenden Fadenenden sehen die Skifahrer:innen richtig schnell aus.

Zubehör

Hier zeige ich dir, womit ich sticke. Probiere aber selbst aus, welche Rahmen und Nadeln dir am meisten liegen!

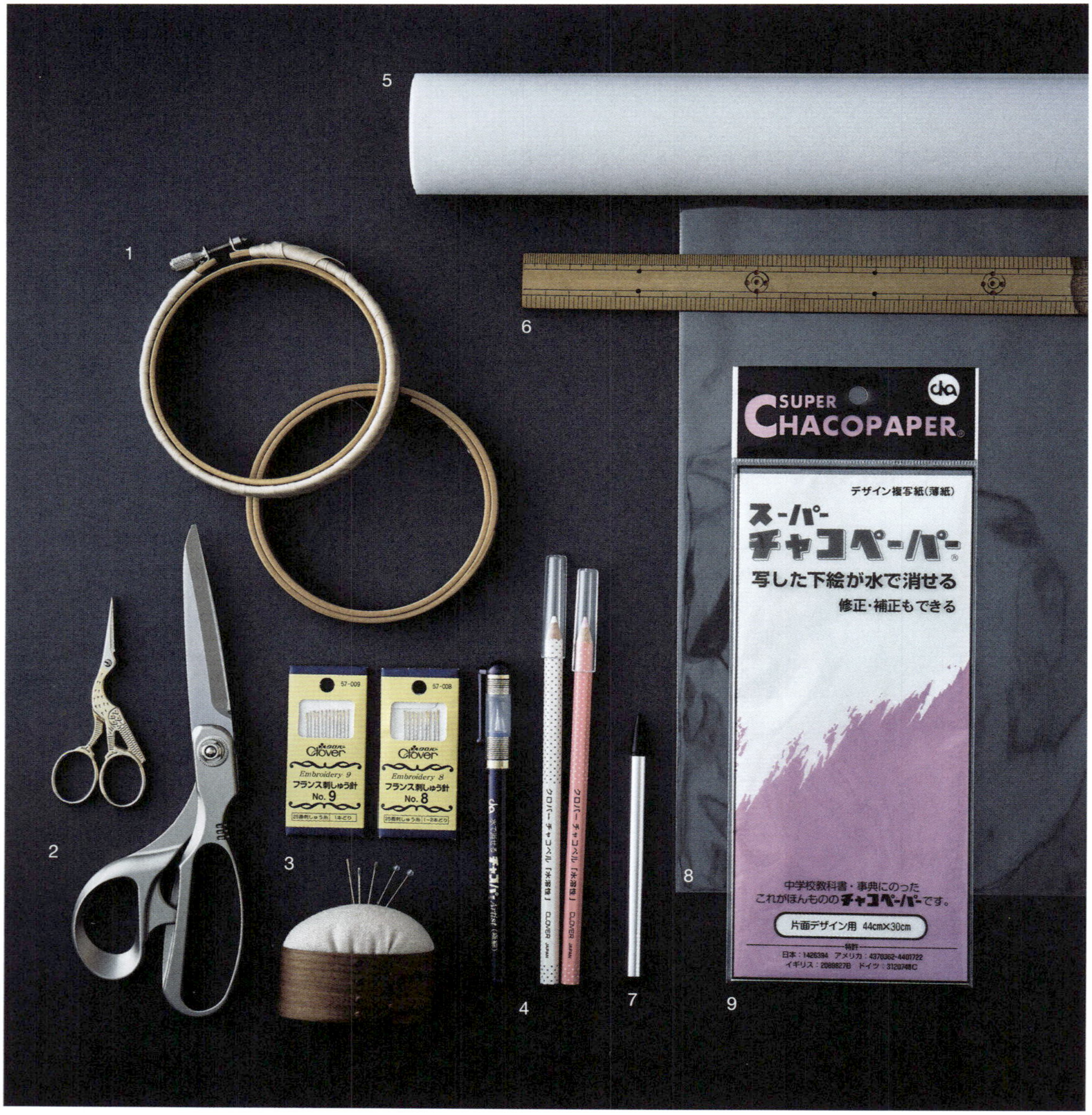

1. Stickrahmen: 10 cm Durchmesser. Bei dünnen Stoffen den Außenring mit Stoffband umwickeln. **2. Scheren:** Spitze Stickschere und Stoffschere. **3. Sticknadeln** und **Nadelkissen:** Französische Sticknadeln Größe 8 und 9; passend zur Anzahl der Fäden wählen. **4. Markierstift:** Zum Übertragen von Vorlagen oder zum Markieren des Stoffs beim Zuschneiden/Nähen; wasserlösliche Stifte verwenden und nach dem Sticken auswaschen. **5. Transparentpapier:** Zum Durchzeichnen von Vorlagen, wenn kein Kopierer vorhanden ist. **6. Lineal:** Aus Bambus. 7–**9. Stylus, Folie, Kopierpapier:** Zum Übertragen von Vorlagen auf Stoff.

Material

Stoffe und Stickgarn kannst du nach Belieben auswählen. Tobe dich bei den Farben ruhig aus!

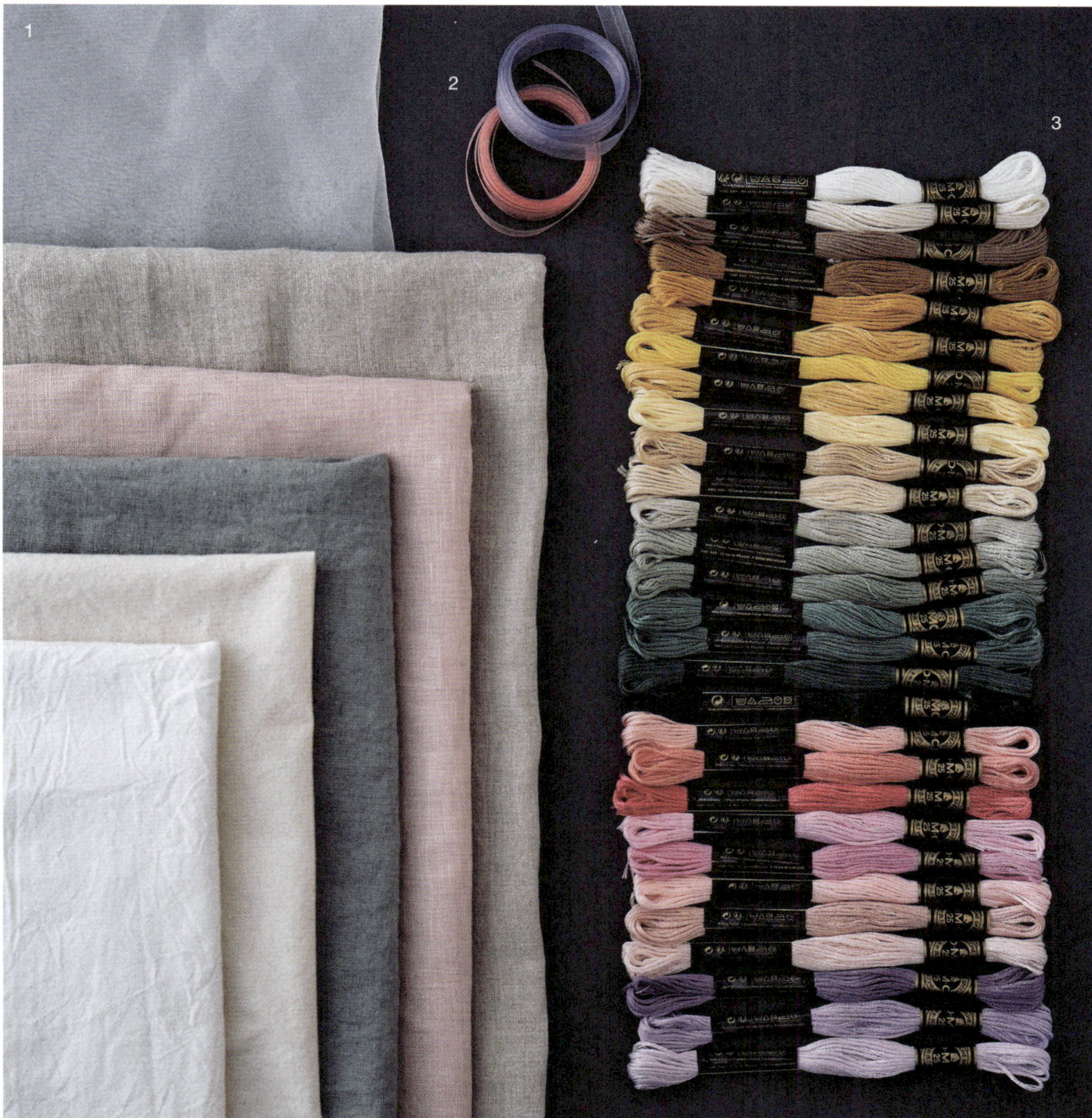

1. Verschiedene Stoffarten: Neben Leinen und Baumwolle kommen in diesem Buch auch Wolle und Organza zum Einsatz. **2. Stoffband:** Organzaband für die Lesezeichen. **3. Sechsfädiges Stickgarn, z. B. DMC 25:** Gibt es in unendlich vielen Farben. Blütenblätter werden im Farbverlauf aus drei Tönen gestickt.

Stichlexikon

In diesem Abschnitt zeige ich dir, welche Stiche ich benutze und wie ich sie ausführe.

⁂ Vorlage übertragen

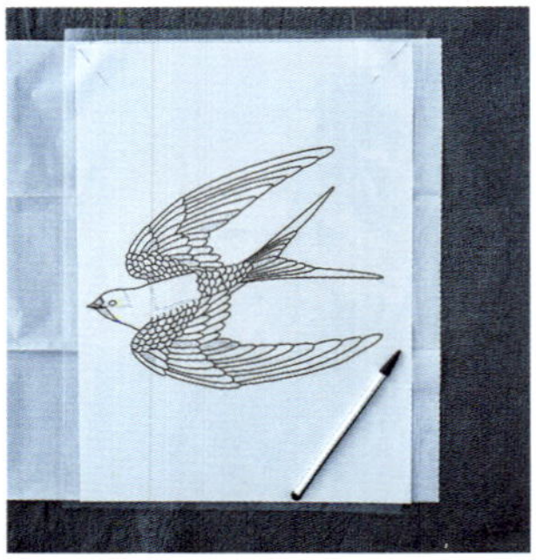

1 Kopierpapier und Vorlage auf den Stoff legen und feststecken. Folie darauflegen.

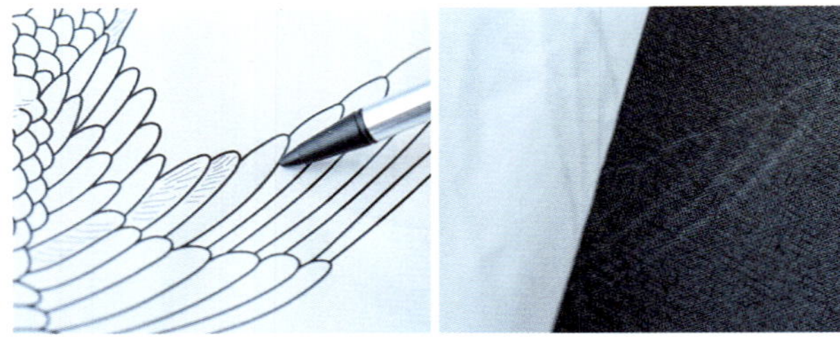

2 Mit Stylus (alternativ Kuli) die Vorlage nachzeichnen, dabei fest aufdrücken.

⁂ Faden sichern

Mit Rückstich

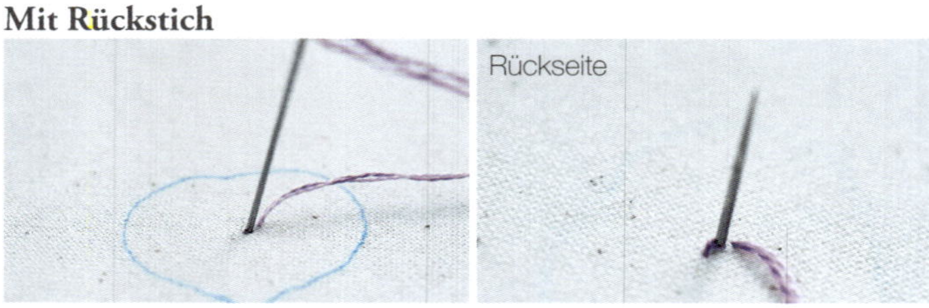

Ausstechen, einen kleinen Stich machen und dann mit einem Rückstich den Faden fixieren.

Mit Knoten

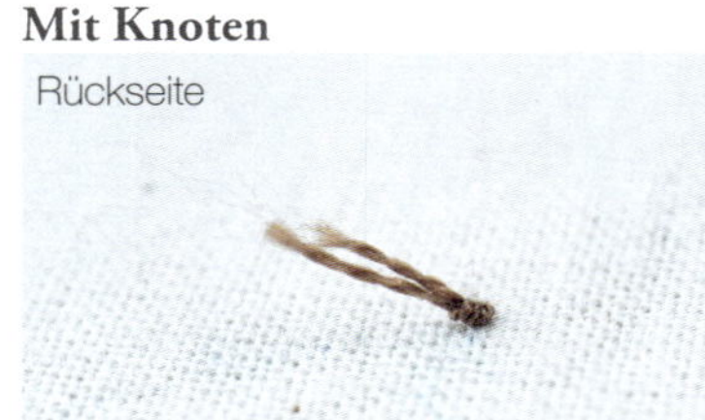

Am Fadenende einen Knoten machen, ausstechen und lossticken. So beginnt z. B. die Silberakazie in diesem Buch.

⁂ Fadenende vernähen

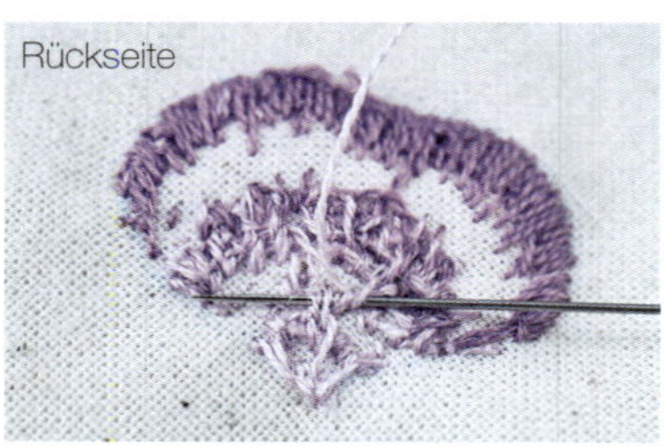

Auf der Rückseite den Faden zweimal unter dem Gestickten durchführen, abschneiden.

⁂ Umrissstich

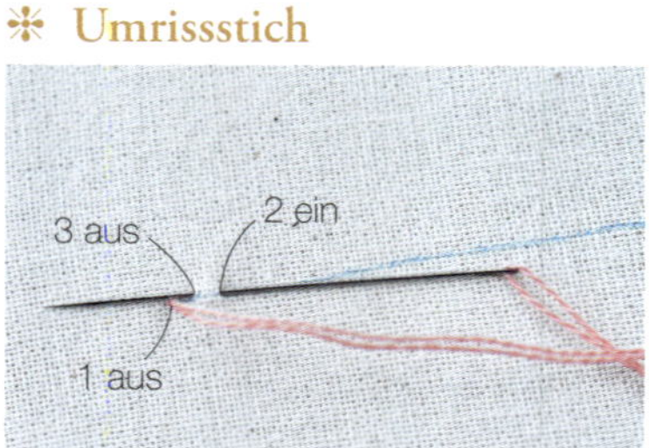

1 Von links nach rechts die Linie sticken. Nach einem Stich die Nadel zurückführen und in der Mitte des Stiches wieder ausstechen.

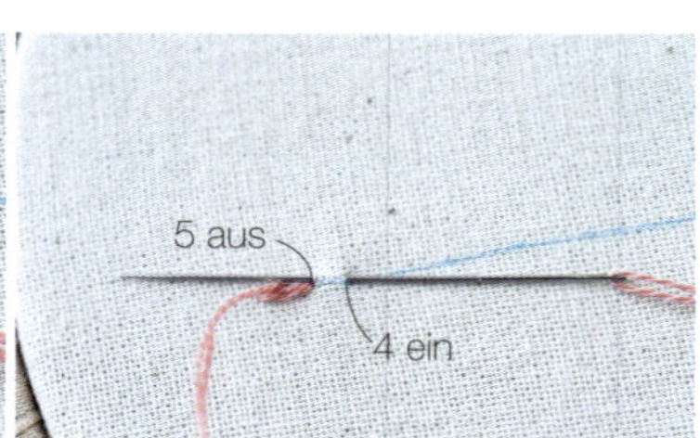

2 Wieder einen Stich machen und auf der Hälfte die Nadel ausstechen.

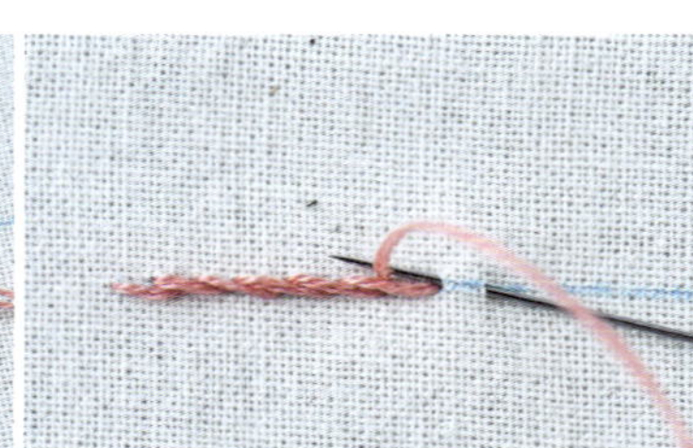

3 Auf eine gleichmäßige Stichlänge achten, so wird die Linie besonders sauber.

✻ Anlegetechnik

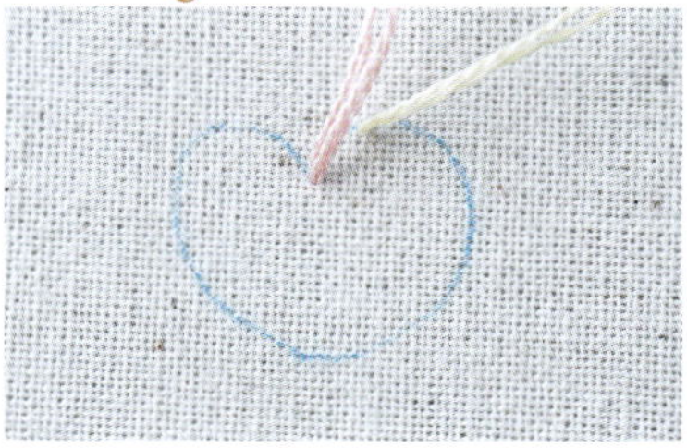

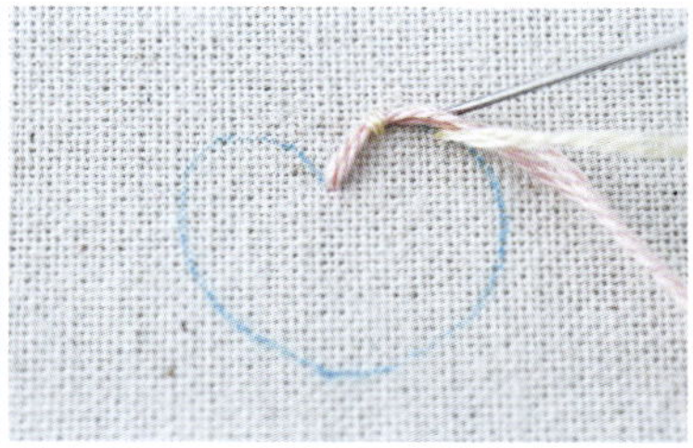

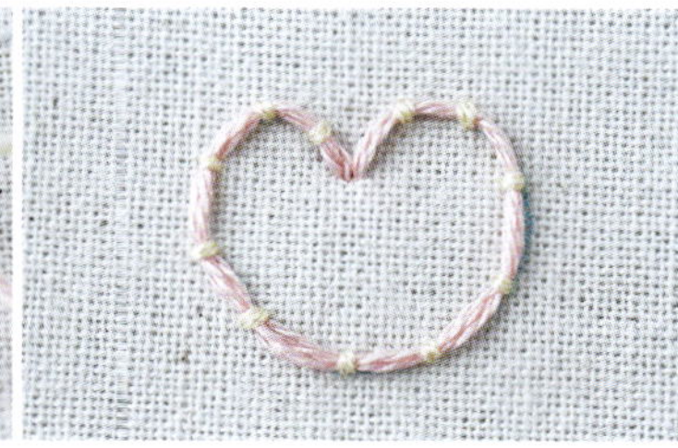

1 Mit zwei Fäden arbeiten: Der linke liegt auf der Linie, der rechte fixiert den liegenden Faden.

2 Faden entlang der Linie auf den Stoff legen. Mit dem anderen Faden fixieren.

3 Auf gleichmäßige Abstände achten.

✻ Plattstich

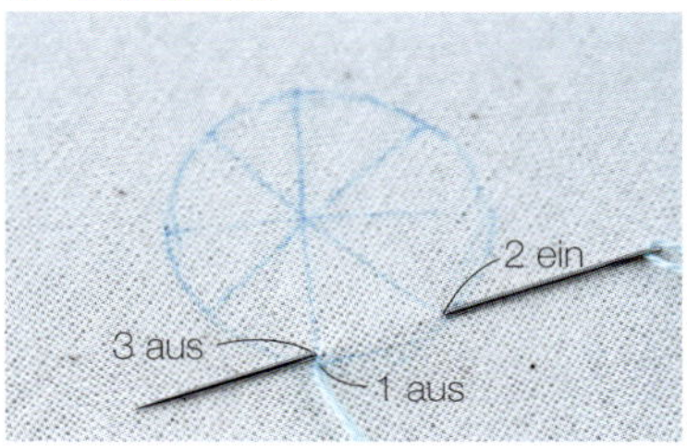

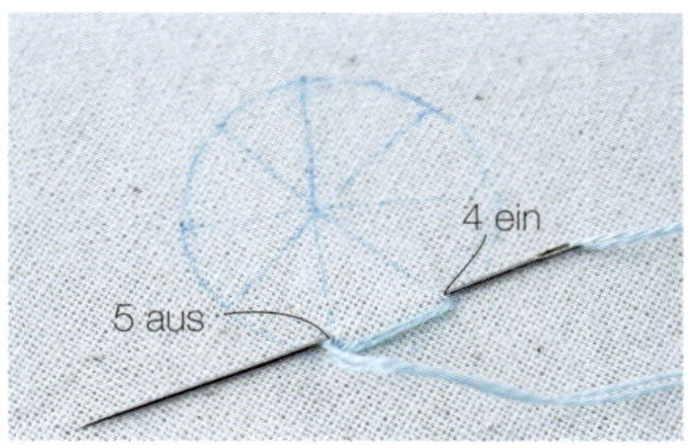

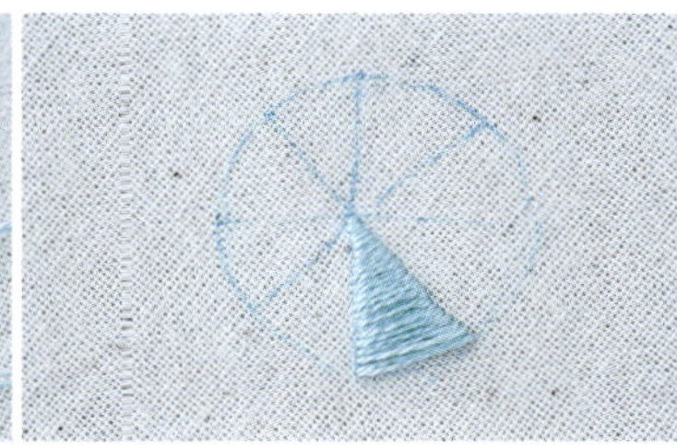

1 Zum Füllen von Flächen. Ausstechen und im gewünschten Abstand wieder einstechen. Dann neben dem Ausstechpunkt des ersten Stichs ausstechen.

2 Zweiten Stich genau parallel zum ersten setzen.

3 Wiederholen, bis die Fläche komplett gefüllt ist.

✻ Kettenstich

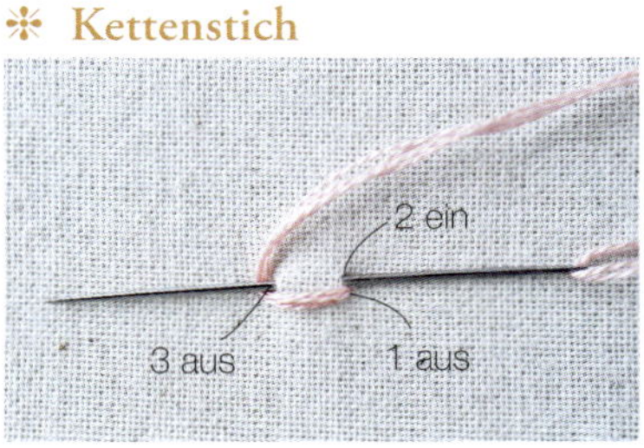

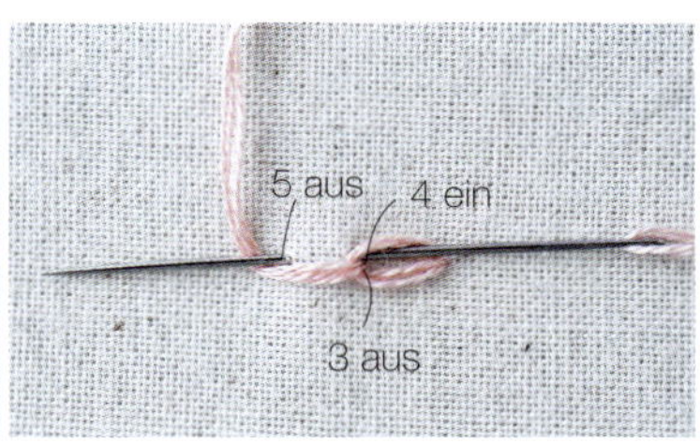

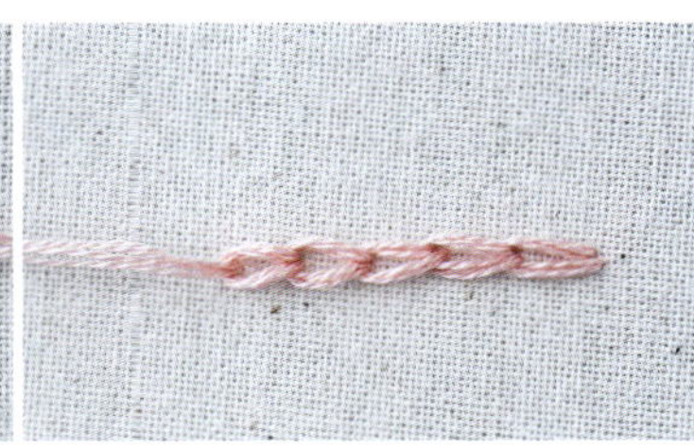

1 Ausstechen und direkt daneben wieder einstechen, ohne den Faden durchzuziehen. Dann je nach gewünschter Stichlänge ausstechen, dabei die Schlaufe um die Nadel legen und (nicht zu fest) anziehen.

2 Direkt neben der letzten Ausstichstelle wieder einstechen und im gleichen Abstand wie zuvor ausstechen, dabei erneut den Faden um die Nadel legen.

3 Auf diese Weise fortfahren, sodass eine Kette entsteht. Am Ende die letzte Schlaufe mit einem kleinen Stich sichern.

✻ Margeritenstich

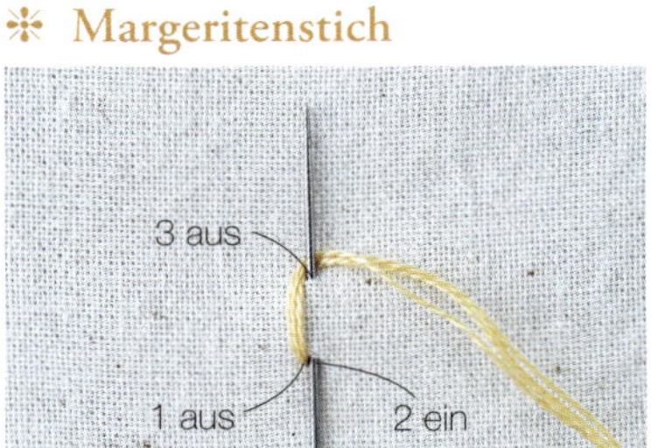

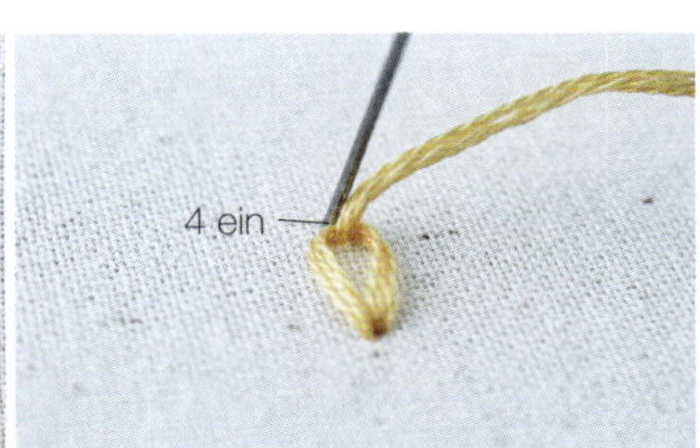

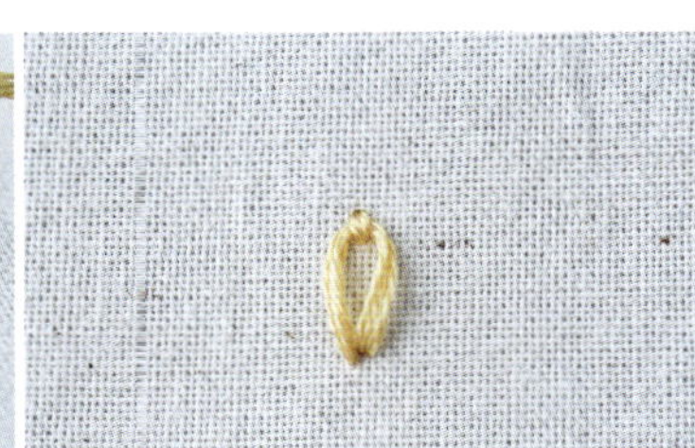

1 Der Margeritenstich ist ein einzelnes Glied des Kettenstichs. Ausstechen, direkt daneben wieder einstechen, ohne den Faden durchzuziehen. In gewünschter Stichlänge ausstechen, Schlaufe um die Nadel legen …

2 … und anziehen. Direkt über der Schlaufe wieder einstechen.

3 Je nach Bedarf wiederholen. Mehrere sternförmig angeordnete Margeritenstiche ergeben eine Blume.

❋ Wickelstich

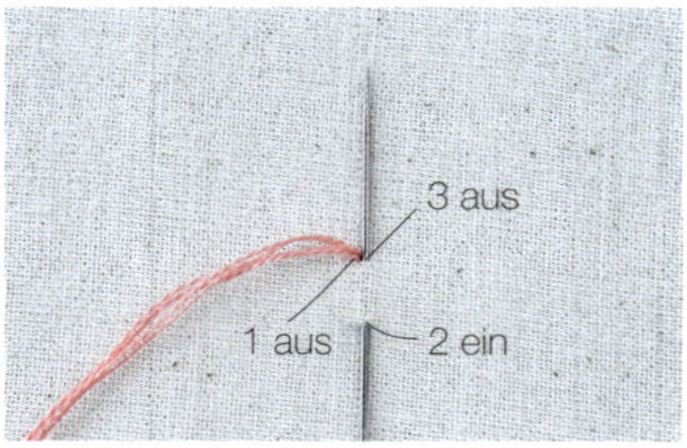

1 Ausstechen, im gewünschten Abstand einstechen und an der ursprünglichen Ausstichstelle wieder ausstechen.

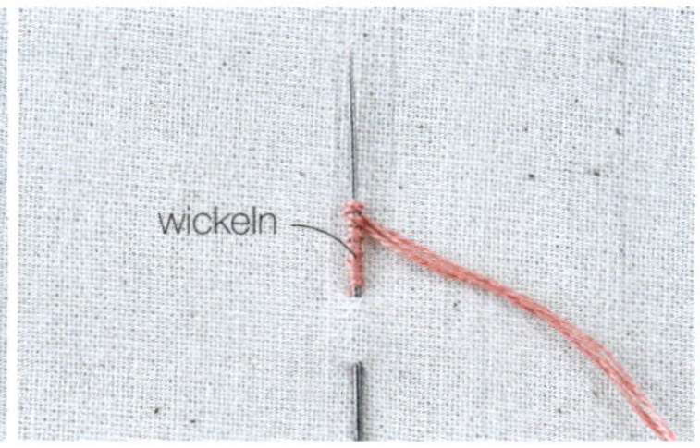

2 Faden noch nicht durchziehen, sondern mehrere Male um die Nadel wickeln. Die umwickelte Strecke sollte etwas länger als die Stichlänge sein.

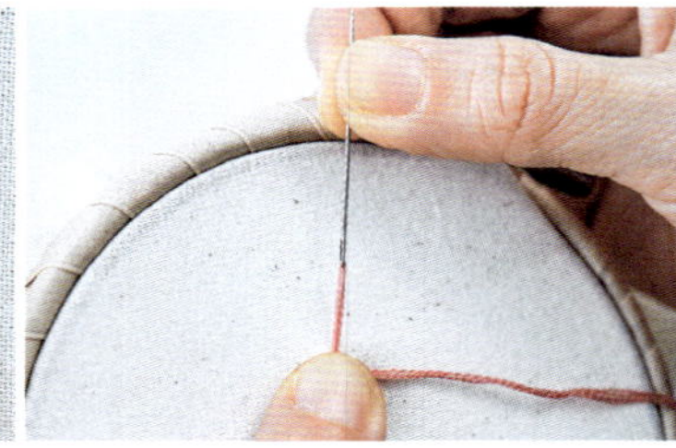

3 Wicklung mit dem Daumen festhalten und Faden durchziehen.

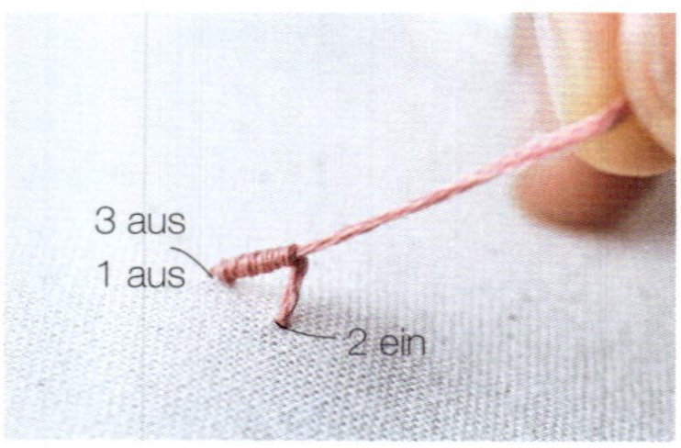

4 Faden nach oben ziehen, um die Wicklung in Position zu halten.

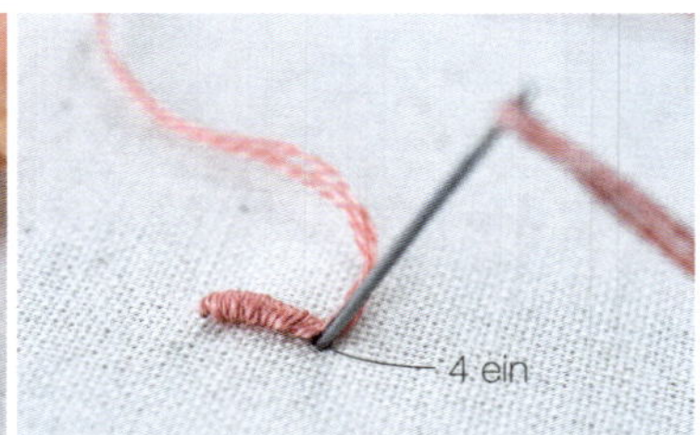

5 Nadel direkt neben der Einstichstelle von Schritt 1 einstechen.

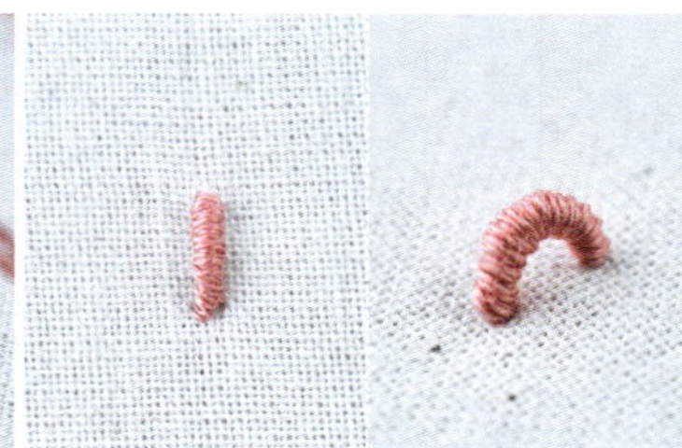

6 Der Wickelstich ist fertig. Je länger die umwickelte Strecke ist, desto mehr wölbt er sich.

❋ Spitzenfüllstich

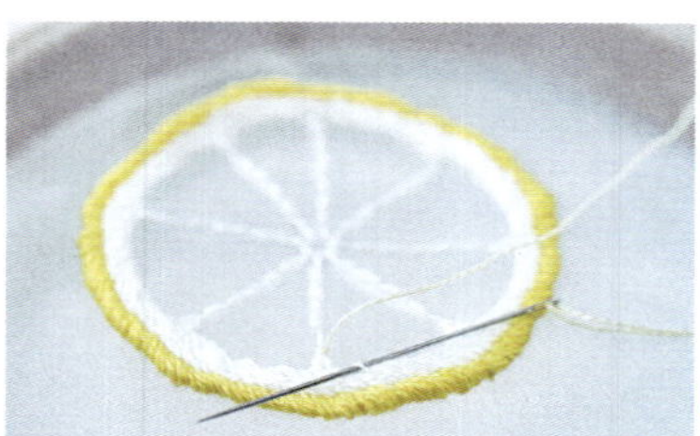

1 Zuerst die Schale und die Zwischenwände sticken. Dann von hinten in einer Zwischenwand ausstechen und an der Schale einen Stich fassen.

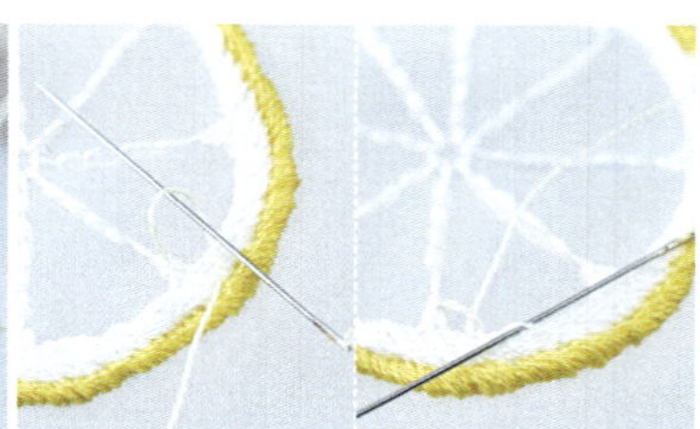

2 Faden durchziehen, aber eine kleine Schlaufe lassen. Durch diese die Nadel führen und sachte anziehen. Ein Stück weiter in der Schale wieder einen Stich fassen und wiederholen.

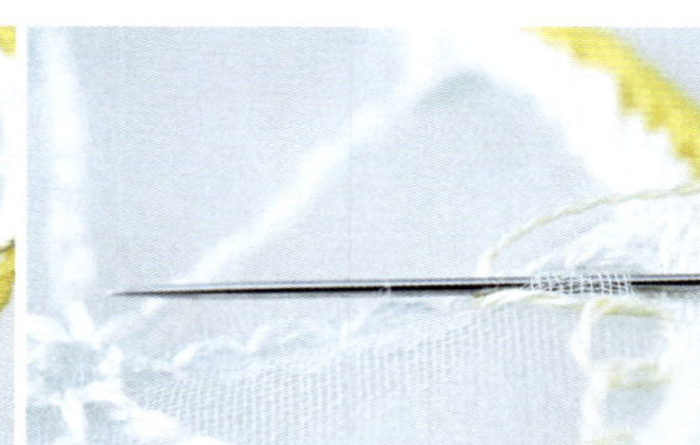

3 An der Kante der nächsten Zwischenwand die Nadel durch den Stoff stechen. Faden wie beim Langettenstich unter die Nadel legen und durchziehen.

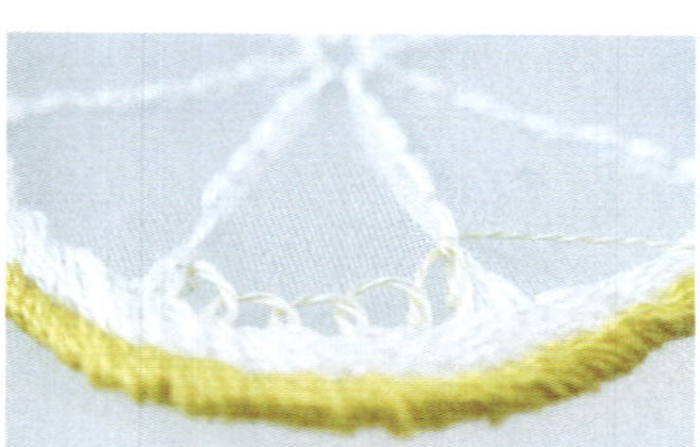

4 Nadel durch die Zwischenwand stechen und mit dem nächsten Segment fortfahren. An jeder Wand den Faden auf diese Weise sichern.

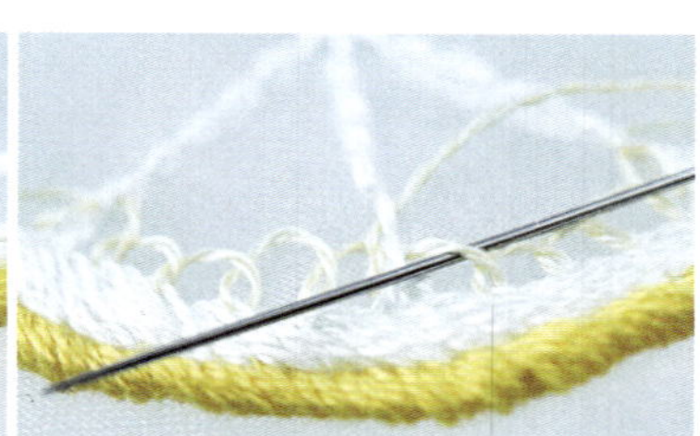

5 So weiter arbeiten, bis die 1. Reihe fertig ist. Etwas über der ersten Reihe durch die Zwischenwand stechen. 2. Reihe beginnen. Dafür von hinten durch die Schlaufen der 1. Reihe stechen.

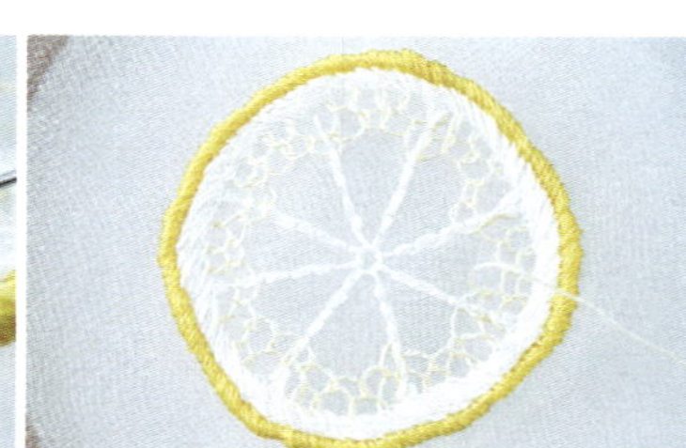

6 Rundherum immer die Schlaufen der ersten Reihe greifen und an Zwischenwänden mit Langettenstich sichern. Schlaufen ruhig unregelmäßig groß sticken, das sieht natürlicher aus.

Plastischer Knopflochstich

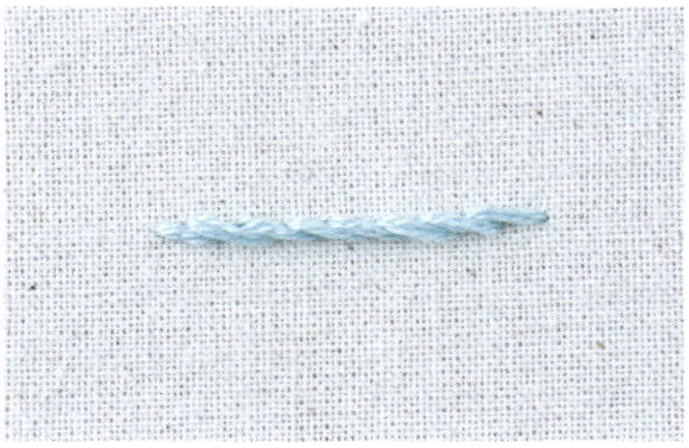

1 Über die gewünschte Länge Umrissstiche sticken.

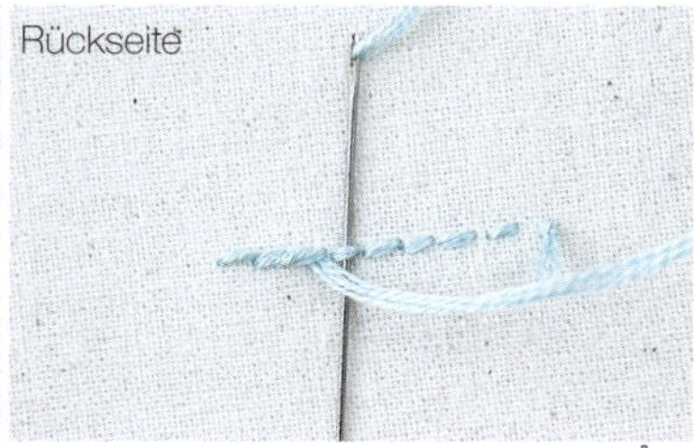

2 Am Ende einstechen und durchziehen. An der Rückseite Nadel nacheinander unter alle Stiche führen, bis zum anderen Ende.

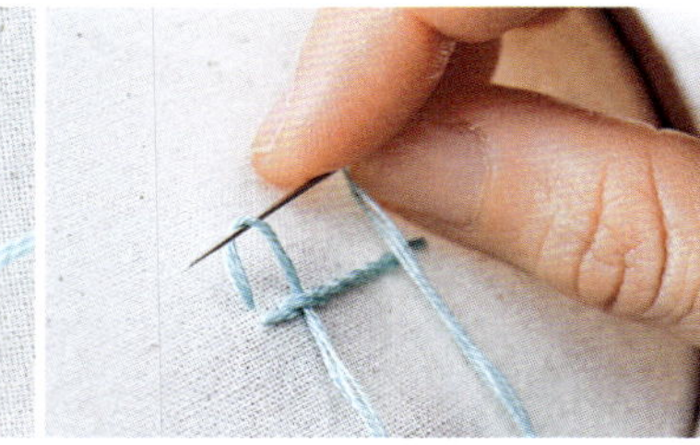

3 Etwas über der Umrissstichlinie ausstechen. Nadel unter einen Umrissstich führen. Vor dem Durchziehen die Nadel von rechts nach links durch die Schlaufe führen.

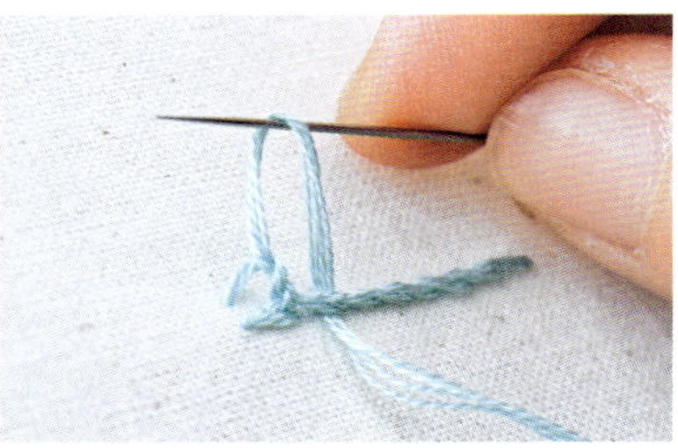

4 Wiederholen: Die Nadel greift jeden Umrissstich und wird dann durch die Schlaufe des Arbeitsfadens geführt.

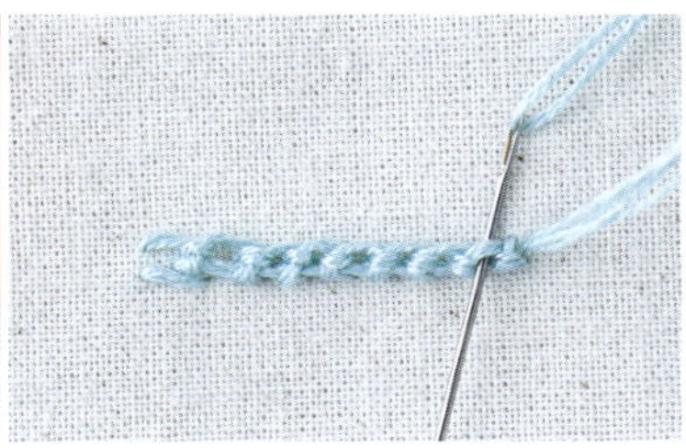

5 Am rechten Ende angelangt, die Nadel von oben nach unten durch jede Schlaufe führen, um wieder nach links zu kommen.

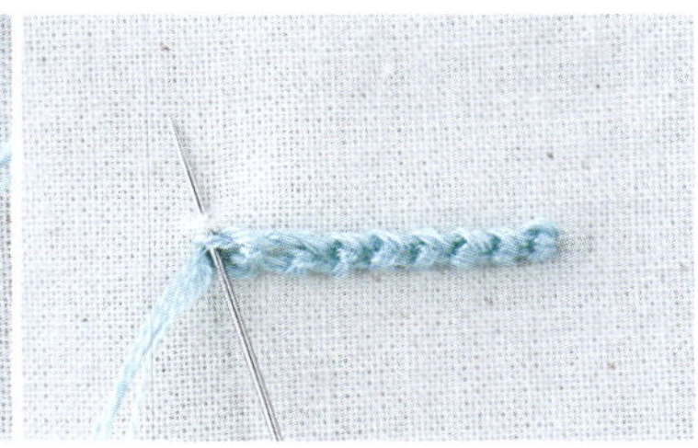

6 Dann die Nadel durch den äußersten linken Umrissstich und den Stoff stechen und durchziehen.

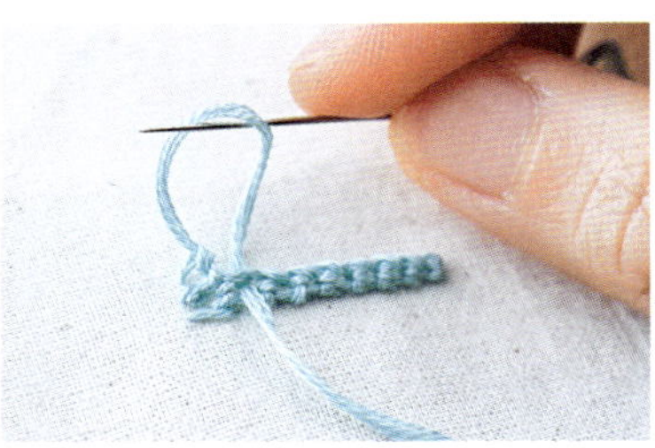

7 Schritte 3 und 4 wiederholen. Bei Schritt 3 die Nadel unter jedem Umrissstich durchführen, aber dieses Mal die in Schritt 4 entstandene Schlaufe greifen.

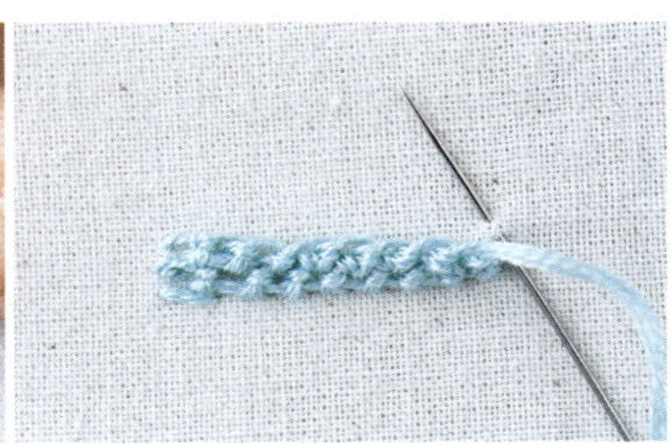

8 Am rechten Ende die Nadel durch Schlaufe und Stoff einstechen und durchziehen. Wie in Schritt 5 zurück zum linken Ende arbeiten.

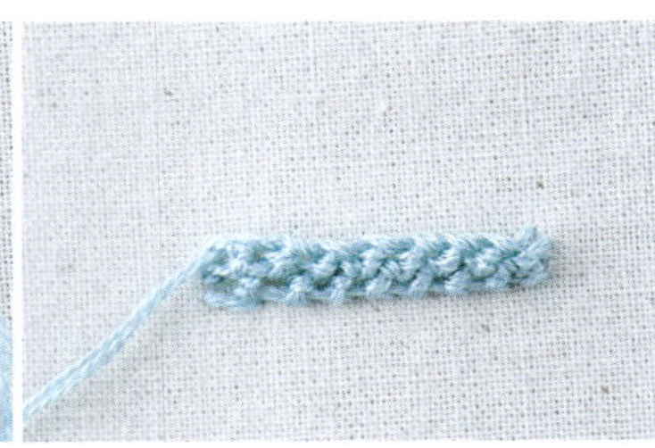

9 Diese Schritte entsprechend der angegebenen Reihenanzahl wiederholen.

Langettenstich

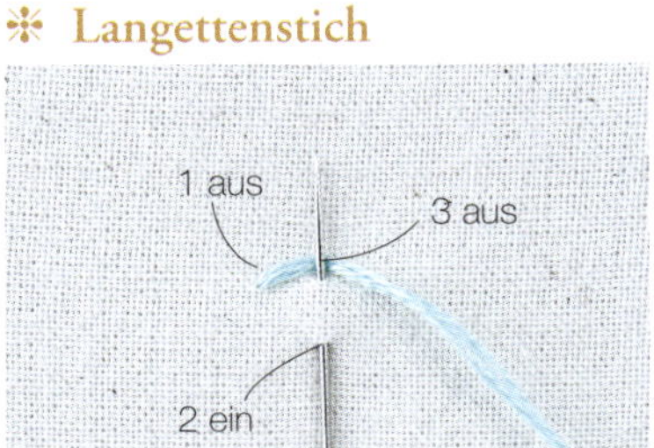

1 Ausstechen und im rechten Winkel durch den Stoff stechen. Faden unter die Nadel legen und durchziehen.

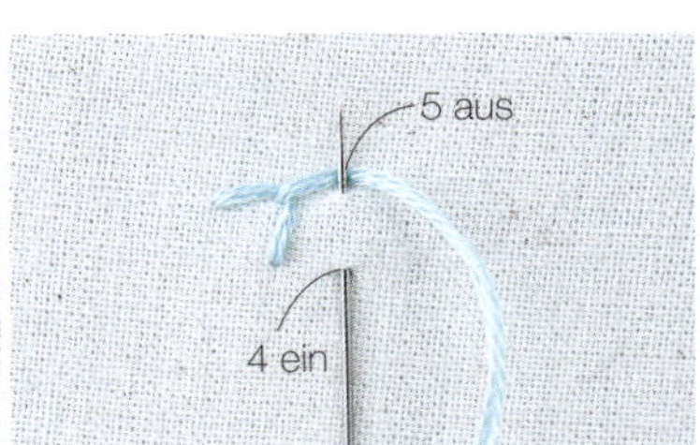

2 Nadel in regelmäßigen Abständen immer wieder im rechten Winkel durch den Stoff stechen, Faden unterlegen und durchziehen.

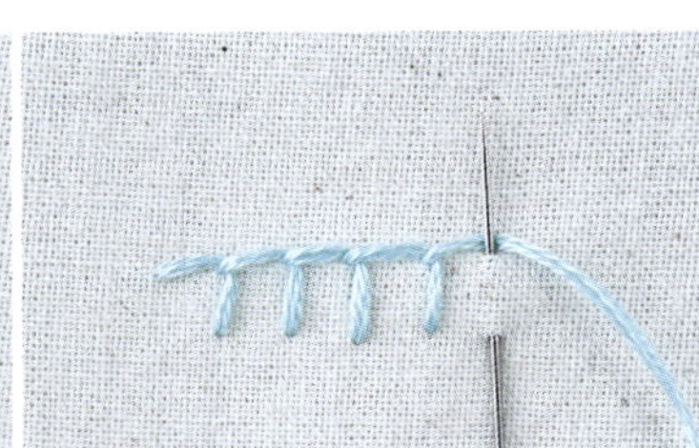

3 Wiederholen, bis die gewünschte Länge erreicht ist.

Unregelmäßiger Plattstich

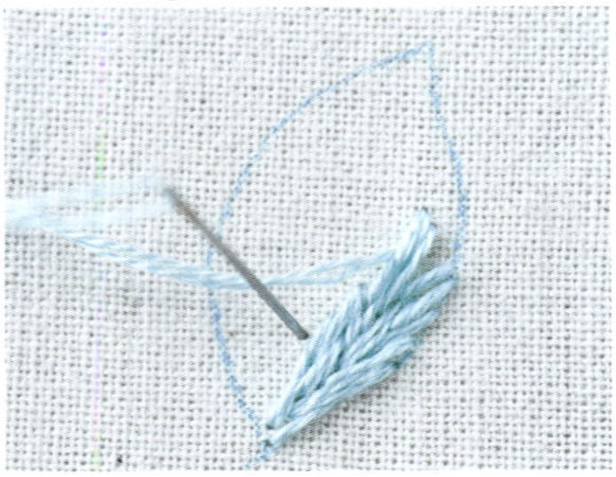

Diese Methode ähnelt dem (versetzten) Plattstich, mit dem Unterschied, dass die Stiche zwar etwa in die gleiche Richtung gehen, aber dabei in unterschiedlichen Längen etwas kreuz und quer gesetzt werden. So lässt sich Tierfell schön dreidimensional darstellen.

Silberakazie

Rückstich

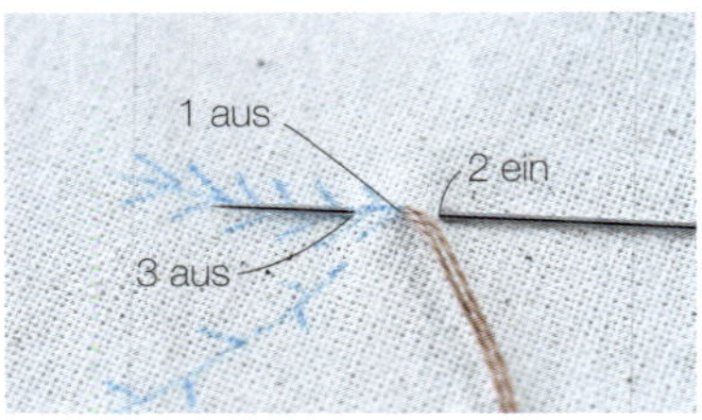

1 Zweig im Rückstich sticken: Auf der Linie ausstechen. Eine halbe Stichlänge dahinter wieder einstechen und eine halbe Stichlänge vor der Ausstichstelle ausstechen.

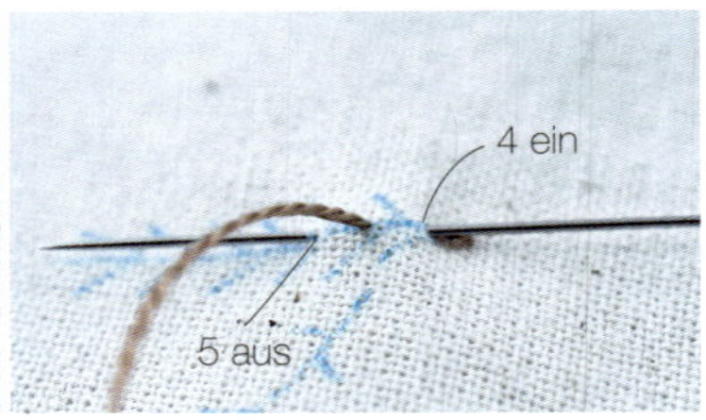

2 Genauso am Ende des vorherigen Stiches einstechen und im entsprechenden Abstand vor der letzten Ausstichstelle wieder ausstechen.

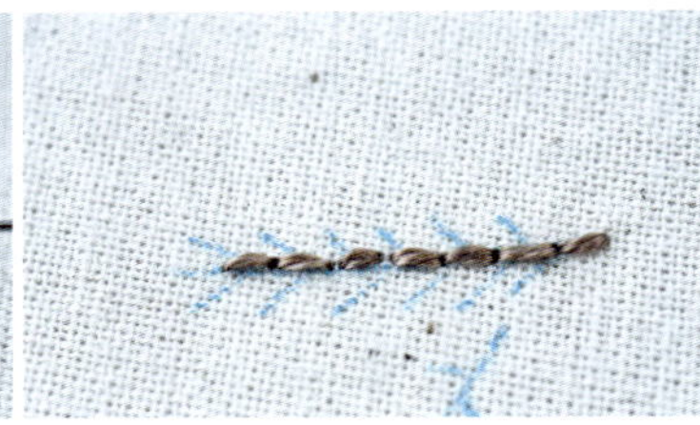

3 Von rechts nach links arbeitend Schritt 2 bis zum Ende der Linie wiederholen.

Geradstich

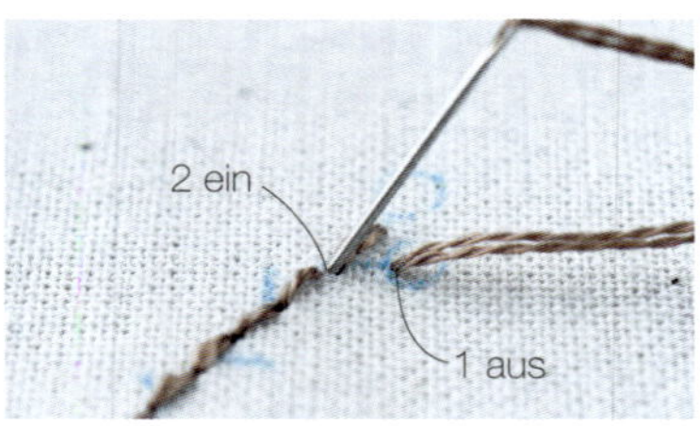

1 Stiele im Geradstich sticken: An der eingezeichneten Linie ausstechen und am Ende der Linie einstechen.

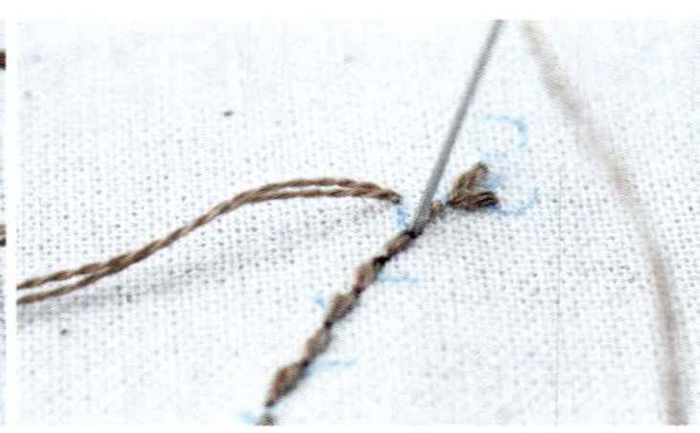

2 An der anderen Seite des Zweigs den nächsten Stiel auf diese Weise sticken. Stiele weiter abwechselnd links und rechts sticken.

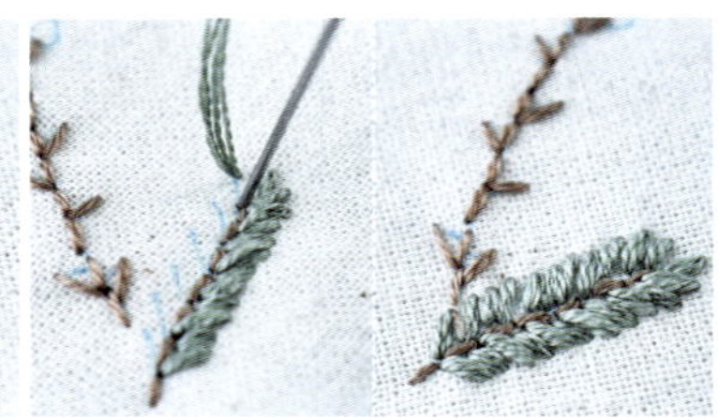

3 Die Blätter 4-fädig im Geradstich sticken. Da doppelt so viele Fäden verwendet werden, ergibt der gleiche Geradstich eine dickere Linie.

Knotenblüte

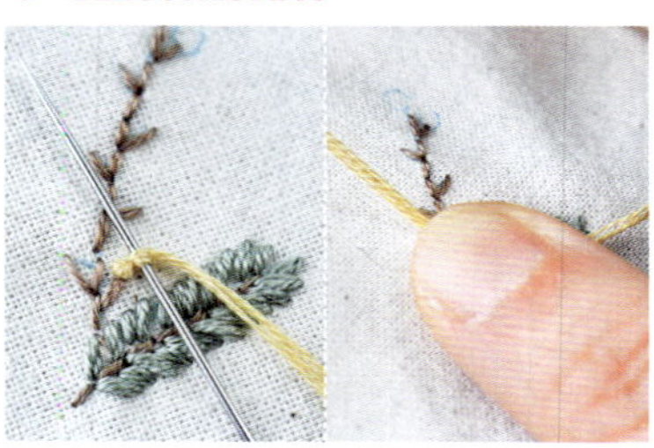

1 Ausstechen, Faden durchziehen und Nadel über die Ausstichstelle legen. Garn einmal um die Nadelspitze wickeln, mit dem Daumen festhalten und Nadel komplett durchziehen. Ein Knoten ist entstanden.

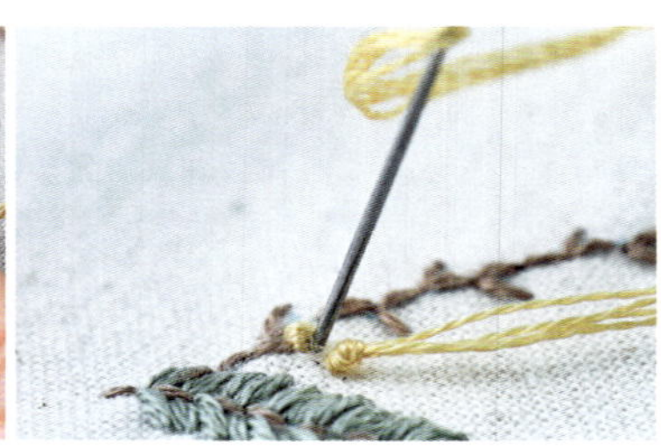

2 Neben dem Knoten einstechen und anziehen.

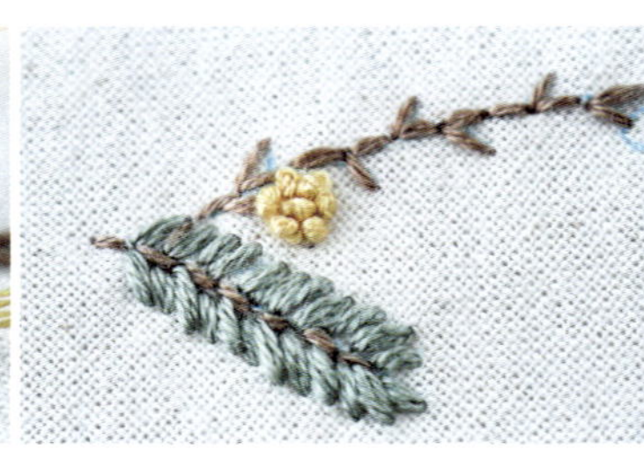

3 Die Knotenblüte ist fertig. Mit dieser Methode entsteht ein liegender Knoten, bei dem die glänzende Seite nach oben zeigt. Mehrere Knoten an einer Stelle sticken, um die Blüten der Silberakazie nachzuempfinden.

Blütenblatt

❋ Versetzter Plattstich

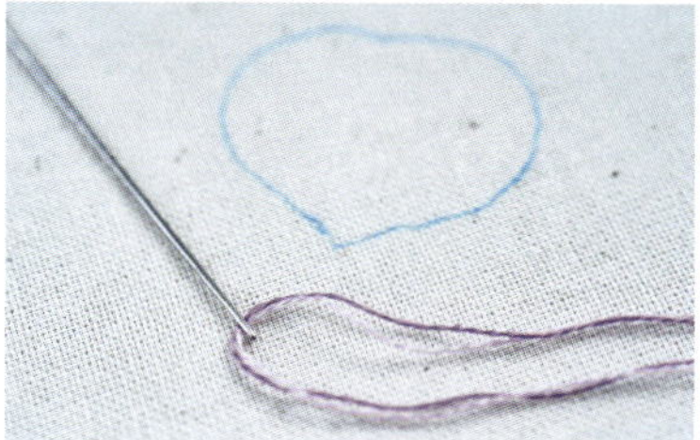

1 Vorlage auf den Stoff übertragen. Mit 2 Fäden ähnlicher Farbe sticken, von denen eine etwas dunkler ist als die andere.

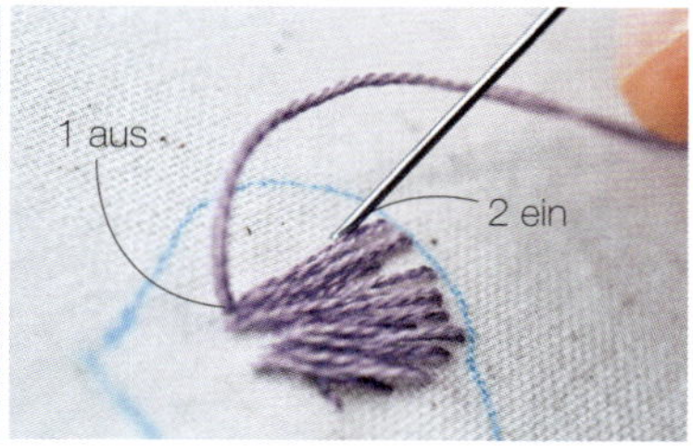

2 In der Mitte der Fläche anfangen zu sticken. Die Stichlänge je nach Bedarf wählen.

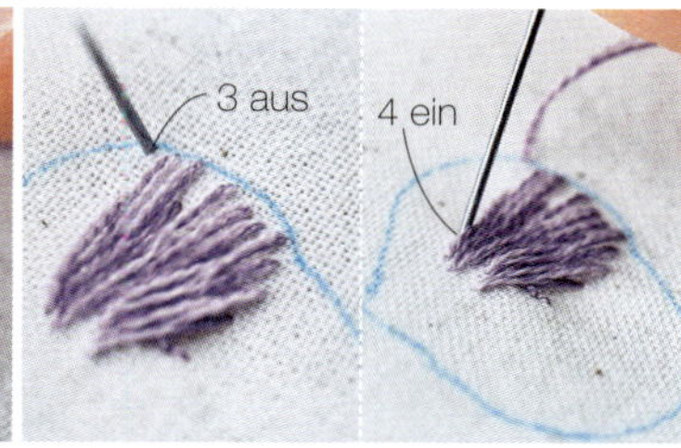

3 Für einen neuen Stich jeweils dicht neben dem vorherigen Stich ausstechen. So wird weniger Garn verbraucht.

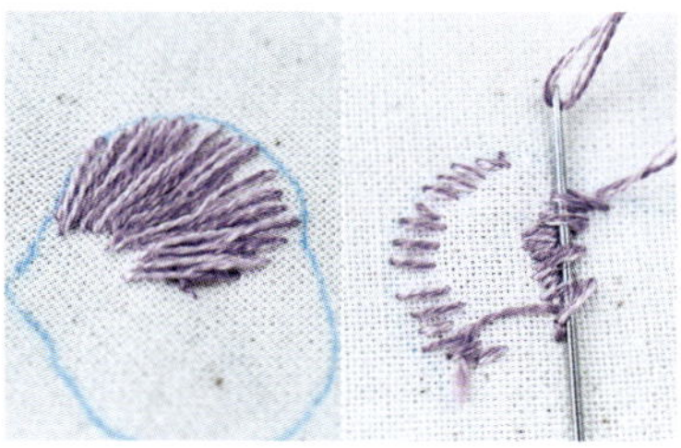

4 Am Ende der Fläche einstechen und auf der Rückseite die Nadel durch die Stiche führen, um zur Mitte zurückzukehren.

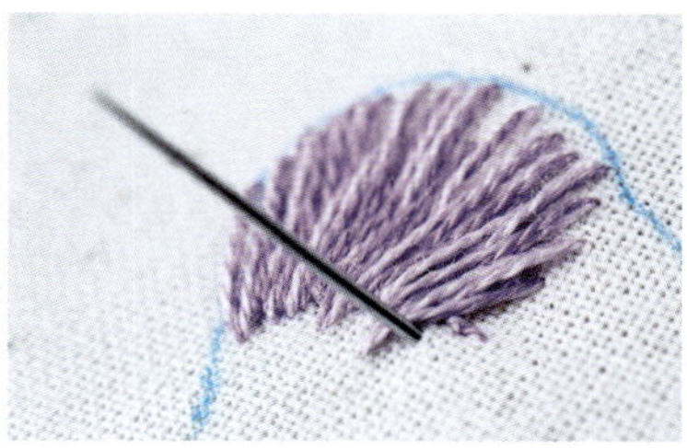

5 Neben dem ersten Stich in der Mitte ausstechen und die andere Hälfte genauso füllen.

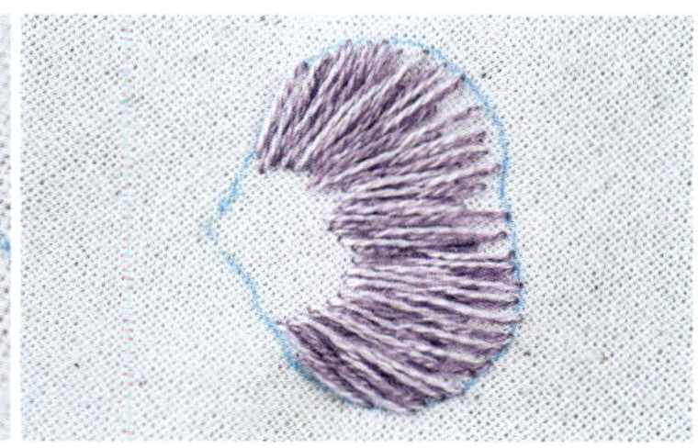

6 Die 1. Reihe ist fertig.

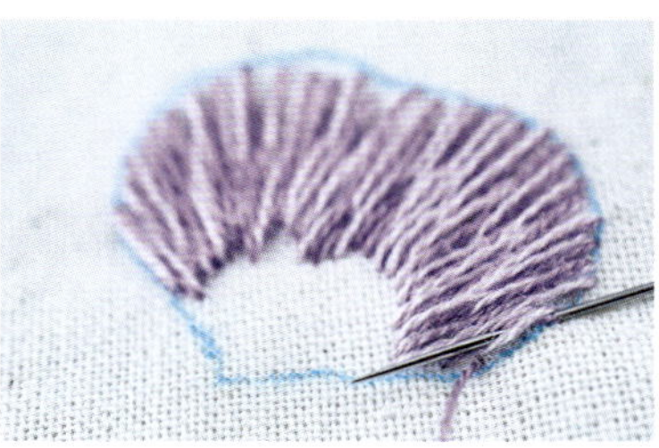

7 Dann 1-fädig den Rand füllen und das Blütenblatt ausformen, dabei an der Kante beginnen.

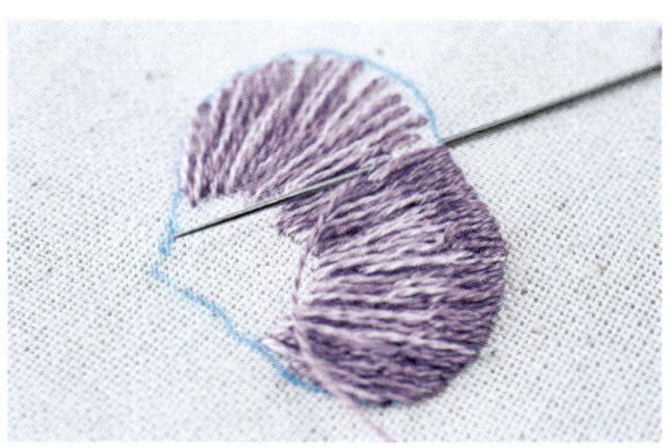

8 Randfläche nach Vorlage füllen. Hier anders als in der ersten Reihe jeden Stich von der Kante aus setzen und die Stichlänge variieren.

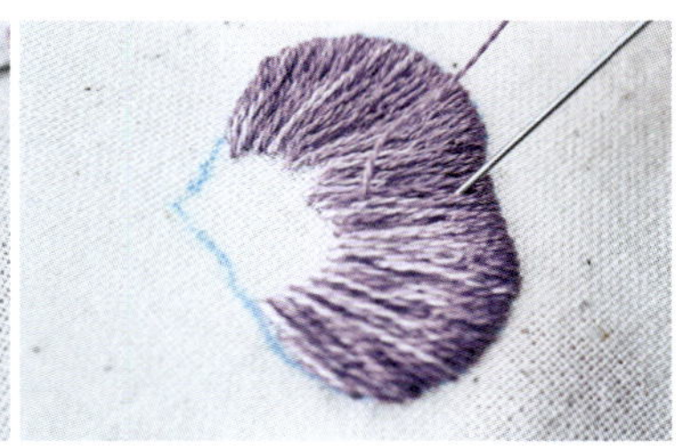

9 Nach Abschluss des Rands hier und da 1-fädig zusätzliche Stiche setzen, um Rand und 1. Reihe zu verblenden.

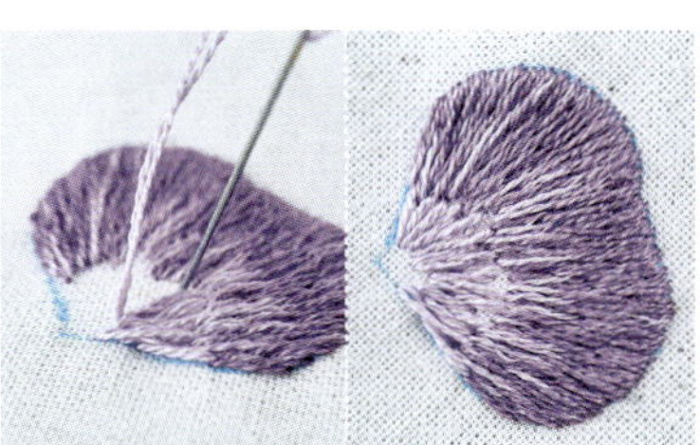

10 Dann den unteren Bereich bearbeiten. 2 Fäden gleicher Farbe verwenden und genauso sticken wie die 1. Reihe. Die 2. Reihe ist fertig. Es ist okay, wenn zwischen 1. und 2. Reihe jetzt noch Lücken sind.

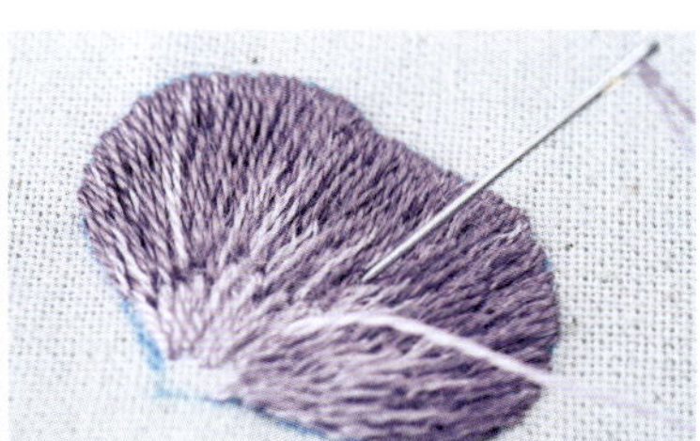

11 1-fädig über die Lücken sticken, um 1. und 2. Reihe zu verblenden.

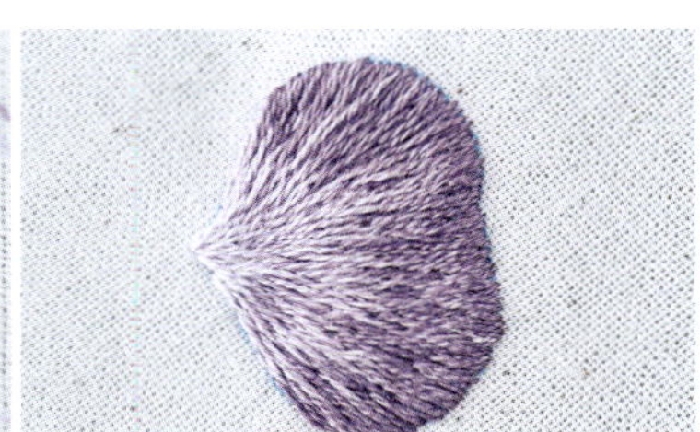

12 Untere Spitze des Blütenblatts 1-fädig füllen. Das Blütenblatt ist fertig. Die 3 verschiedenen Farbschattierungen verleihen ihm Tiefe und Volumen.

Fransenblume

Fransenstickerei

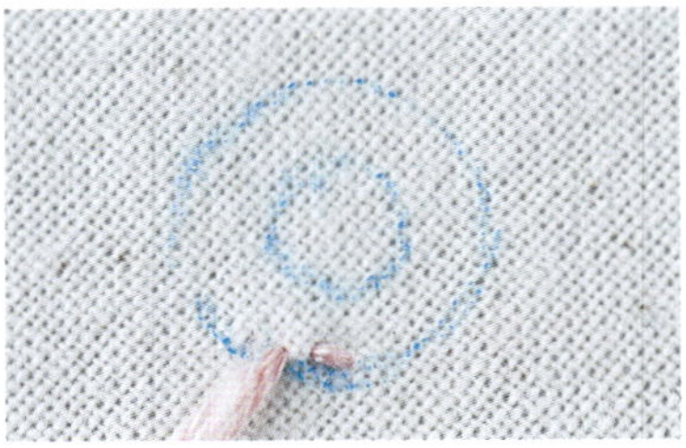

1 Ausstechen, einen 1 mm breiten Stich setzen, 1 mm entfernt wieder ausstechen und Faden anziehen.

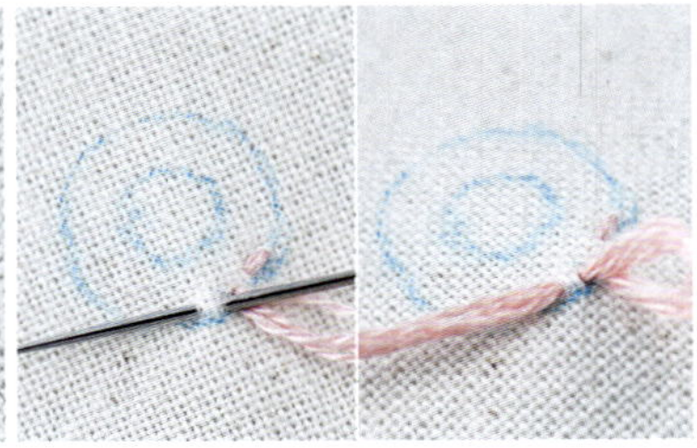

2 Wie in Schritt 1 einen 1 mm breiten Stich setzen und 1 mm entfernt wieder ausstechen. Faden anziehen, aber eine 1 cm lange Schlaufe stehen lassen.

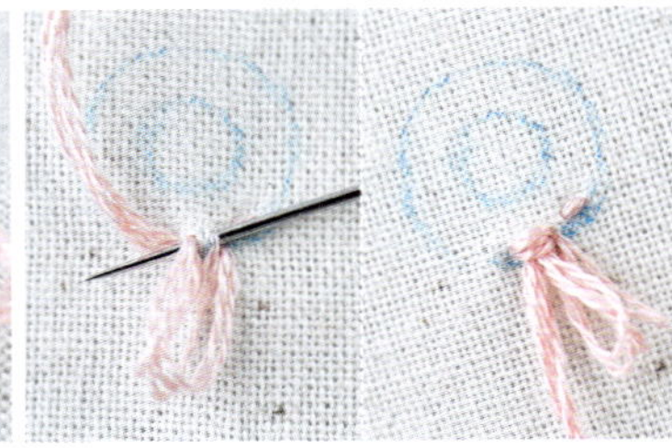

3 2 mm hinter dem letzten Stich einstechen und dann neben der Schlaufe wieder ausstechen. Der erste Fransenstich ist fertig.

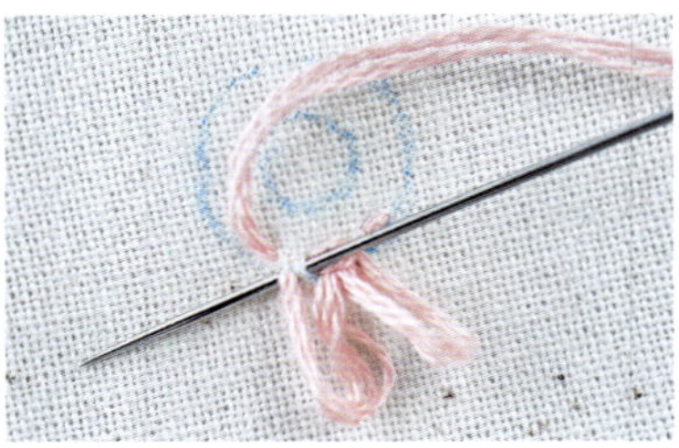

4 2 mm neben der letzten Ausstichstelle einstechen und wieder eine Schlaufe stehen lassen. 1 mm neben der Schlaufe ausstechen und Faden anziehen. 2 mm hinter dem aktuellen Stich einstechen und dann direkt neben der letzten Schlaufe wieder ausstechen, ähnlich wie beim Rückstich.

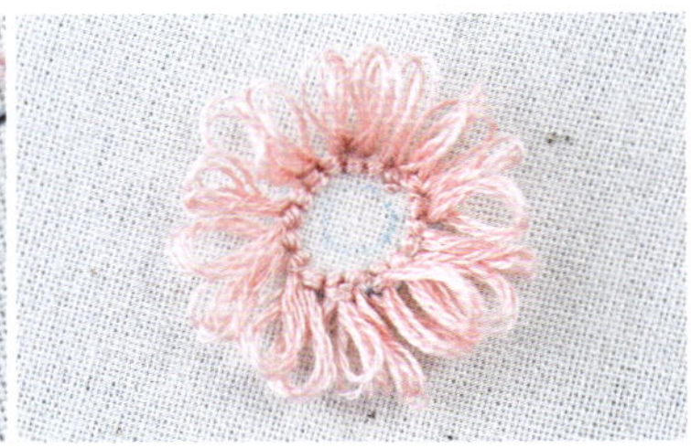

5 Wiederholen, bis du im Kreis wieder am Ausgangspunkt ankommst: immer ein Vorwärtsstich für die Schlaufe und ein Rückstich, um sie zu fixieren.

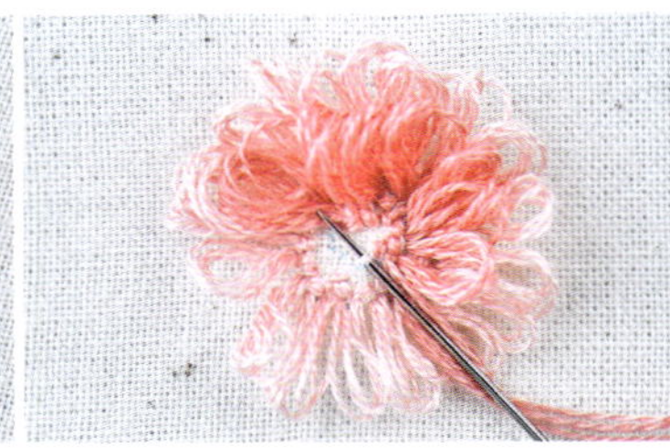

6 Mit der gleichen Technik eine zweite Runde sticken. Die Blütenblätter so lassen oder die Schlaufen aufschneiden (siehe nächster Schritt).

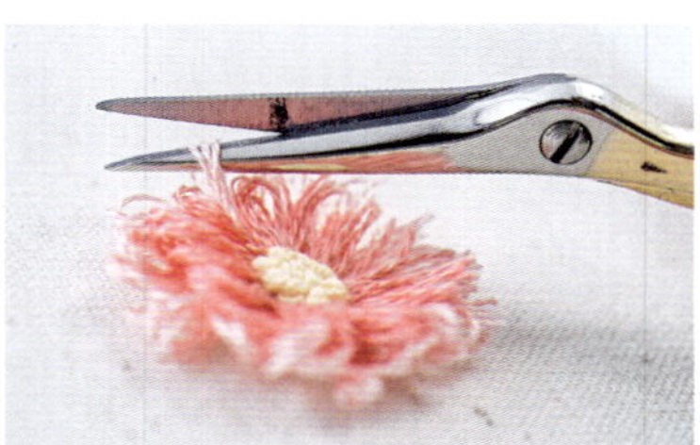

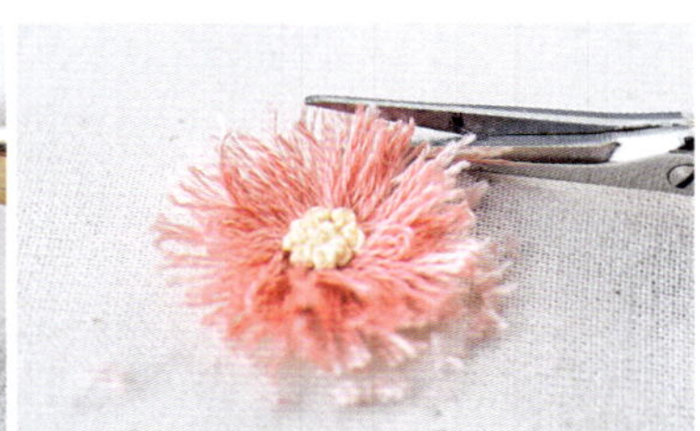

7 Blüte ausformen: Schlaufen aufschneiden und auf die gewünschte Länge kürzen.

Fransenstickerei

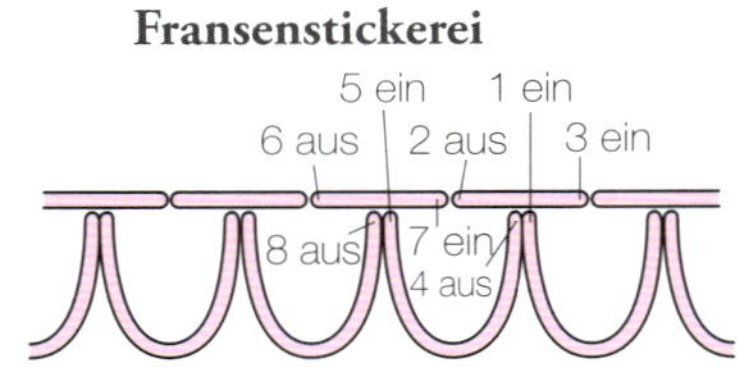

Knötchenstich

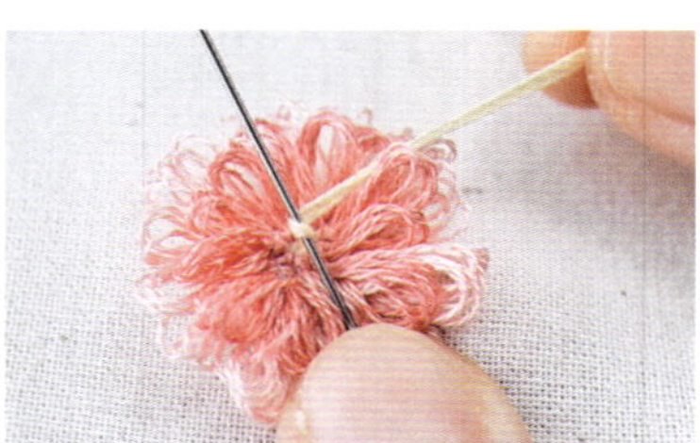

1 Ausstechen und Faden durchziehen. Nadel ablegen und Faden einmal um die Spitze wickeln.

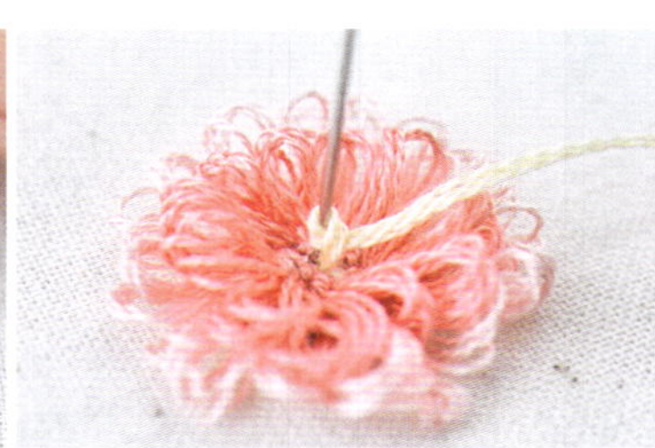

2 Die Nadel im rechten Winkel möglichst nah an der Ausstichstelle wieder einstechen und Faden durchziehen.

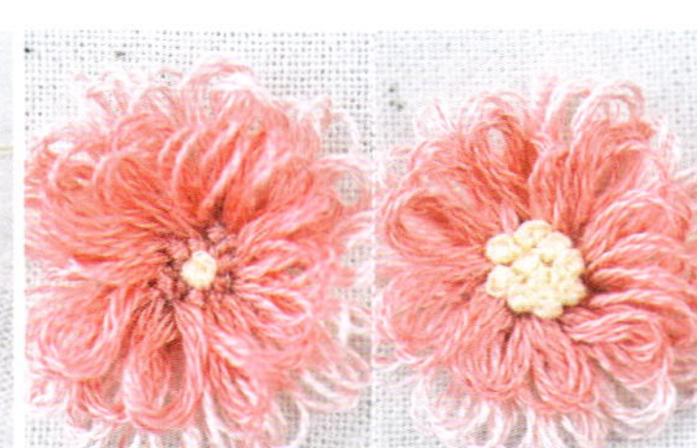

3 Dabei entsteht eine kleine Kugel. Die Blütenmitte mit mehreren Knötchen füllen, dabei den Fransenansatz überdecken.

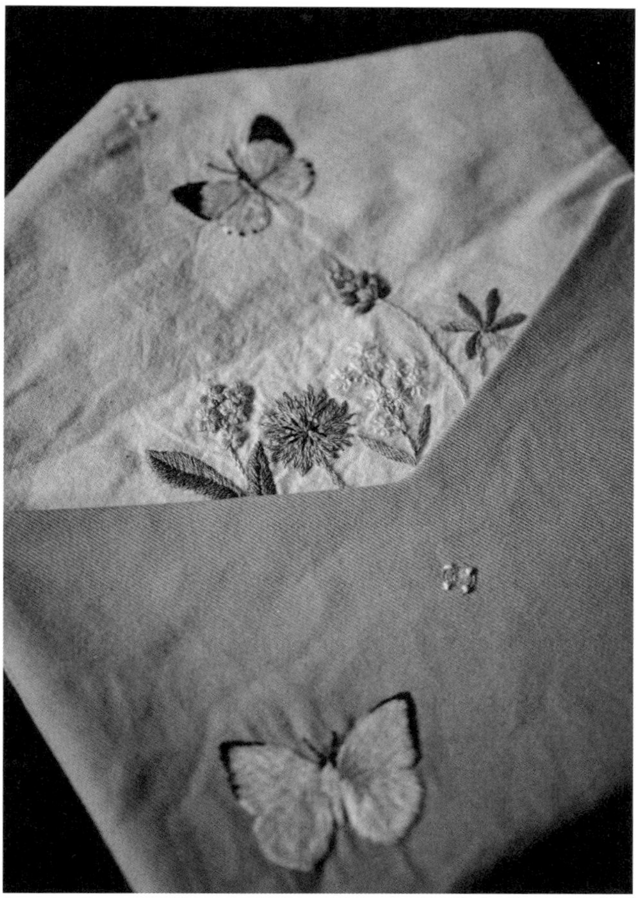

VORLAGEN UND ANLEITUNGEN

- Alle Maße sind in Zentimetern angegeben.
- In den Maßangaben und Schnittmustern ist keine Nahtzugabe enthalten, sofern nicht explizit angegeben. Füge vor dem Zuschnitt stets 1 cm Nahtzugabe hinzu, außer an den mit »Keine Nahtzugabe« gekennzeichneten Stellen.
- Der angegebene Stoffbedarf ist reichlich bemessen, um Anpassungen zu erlauben.
- Verwende Stoffe, die stabil genug zum Einspannen in einen Stickrahmen sind.
- Die Abkürzung »re« steht für die rechte Stoffseite (Vorderseite), »li« für die linke Stoffseite (Rückseite).
- Die Maße des fertigen Werks können von den Maßangaben in den Diagrammen abweichen.
- Die in den Vorlagen angegebenen Nummern sind die Farbnummern der Marke DMC. Du kannst aber auch anderes Garn oder andere Farben verwenden.
- Vorlagen, bei denen kein Maßstab angegeben ist, sind in Originalgröße abgebildet. Alle anderen bitte wie angegeben vergrößern.

S.8 SILBERAKAZIE

Abbildungsmaßstab 80 %. Für Originalgröße auf 125 % vergrößern.

✻ Stickanleitung

1. Zweige im Rückstich sticken.
2. Für die Blätter Geradstich verwenden. Für einen Farbverlauf bei Bedarf einige Blätter mit 4 Fäden nur einer Farbe und die anderen Blätter mit 2 × 2 Fäden zweier unterschiedlicher Farben arbeiten.
3. Blumenstiele über den Blättern im Rückstich sticken.
4. Für die Blüten einfache Knoten verwenden. Falls gewünscht, 3 unterschiedliche Farben gleichmäßig abwechseln.

Vorlage für Blätter, Blüten und Stiele je nach Geschmack anpassen.

Siehe auch S. 62

Positionierung

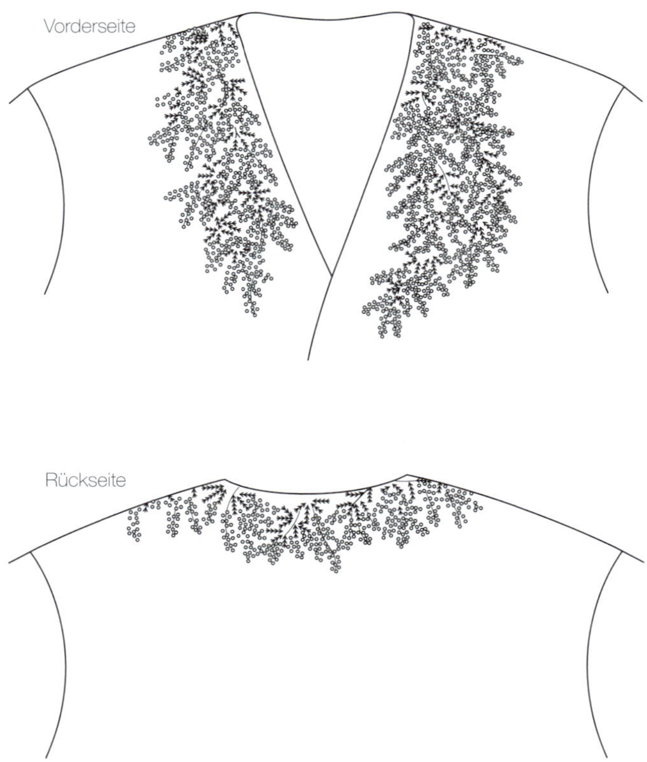

Mit etwas Anpassung lässt sich die Vorlage auf jedes beliebige Kleidungsstück sticken.

Abbildungsmaßstab 80 %
Für Originalgröße auf 125 % vergrößern.

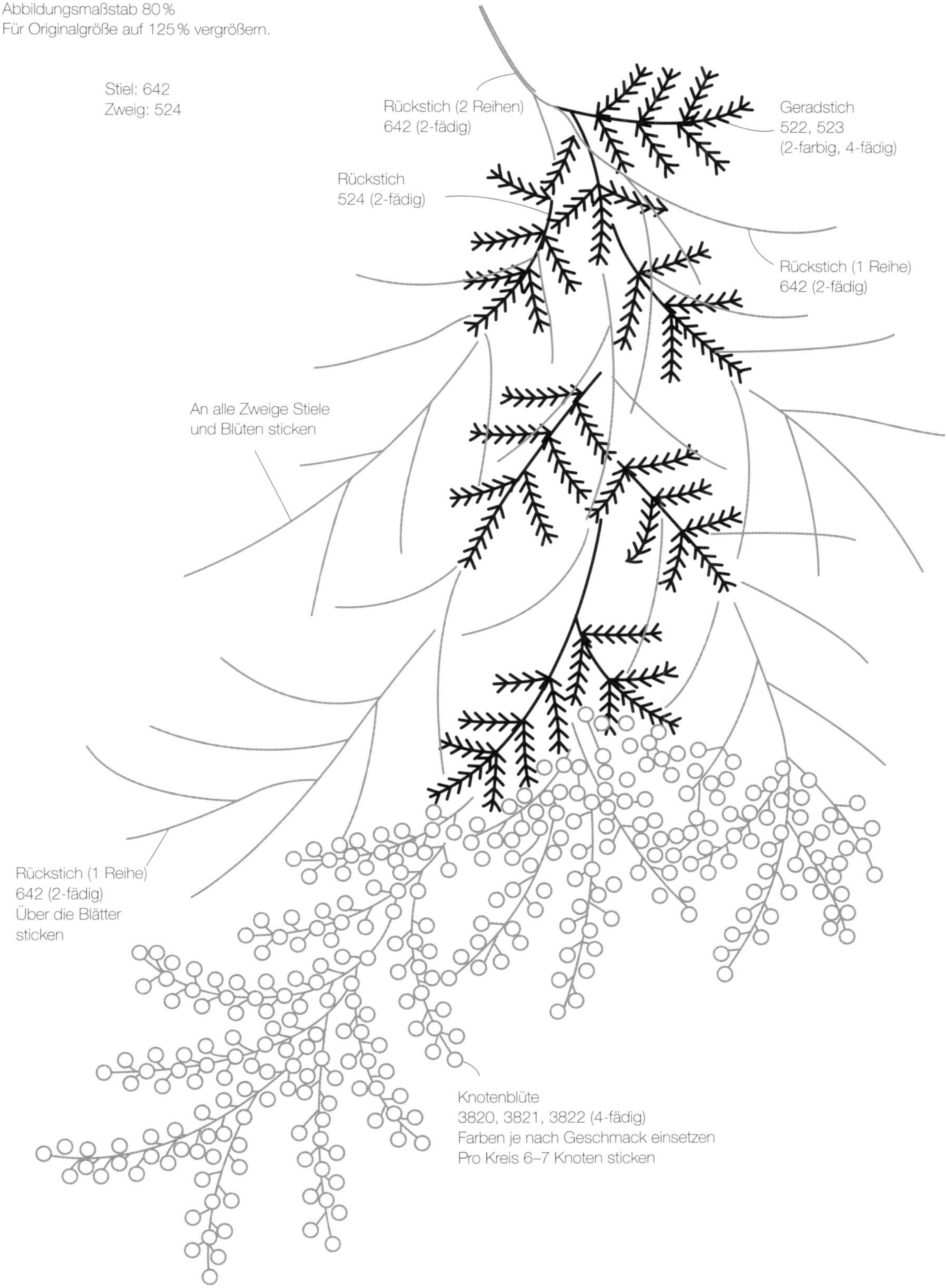

S.10 KAMILLENTÄSCHCHEN

Fertigmaße: 20 × 14 cm

Was du brauchst

Außenstoff (inkl. Boden) 70 × 30 cm
Futterstoff 70 × 25 cm
Bügeleinlage 50 × 30 cm
Baumwollkordel 1 cm stark, 200 cm lang
Sechsfädiges Stickgarn DMC 25: 18, 524, 3052, 3348, 3364, 3865

Hinweise

- Verteile die Stickmotive ganz nach Belieben.
- Statt im Knopflochstich um die Kordellöcher herum zu sticken, kannst du auch eine Öse befestigen.
- 1 cm Nahtzugabe zugeben. An der oberen Kante des Außenstoffs 5 cm zugeben (Öffnung), aber nicht an der oberen Kante des Futterstoffs.

Stickanleitung

1. Für die Blütenblätter Plattstich verwenden. Die Blütenmitte mit Fransenstickerei spiralförmig von außen nach innen arbeiten. Schlaufen aufschneiden und in Form bringen.
2. Blütenboden sternförmig im versetzten Plattstich sticken und Ränder in die Blütenblätter übergehen lassen. Für einen melierten Effekt bei Bedarf je 2 Fäden unterschiedlicher Farben verwenden.
3. Für Stiele Umrissstich verwenden.
4. Verstreute Blütenblätter im Plattstich sticken, untere Spitze im Geradstich.

Nähanleitung

1. Außenstoff wie gewünscht besticken. Einlage auf die Rückseite bügeln.
2. Außenstoff rechts auf rechts in der Mitte falten. Seitennaht schließen.
3. Boden rechts auf rechts an den Außenstoff nähen.
4. Futter auf die gleiche Weise nähen.
5. Futter in die Außenhülle stecken und Nahtzugabe des Außenstoffs an der Öffnung einklappen. Oberkante absteppen.
6. An den gekennzeichneten Stellen Löcher stanzen und um alle Lochkanten umsticken.
7. Kordel durch die Löcher führen und vorn die Enden zusammenknoten.

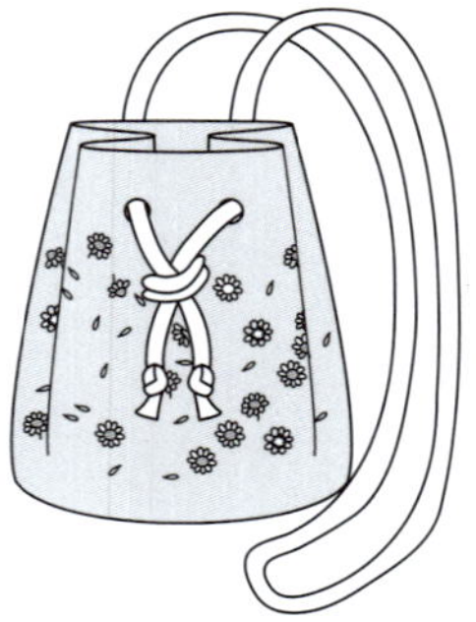

Außenstoff: 1 ×
Futterstoff: 1 ×

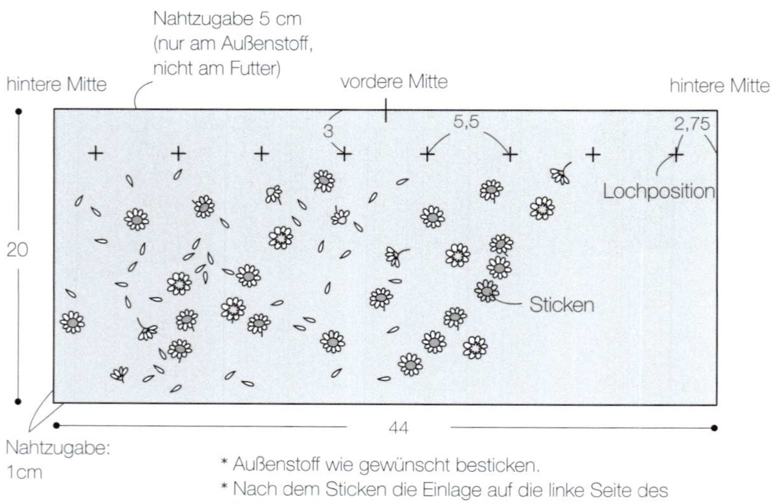

Boden: 1 ×

Bodenfutter: 1 ×

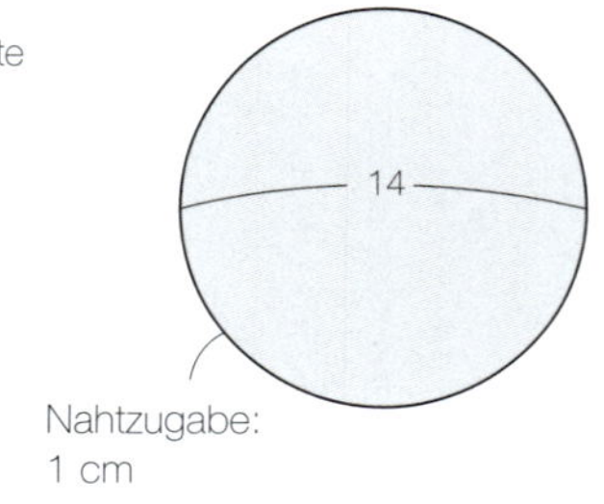

* Außenstoff wie gewünscht besticken.
* Nach dem Sticken die Einlage auf die linke Seite des Außenstoffs bügeln.

Schritte

1

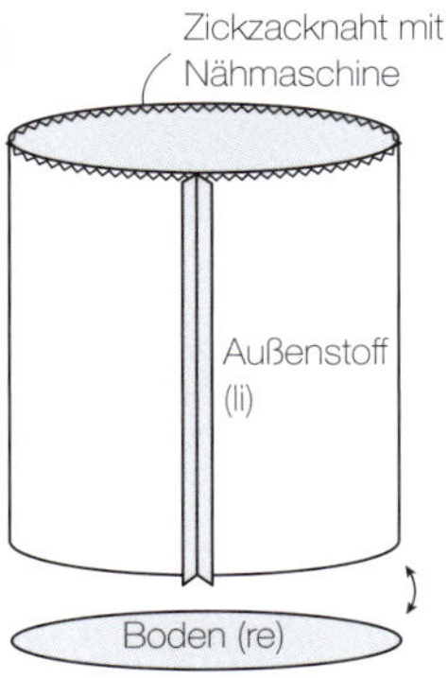

Außenstoff rechts auf rechts in der Mitte falten. Seitennaht schließen. Oberkante mit Zickzackstich versäubern.
Boden rechts auf rechts an den Außenstoff nähen.
Futter genauso nähen.

2

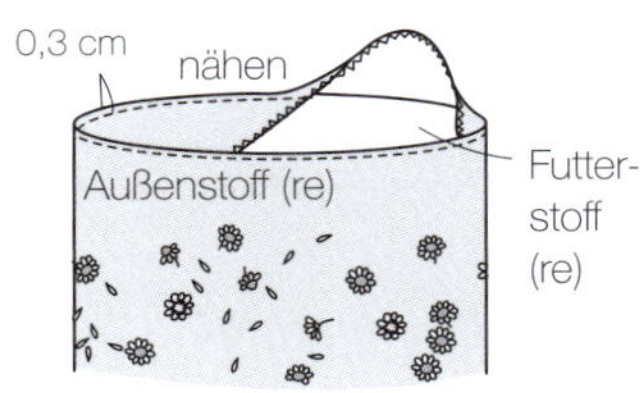

Wenden und Futter in den Außenstoff stecken. Nahtzugabe entlang der Kante nach innen umklappen und absteppen.

3

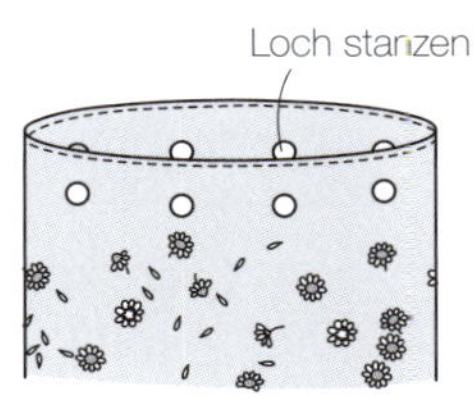

Löcher in passender Größe zur Kordel stanzen. Im Knopflochstich um jedes Loch herumsticken.

4

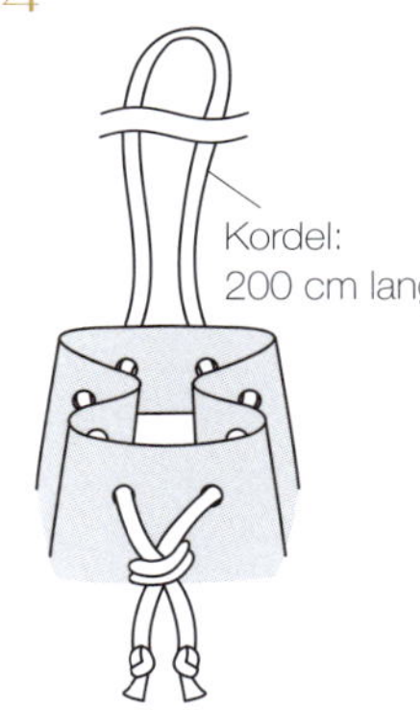

Kordel durch die Löcher führen und vorn die Enden zusammenknoten.

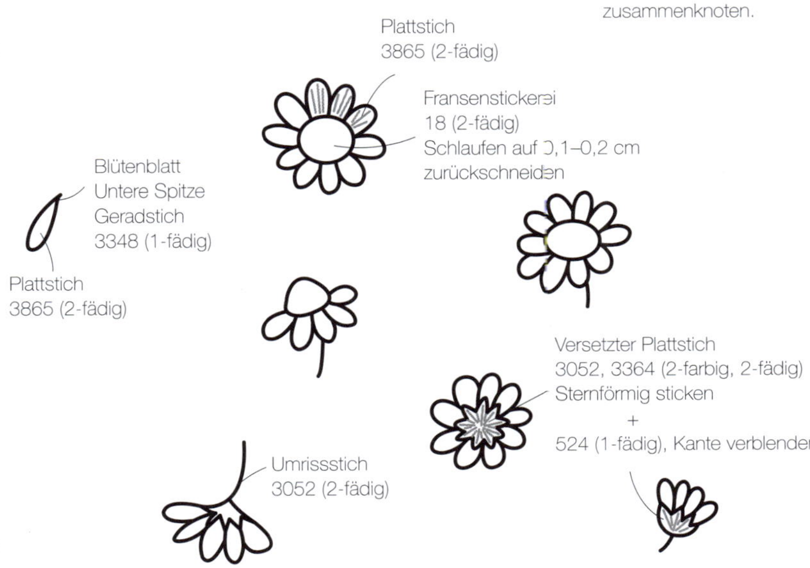

Originalgröße

S. 12 BRUSTTASCHE MIT BLUMEN

Originalgröße

❋ Stickanleitung

1. Für Stiele Umrissstich verwenden.
2. Blätter im Plattstich beziehungsweise versetzten Plattstich sticken. Stiche nah zusammensetzen, damit keine Lücken entstehen.
3. Blütenblätter mit 2 Reihen Fransenstickerei arbeiten. Mit äußeren Blütenblättern beginnen. 2. Reihe direkt an die erste setzen. Für die Blumenmitte Knötchenstiche an den Ansatz der zweiten Fransenreihe setzen. Bei seitlich liegenden Blumen den Ansatz der Blütenblätter im versetzten Plattstich überlappend mit der ersten Reihe sticken.
4. Blütenboden im versetzten Plattstich sticken.

Siehe auch S. 64

Positionierung

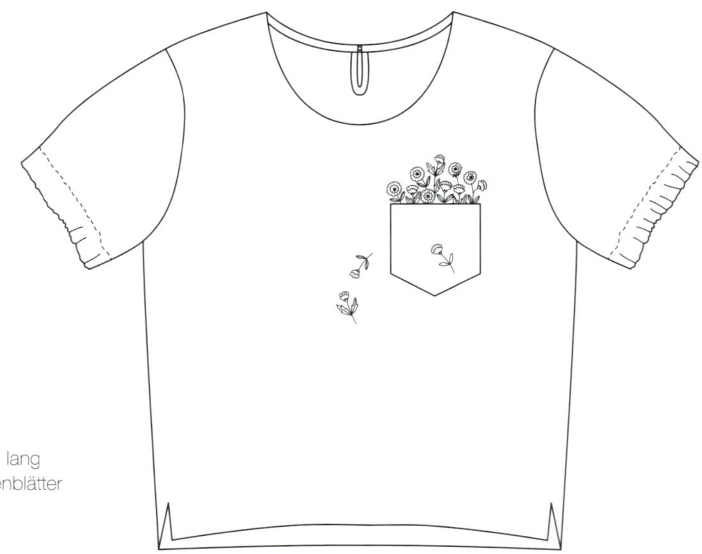

Mit etwas Anpassung lässt sich die Vorlage auf jedes beliebige Kleidungsstück sticken.

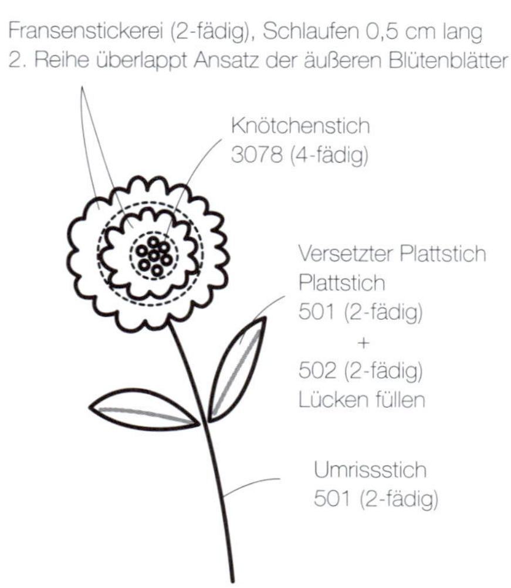

Originalgröße

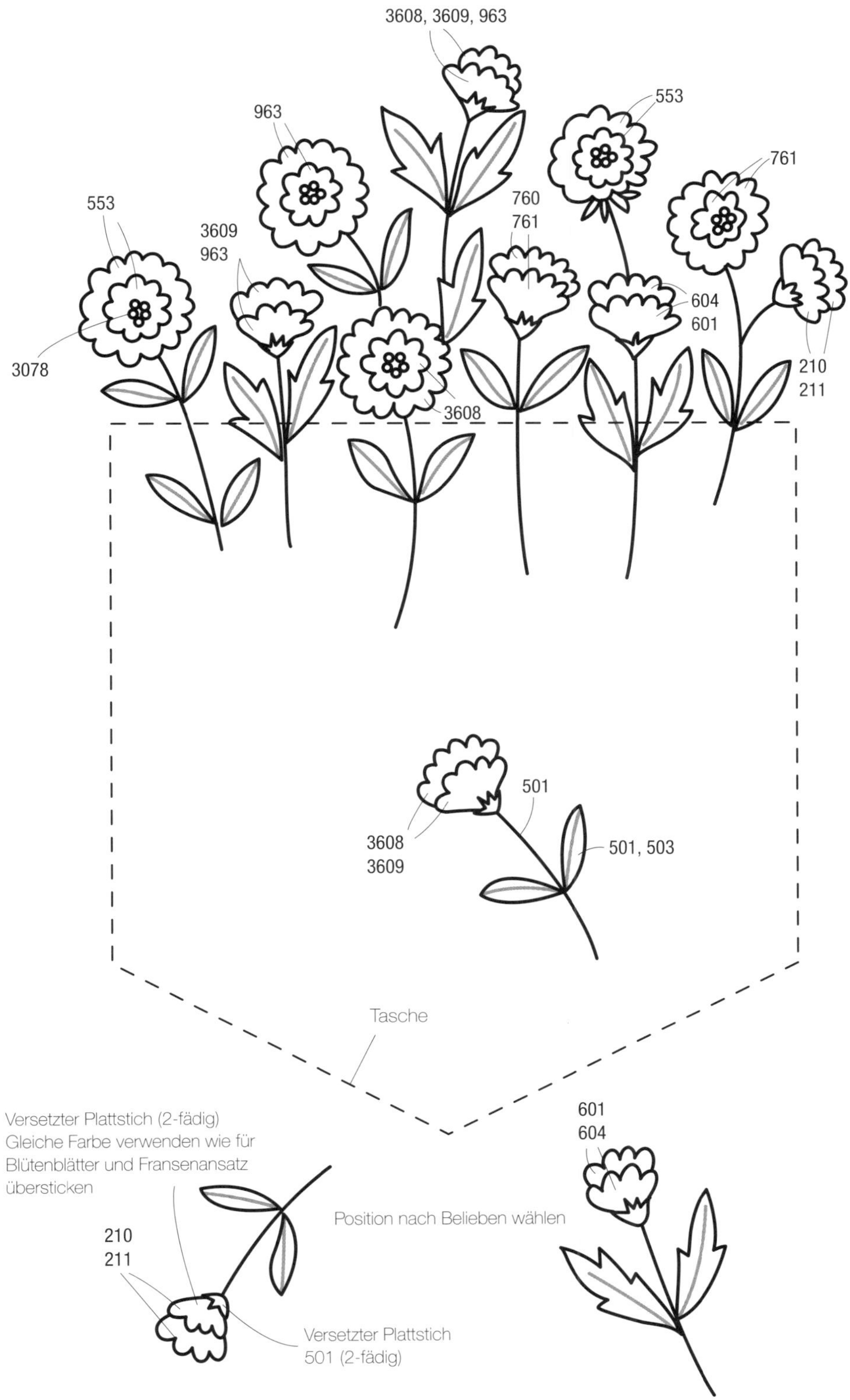

S. 14 LÖWENZAHN

Abbildungsmaßstab 80 %. Für Originalgröße auf 125 % vergrößern.

❊ Stickanleitung

- Für Stiele und Wurzeln Plattstich verwenden. Länge der Wurzeln nach Bedarf anpassen.
- Blätter im versetzten Plattstich sticken. Lücken zwischen Stichen füllen, sodass alles bedeckt ist.
- Für Blütenboden Plattstich verwenden. Genauso schattieren wie die Blätter.
- Blütenblätter jeweils im Plattstich arbeiten. Für Blütenmitte Fransenstickerei mit 0,4–0,5 cm langen Schlaufen verwenden. Blüte ganz rechts: Im Innersten der Blüte Knötchenstich einsetzen.
- Pusteblumen im Plattstich und Geradstich arbeiten. Zuerst äußerste Schirmchen im Kreis sticken, dann nach innen hin füllen. Dabei über Blütenboden und Samen sticken.
- Knospe im Plattstich sticken, dann mit Umrissstich strukturieren.

Siehe auch S. 63/64

Für einen melierten Effekt bei Bedarf je 2 Fäden unterschiedlicher Farben verwenden.

Positionierung

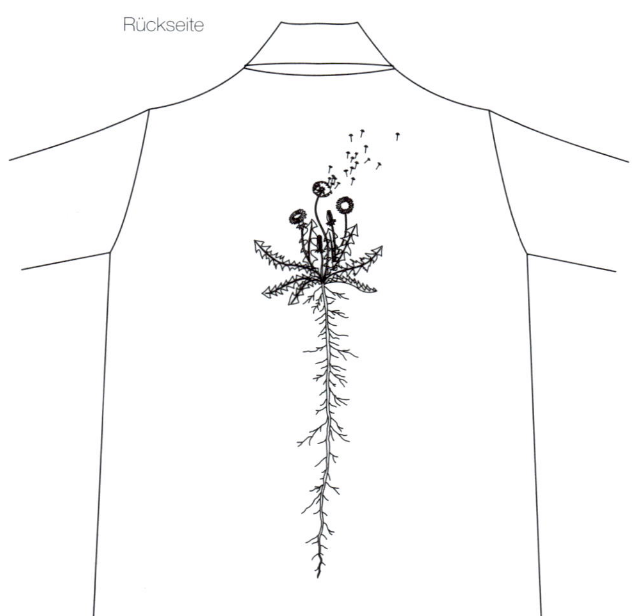

Mit etwas Anpassung lässt sich die Vorlage auf jedes beliebige Kleidungsstück sticken.

Abbildungsmaßstab 80 %
Für Originalgröße auf 125 % vergrößern.

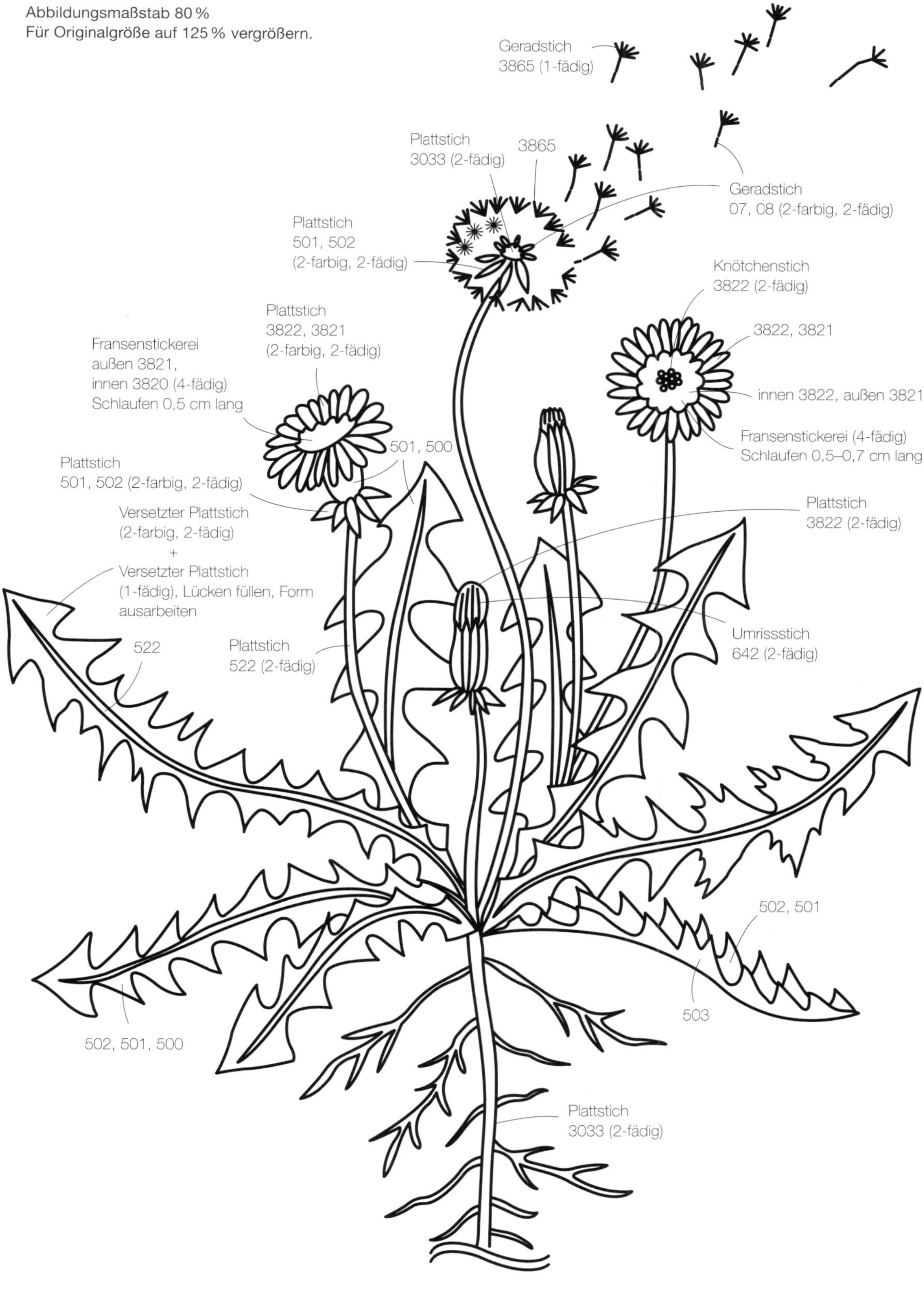

S. 16 TASCHE MIT FRÜHLINGSBLUMEN

Fertigmaße: 32 × 40 cm

✻ Was du brauchst

Außenstoff 50 × 70 cm
Futterstoff (inkl. Taschen) 70 × 70 cm
Reißverschluss 20 cm, 1 Stück
Gurtband 3 cm breit, 85 cm lang
Druckknopf zum Annähen, 2 cm Durchmesser
Sechsfädiges Stickgarn DMC 25: ECRU, 151, 159, 209, 210, 211, 225, 341, 524, 677, 3052, 3053, 3348, 3354, 3363, 3364, 3733, 3752, 3753, 3790, 3822, 3865

✻ Hinweise

- 1 cm Nahtzugabe zugeben.
- Kräftigen Stoff als Futter verwenden.

✻ Stickanleitung

- Für Blütenblätter versetzten Plattstich verwenden. Stiche nah zusammensetzen, eventuelle Lücken füllen und Kanten glätten. Zuletzt die Blütenmitte mit ihrer Musterung sticken.
- Anleitung für Kamille siehe S. 68.
- Traubenhyazinthen: Blüten in rundlicher Form im Plattstich sticken, dann mit Knötchenstich die weißen Akzente an die unteren Ebenen setzen.
- Blätter als unregelmäßigen versetzten Plattstich arbeiten, dabei auf den Farbverlauf achten. Lücken zwischen Stichen auffüllen.
- Blätter der Ranunkel als unregelmäßigen versetzten Plattstich arbeiten, dabei die Farben im Blick behalten.
- Kamillenblätter mit Umrissstich und Geradstich sticken.
- Dickere Stiele mit 2 oder 3 Reihen Umrissstich sticken, dann Lücken zwischen Reihen mit 1-fädigem Umrissstich füllen.
- Stiele von Traubenhyazinthe und Ranunkel mit 2 Fäden unterschiedlicher Farben sticken.

Siehe auch S. 62/63

Für einen melierten Effekt bei Bedarf je 2 Fäden unterschiedlicher Farben verwenden.

✻ Nähanleitung

1. Außenstoff besticken.
2. Außenstoff rechts auf rechts in der Mitte falten. Beide Seitennähte schließen.
3. Innentaschen herstellen und auf den Futterstoff nähen.
4. Futterstoff genauso nähen wie Außenstoff.
5. Außenstoff rechts auf rechts in Futter stecken und an Oberkante zusammennähen. Dabei eine Öffnung zum Wenden lassen.
6. Wenden und Oberkante absteppen.
7. Druckknopf und Henkel annähen.

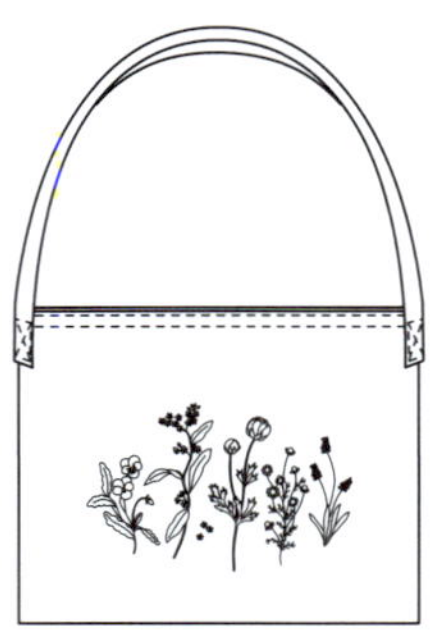

Innentasche A: 1 ×

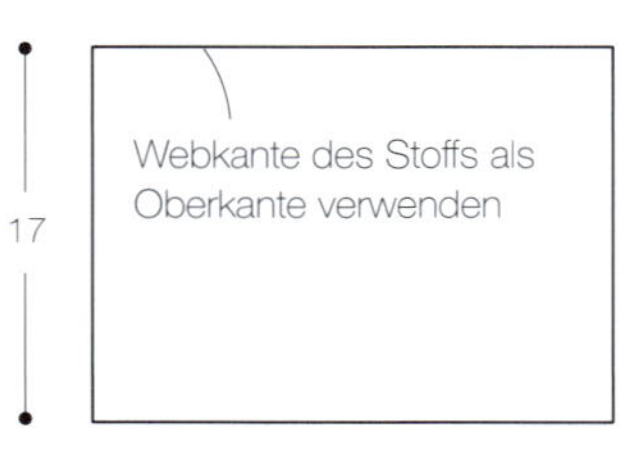

Innentasche B oben: 1 ×

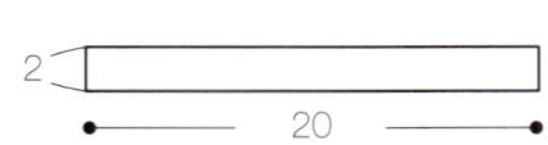

Innentasche B unten: 1 ×

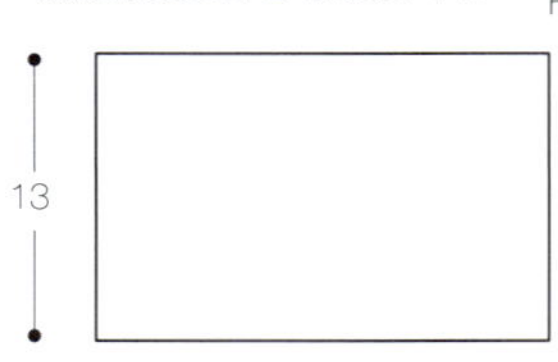

Innentasche B nähen

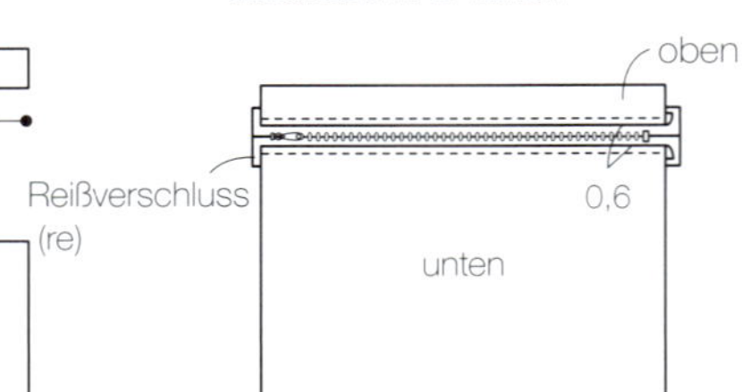

Reißverschluss an Ober- und Unterteil nähen

Außenstoff: 1 ×

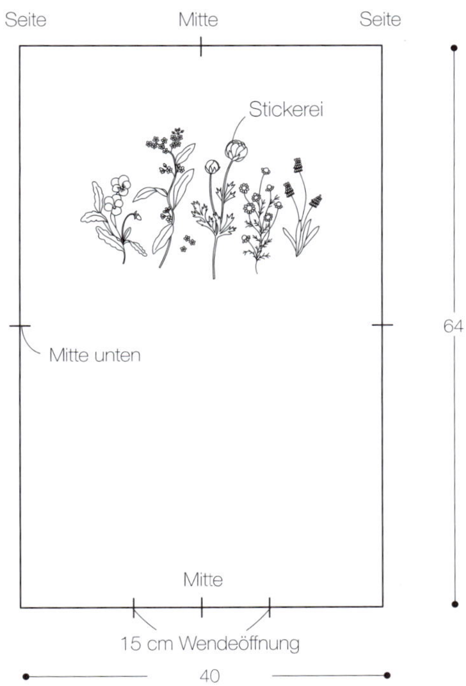

Futterstoff: 1 ×

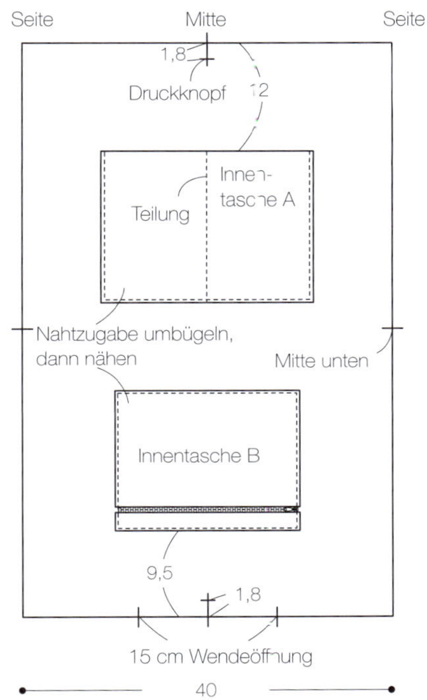

Schritte

1

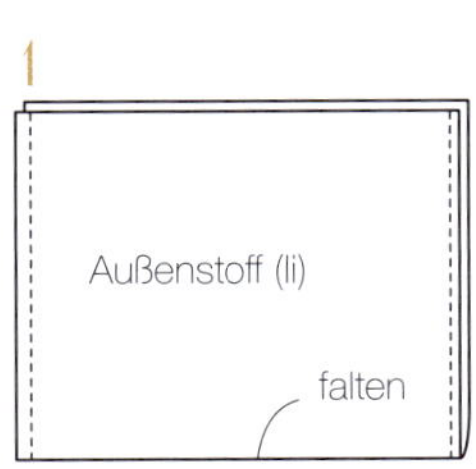

Rechts auf rechts in der Mitte falten. Seitennähte schließen. Futter genauso nähen.

2

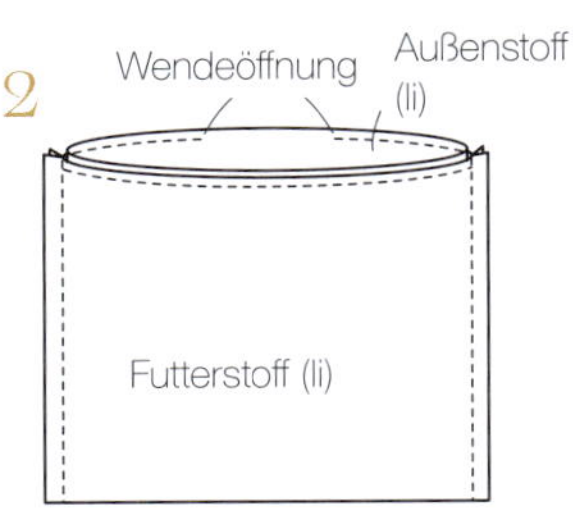

Außenstoff rechts auf rechts in Futter stecken.
An Oberkante zusammennähen, Wendeöffnung lassen.

3

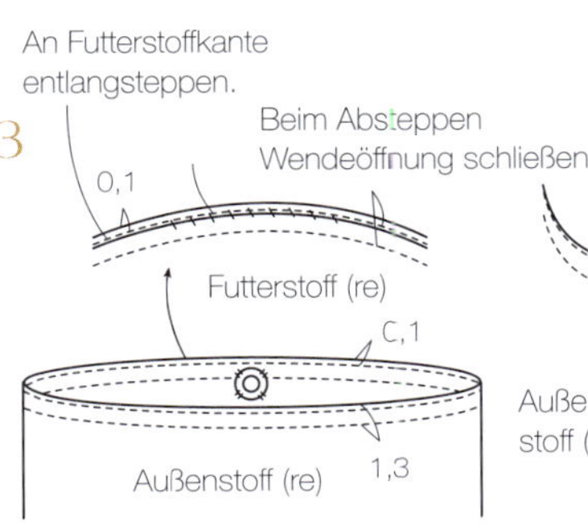

Wenden, beim Absteppen Wendeöffnung schließen.
Oberkante absteppen.
Druckknopf annähen.

4

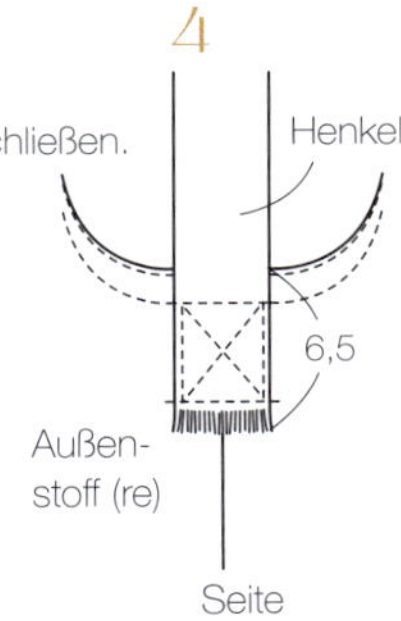

Henkel annähen.

Originalgröße

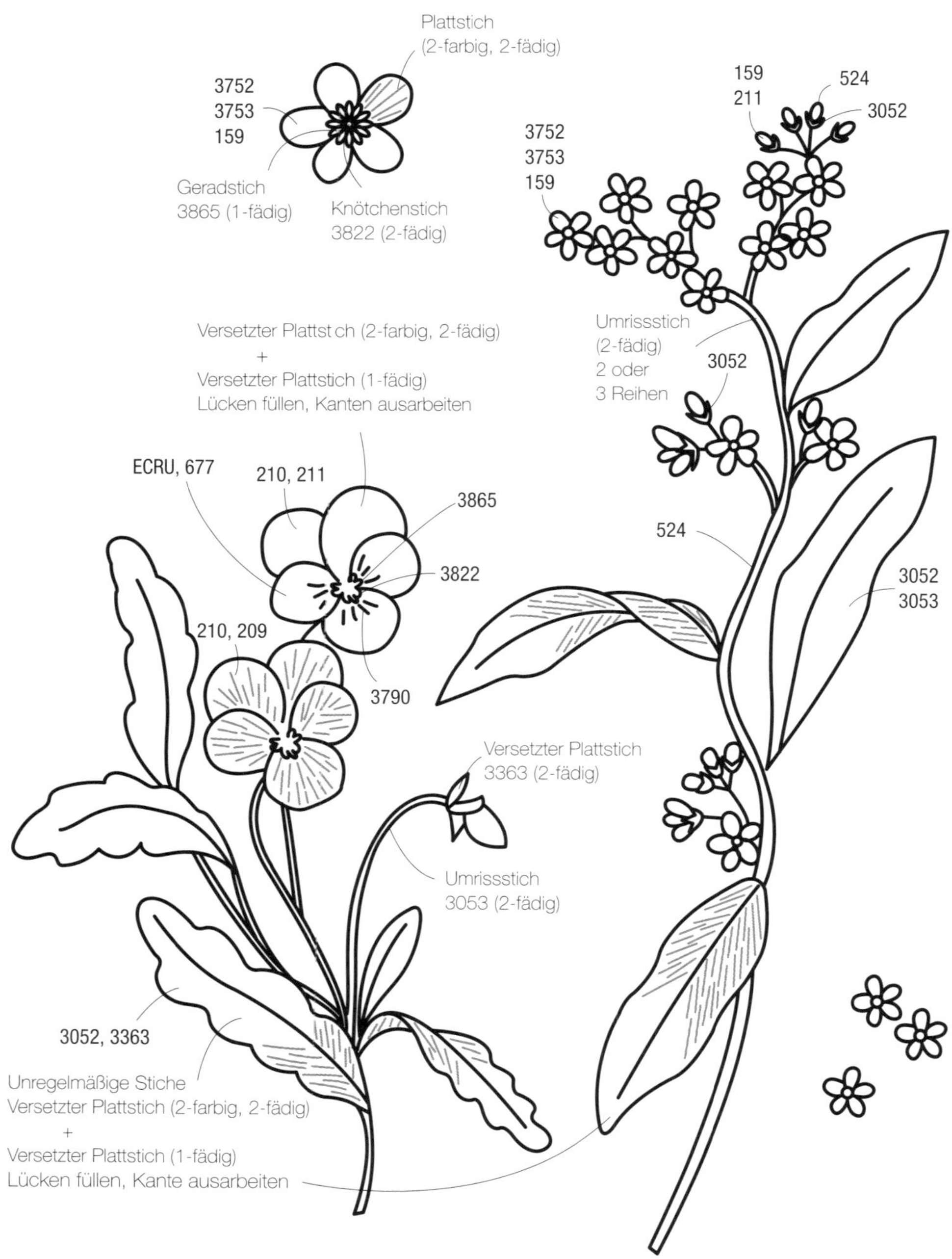

Originalgröße

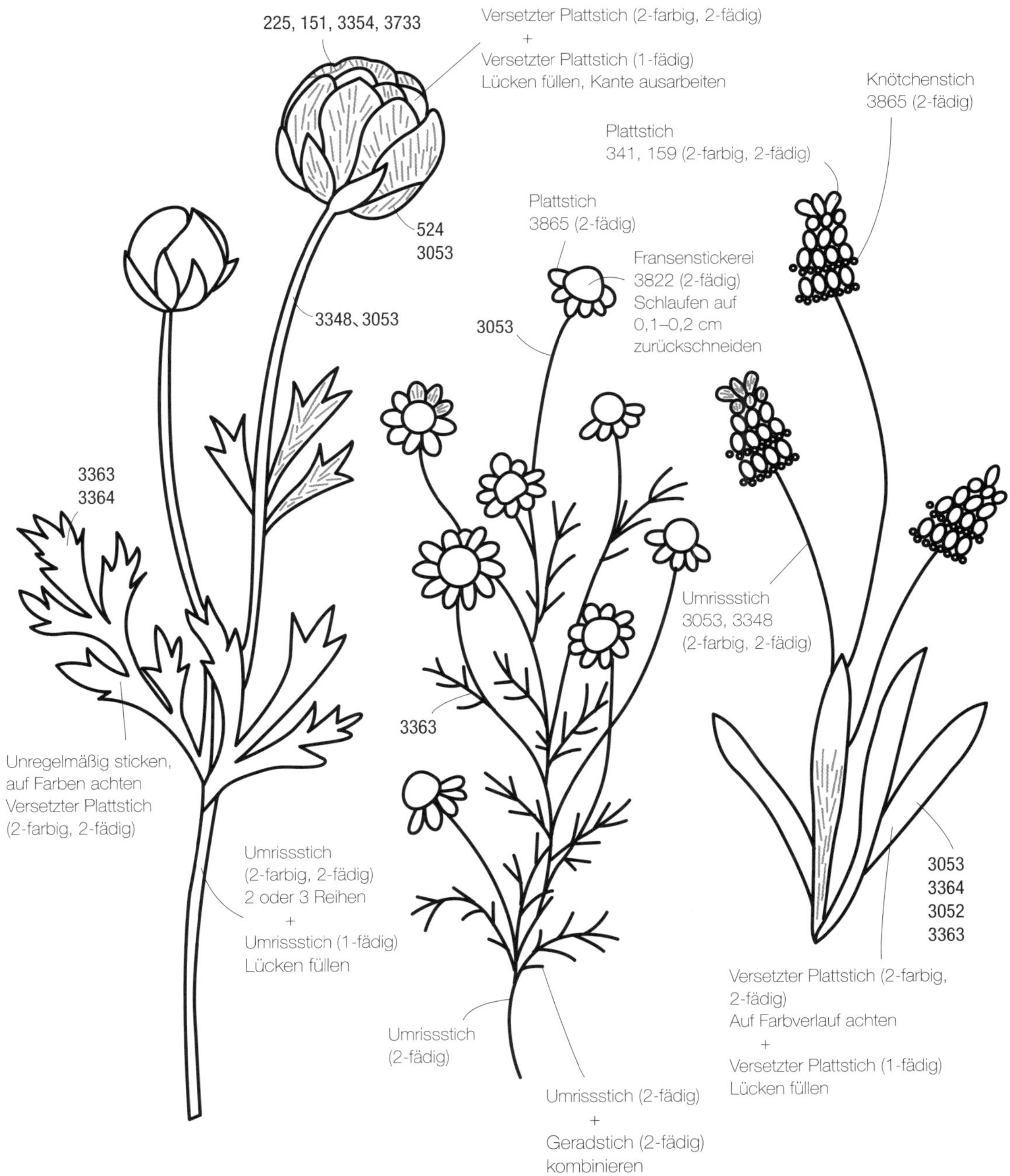

S. 18 GELDBÖRSEN MIT TROCKENBLUMEN

Fertigmaße A • B 7,5 × 8,5 cm, C 10 × 9 cm

Was du brauchst

A • B jeweils: Außenstoff, Futterstoff, Bügeleinlage 30 × 15 cm
Metall-Bügelverschluss 6,9 × 4 cm
Sechsfädiges Stickgarn DMC 25, **A:** 422, 642, 644, 648, 738, 739, 3790
B: ECRU, 932, 3753, 3756
C: Außenstoff, Futterstoff, Bügeleinlage 30 × 15 cm
Metall-Bügelverschluss 7,5 × 3,8 cm
Sechsfädiges Stickgarn DMC 25: ECRU, 224, 225, 523, 524, 642, 738, 739, 3022

Hinweise

- 1 cm Nahtzugabe zugeben.

Stickanleitung

- Siehe S. 80.

Nähanleitung

1. Vorderteil des Außenstoffs besticken, dann Einlage auf linke Seite bügeln.
2. Vorderteil und Rückteil des Außenstoffs rechts auf rechts aufeinanderlegen. Seitennähte und Bodennaht schließen, Ecken abnähen.
3. Futterstoff genauso nähen wie Außenstoff.
4. Außenstoff rechts auf rechts in Futter stecken und an Oberkante zusammennähen. Wendeöffnung lassen.
5. Wenden und Bügelverschluss anbringen.

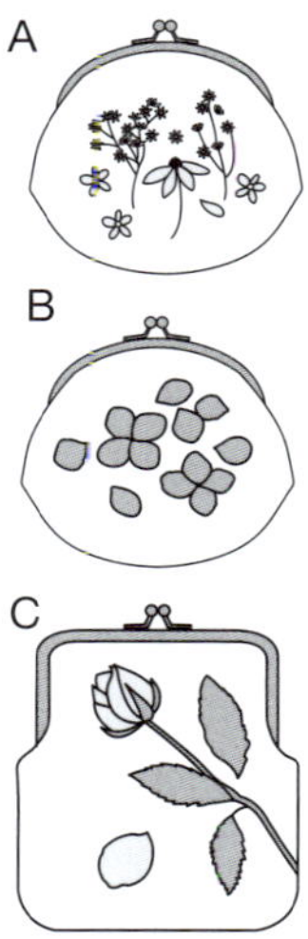

A Außenstoff vorn: 1 ×

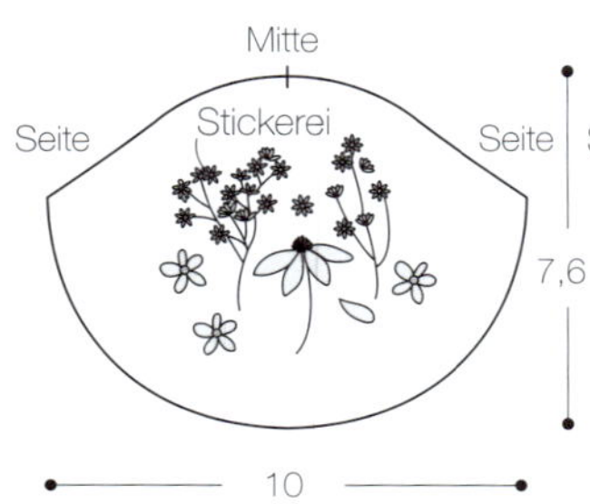

B Außenstoff vorn: 1 ×

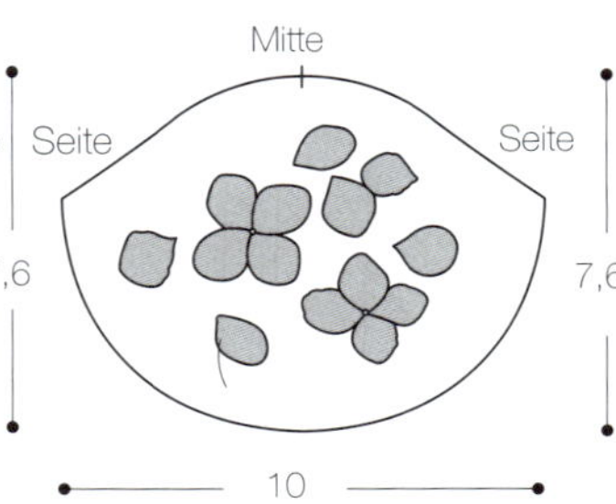

A, B

Außenstoff hinten: 1 ×
Futterstoff: 2 ×

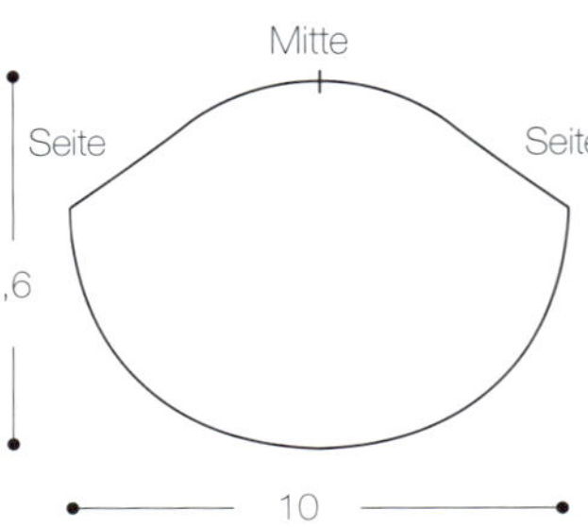

* Nach dem Sticken die Einlage auf die linke Seite des Außenstoffs bügeln.

C Außenstoff vorn: 1 ×

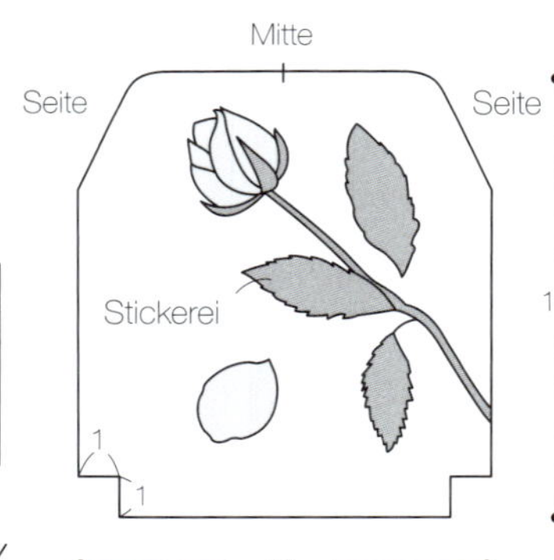

Außenstoff hinten: 1 ×
Futterstoff: 2 ×

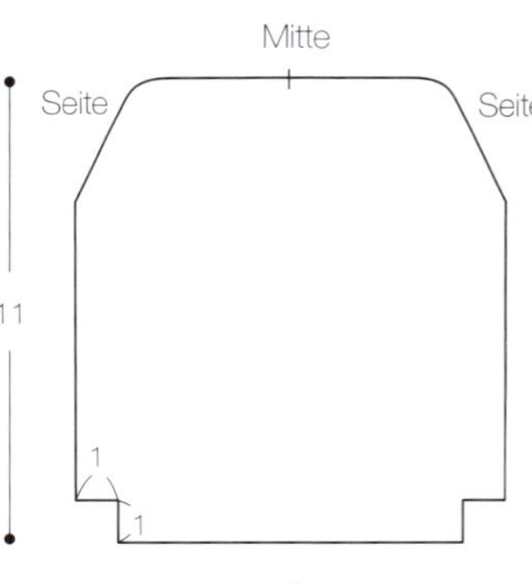

* Nach dem Sticken die Einlage auf die linke Seite des Außenstoffs bügeln.

Schritte

1

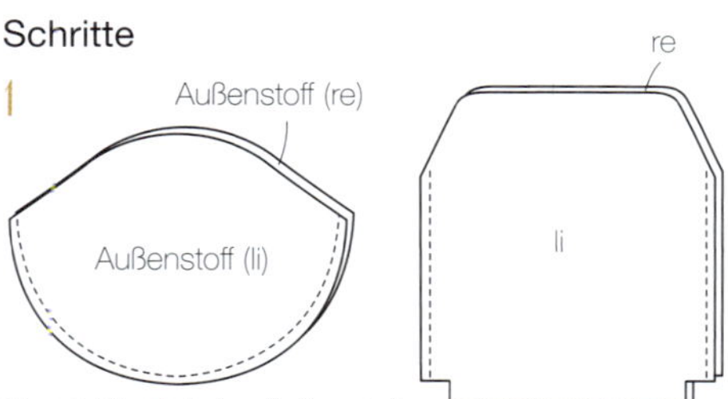

Vorderteil und Rückteil des Außenstoffs rechts auf rechts zusammennähen.
Für Geldbörse C Ecken abnähen.
Futter genauso nähen.

2

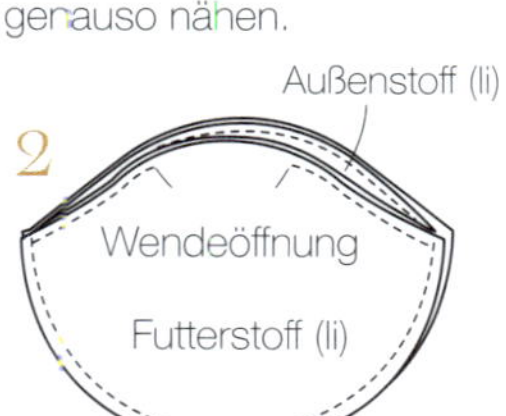

Außenstoff rechts auf rechts in Futter stecken.
An Oberkante zusammennähen, Wendeöffnung lassen.

3

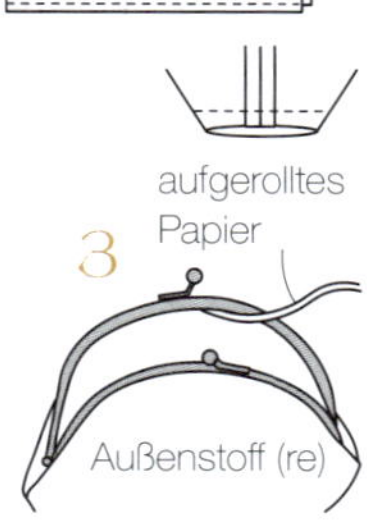

Wenden und Nahtzugabe an der Wendeöffnung nach innen legen.
Bügelverschluss anbringen.

Originalgröße

A

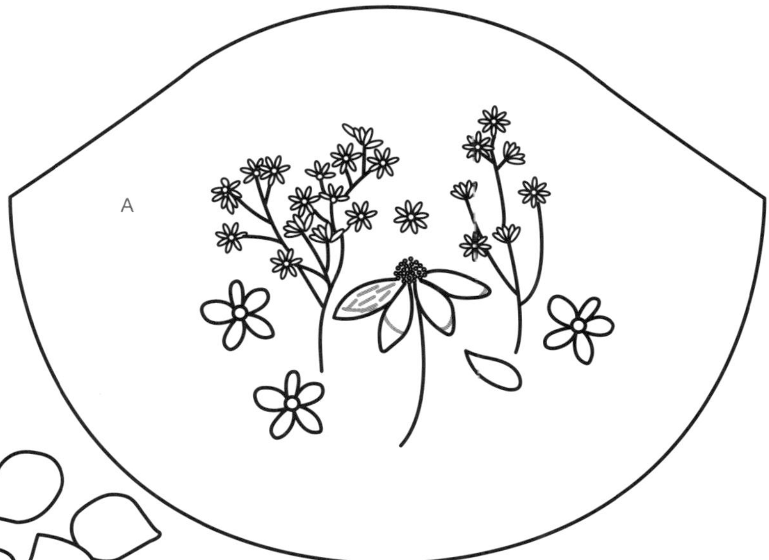

B

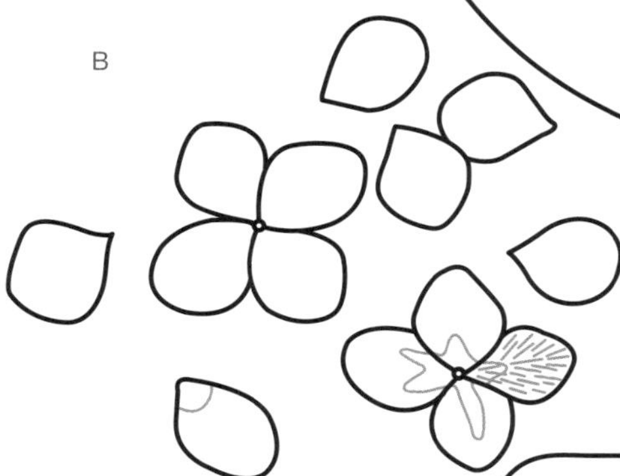

C

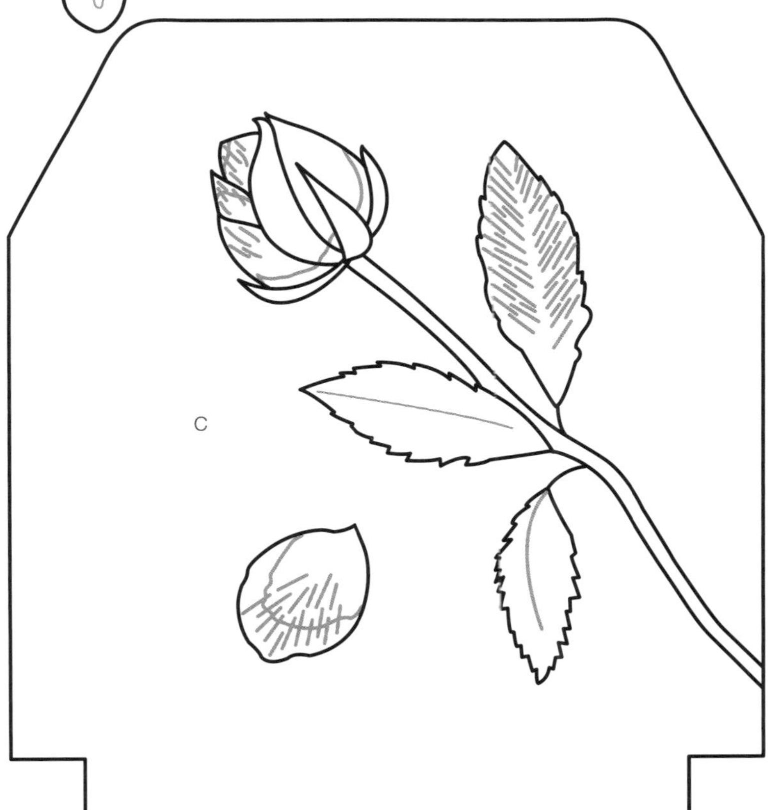

S. 20 TROCKENBLUMEN

Originalgröße

✻ Stickanleitung

- Für große Blütenblätter und zum Füllen versetzten Plattstich verwenden. Lücken zwischen Stichen füllen. 1-fädig Kante ausarbeiten.
- Für kleine Blütenblätter Plattstich verwenden, in der Blütenmitte Knötchenstich. An gekennzeichneten Stellen Silberakazie-Blüten mit einfachen Knoten sticken.
- Große Blätter und Blütenboden im versetzten Plattstich arbeiten, dabei auf den gewünschten Farbverlauf achten. Lücken zwischen Stichen auffüllen.
- Blätter der Silberakazie 2-fädig im Geradstich sticken. Für die Kamillenblätter Umrissstich verwenden. Dann 1-fädig die Form korrigieren.
- Für Stiele Rückstich oder Umrissstich verwenden. Dickere Stiele mit 2 oder 3 Reihen des gewählten Stichs sticken.

Siehe auch S. 62/63

Für einen melierten Effekt bei Bedarf je 2 Fäden unterschiedlicher Farben verwenden.

Originalgröße

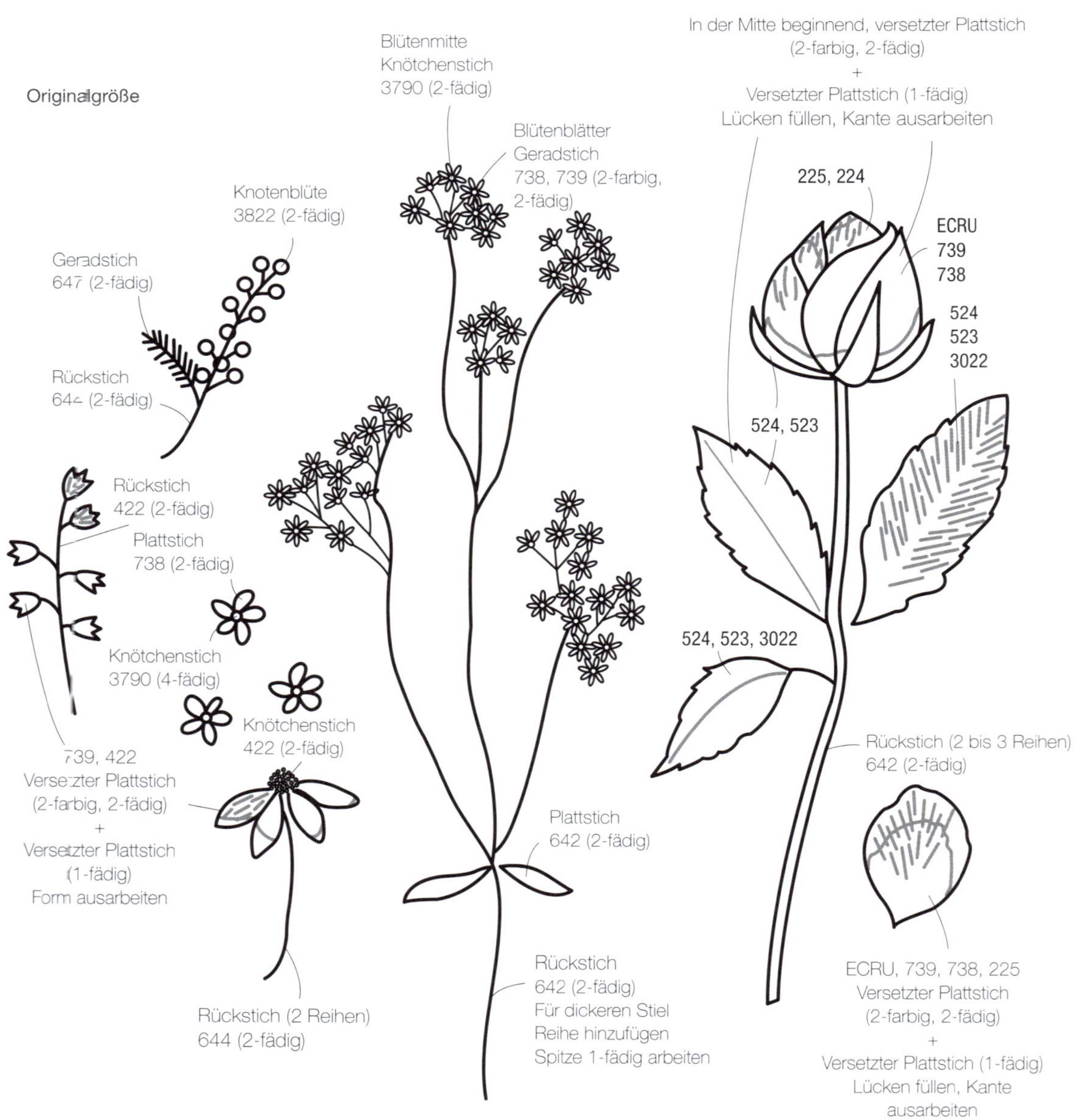

Originalgröße

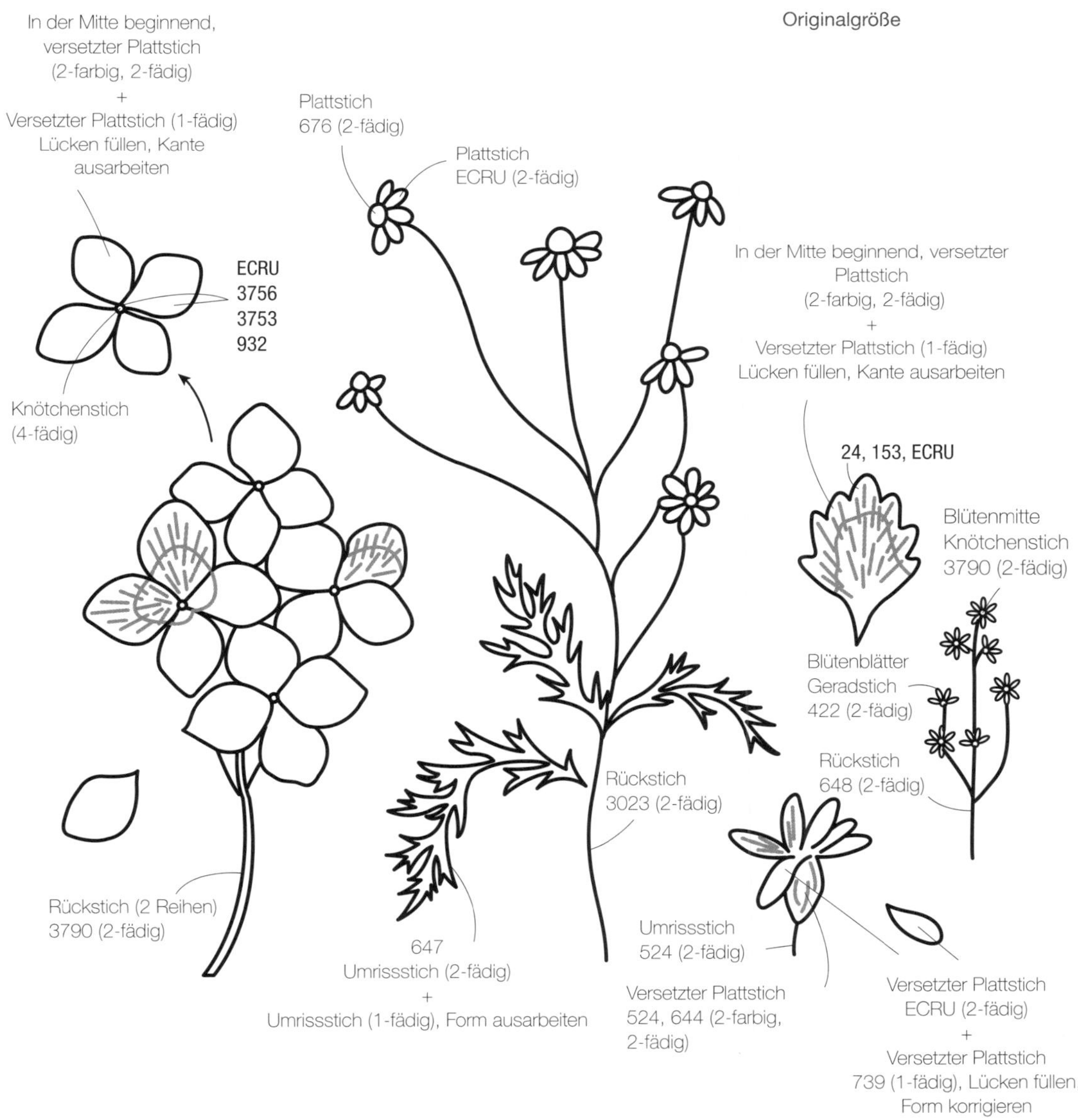

Originalgröße

❈ Stickanleitung

Silberakazie: Siehe S. 62/66. Blütenblätter: Siehe S. 63/74. Kamille: Siehe S. 68. Andere Blumen siehe auch S. 74/80. Nach Belieben auch andere Blumen aus diesem Buch verwenden.

Für einen melierten Effekt bei Bedarf je 2 (oder 4) Fäden unterschiedlicher Farben verwenden.

Skabiosen

1. Für Blütenblätter und zum Füllen versetzten Plattstich verwenden. Alles gut bedecken und Form korrigieren. 1-fädig die Kante ausarbeiten.
2. Um die Blütenmitte herum Fransenstickerei arbeiten.
3. Staubgefäße sticken. Fadenende verknoten und zwischen Fransen sichern.
4. Blütenstempel sticken. Mitte mit Knötchenstich füllen.

Weiße Blüten

1. Für Blütenblätter Plattstich verwenden.
2. Für Blütenmitte Knötchenstich einsetzen.

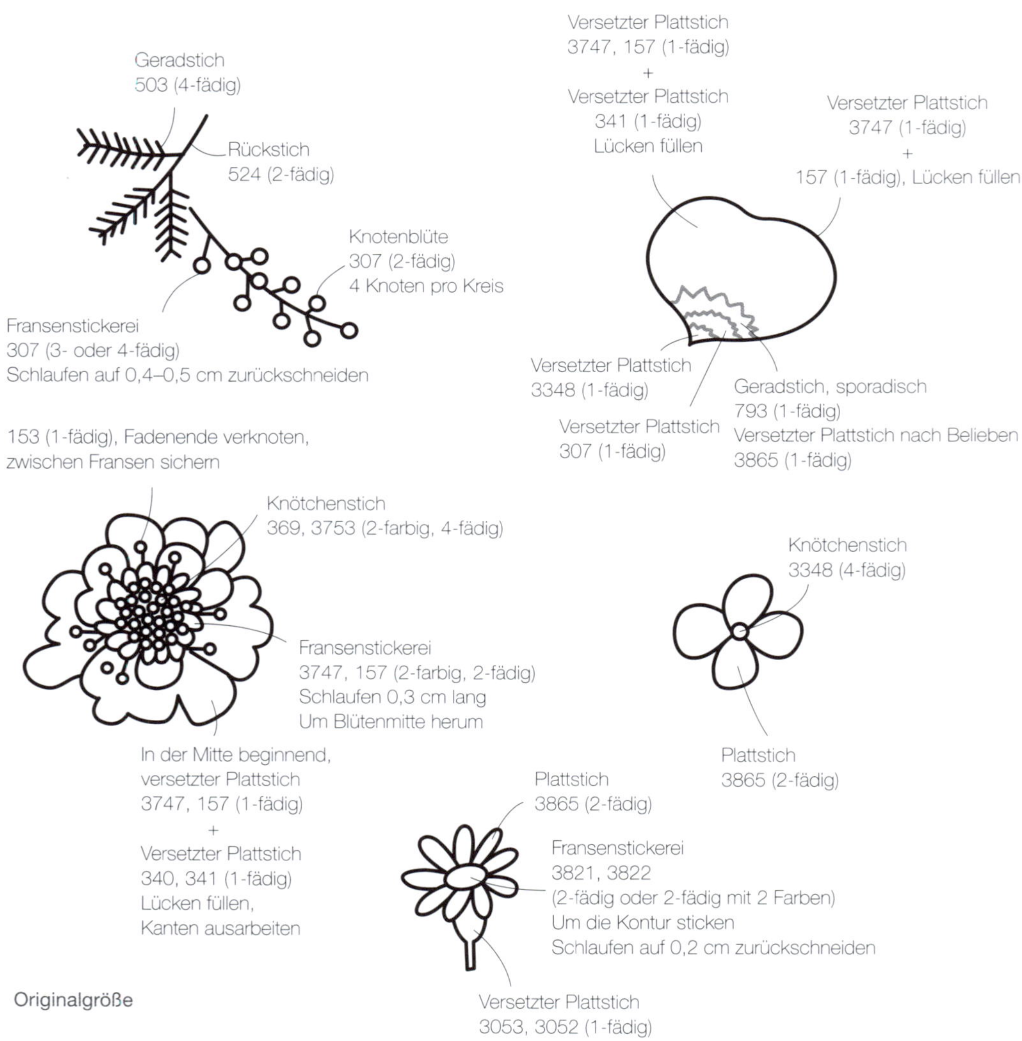

Originalgröße

S. 22 MÄPPCHEN MIT SCHMETTERLINGEN

Fertigmaße: 13,5 × 20 cm

Was du brauchst

Außenstoff, Futterstoff, Bügeleinlage 25 × 40 cm
Druckknopf zum Annähen, 0,7 cm Durchmesser
Sechsfädiges Stickgarn DMC 25, A: ECRU, 02, 209, 211, 307, 310, 340, 341, 347, 445, 524, 597, 598, 648, 727, 739, 746, 823, 844, 3031, 3052, 3053, 3078, 3348, 3782, 3839, 3840, 3865
B: ECRU, 3031, 3782, 3790

Hinweise

- 1 cm Nahtzugabe zugeben.

Stickanleitung

- **Mäppchen A – Schmetterling:** Fläche mit versetztem Plattstich füllen, dabei mehrere Farben mischen. **Mäppchen B – Schmetterling:** Linien mit Umrissstich sticken, ohne die Flächen zu füllen. Für einen melierten Effekt bei Bedarf je 2 Fäden unterschiedlicher Farben verwenden.
- Anleitung für die Blumen siehe auch S. 76 und 80.

Nähanleitung

1. Nach dem Sticken die Einlage auf die linke Stoffseite bügeln.
2. Außenstoff und Innenstoff rechts auf rechts aufeinanderlegen, Oberkante (V-Form) schließen.
3. Aufklappen und beide Lagen entlang der Unterkante falten. Die Naht verschwindet gewendet zwischen den Lagen. Seitennähte schließen. Klappe zunähen, dabei Wendeöffnung lassen.
4. Wenden, Öffnung schließen.
5. Druckknopf annähen.

A

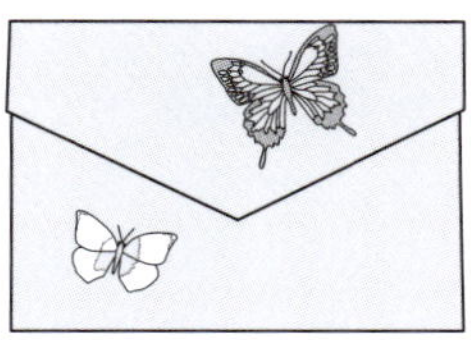

B

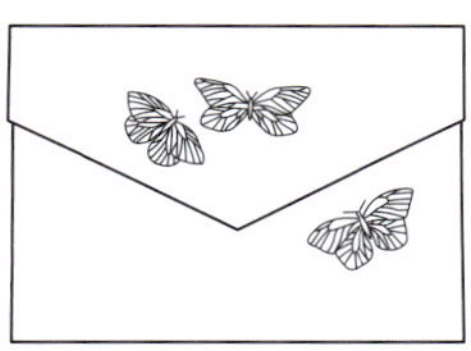

* Nach dem Sticken die Einlage auf die linke Seite bügeln.

A Außenstoff: 1 ×

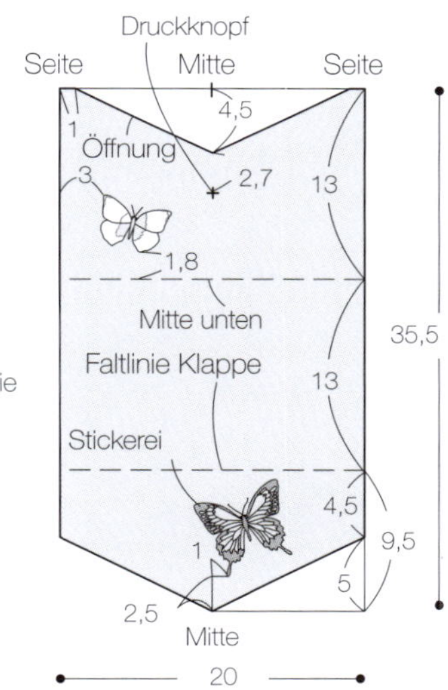

A Innenstoff: 1 ×

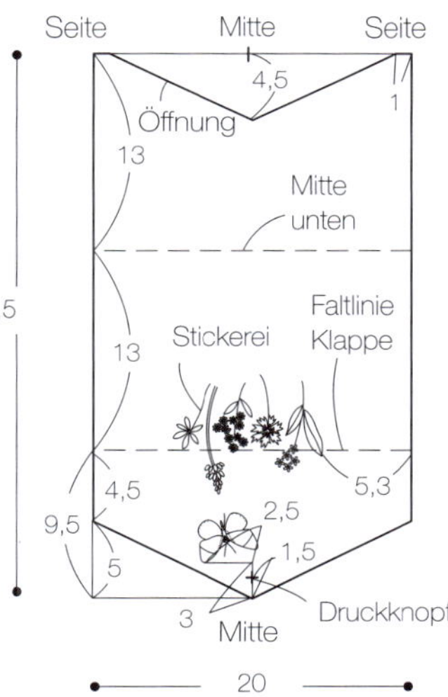

Schritte

1

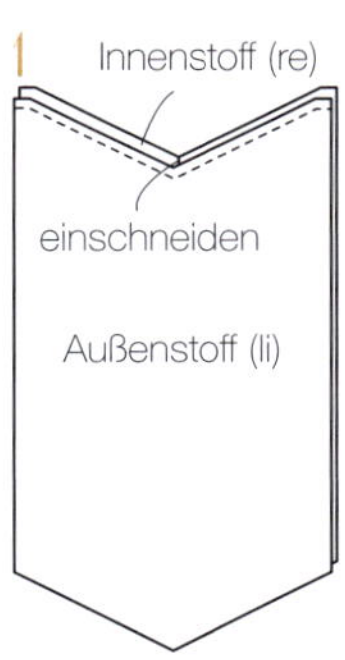

Außenstoff und Innenstoff rechts auf rechts aufeinanderlegen, Oberkante (V-Form) schließen.

2

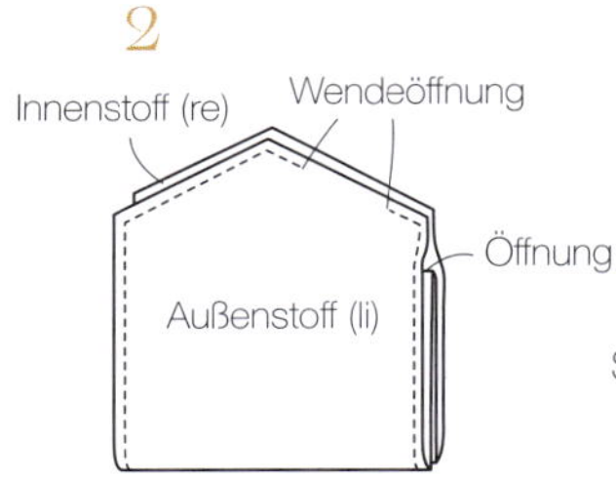

Entlang der Unterkante falten und bis auf Wendeöffnung nähen.

3

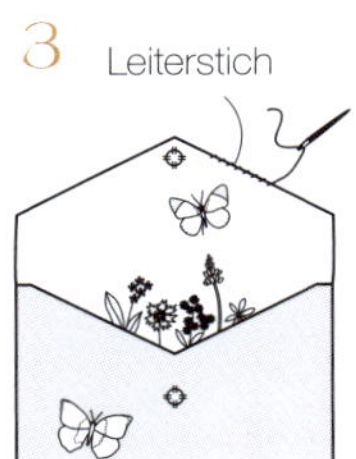

Wenden und Öffnung schließen. Druckknopf annähen.

B Außenstoff: 1 ×

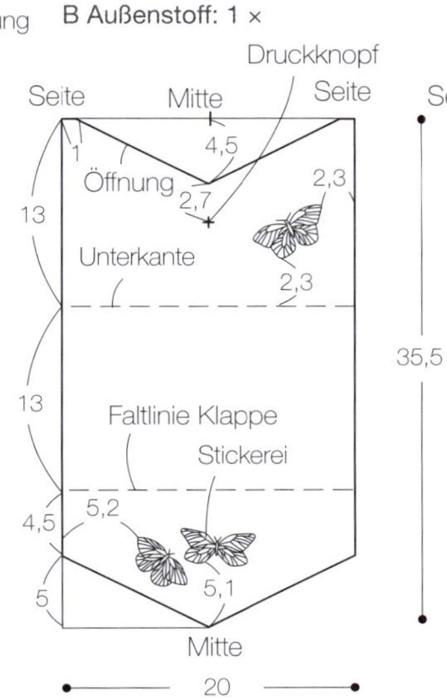

B Innenstoff: 1 ×

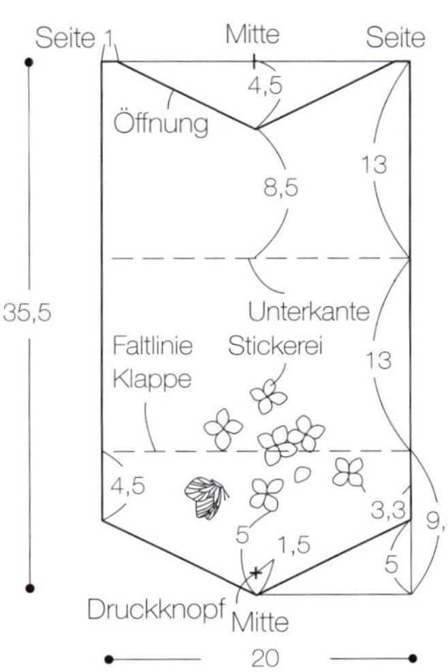

* Nach dem Sticken die Einlage auf die linke Seite bügeln.

Originalgröße

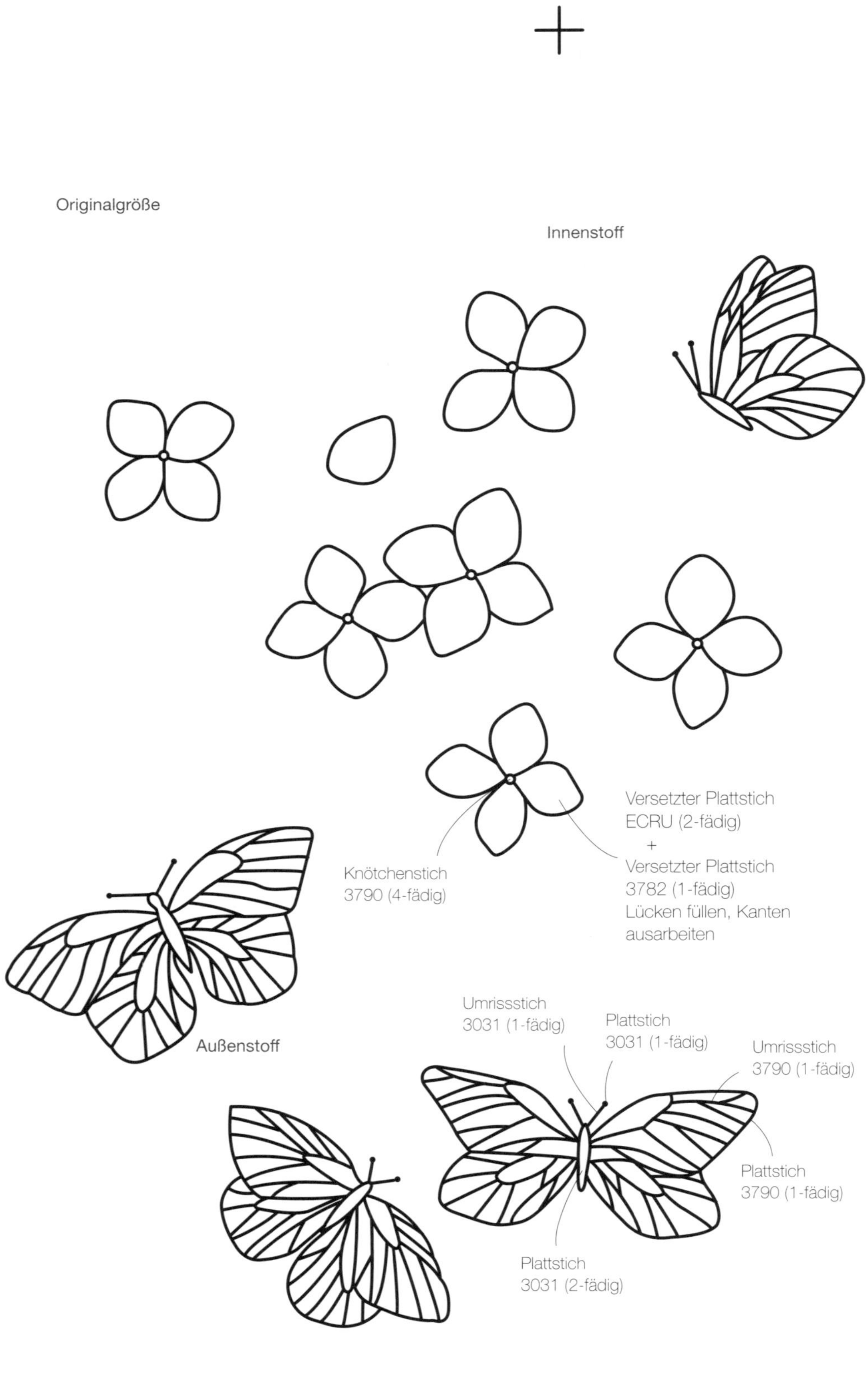

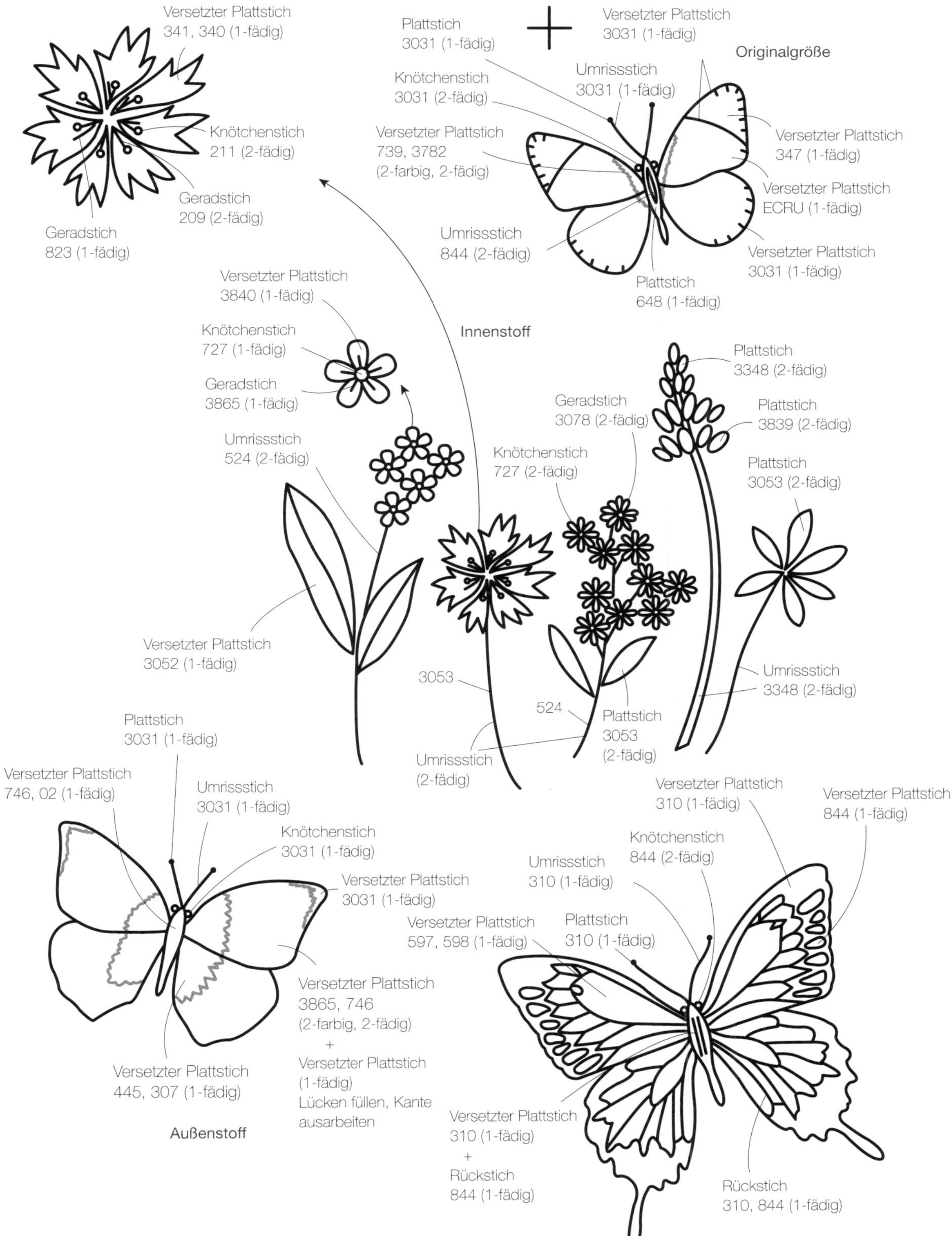
Versetzter Plattstich
341, 340 (1-fädig)
Knötchenstich
211 (2-fädig)
Geradstich
209 (2-fädig)
Geradstich
823 (1-fädig)
Plattstich
3031 (1-fädig)
Versetzter Plattstich
3031 (1-fädig)
Originalgröße
Knötchenstich
3031 (2-fädig)
Umrissstich
3031 (1-fädig)
Versetzter Plattstich
739, 3782
(2-farbig, 2-fädig)
Versetzter Plattstich
347 (1-fädig)
Versetzter Plattstich
ECRU (1-fädig)
Umrissstich
844 (2-fädig)
Versetzter Plattstich
3031 (1-fädig)
Plattstich
648 (1-fädig)
Versetzter Plattstich
3840 (1-fädig)
Knötchenstich
727 (1-fädig)
Geradstich
3865 (1-fädig)
Innenstoff
Plattstich
3348 (2-fädig)
Geradstich
3078 (2-fädig)
Plattstich
3839 (2-fädig)
Umrissstich
524 (2-fädig)
Knötchenstich
727 (2-fädig)
Plattstich
3053 (2-fädig)
Versetzter Plattstich
3052 (1-fädig)
3053
Umrissstich
3348 (2-fädig)
524
Plattstich
3053
(2-fädig)
Umrissstich
(2-fädig)
Plattstich
3031 (1-fädig)
Versetzter Plattstich
746, 02 (1-fädig)
Umrissstich
3031 (1-fädig)
Knötchenstich
3031 (1-fädig)
Versetzter Plattstich
3031 (1-fädig)
Versetzter Plattstich
3865, 746
(2-farbig, 2-fädig)
+
Versetzter Plattstich
(1-fädig)
Lücken füllen, Kante
ausarbeiten
Versetzter Plattstich
445, 307 (1-fädig)
Außenstoff
Versetzter Plattstich
310 (1-fädig)
Versetzter Plattstich
844 (1-fädig)
Knötchenstich
844 (2-fädig)
Umrissstich
310 (1-fädig)
Plattstich
310 (1-fädig)
Versetzter Plattstich
597, 598 (1-fädig)
Versetzter Plattstich
310 (1-fädig)
+
Rückstich
844 (1-fädig)
Rückstich
310, 844 (1-fädig)

Originalgröße

❊ Stickanleitung: Eisbär

1. Gesicht und Pfoten: versetzter Plattstich, außer Nase (Plattstich) und Mund/Augen/Krallen (Geradstich). An der Grenze zu den Fransen etwas Platz freilassen.
2. Fransenstickerei am Schwanz und an den Pfoten beginnen. Gegen die Fellrichtung sticken.
3. Körper bis zum Gesicht mit Fransen füllen. Für das Ohr einen Wickelstich sticken, dann ins Ohrinnere weitere Fransen setzen.
4. Mit versetztem Plattstich an den Rändern etwas über die Fransen sticken, um den gewünschten Look herauszuarbeiten.
5. Fransen aufschneiden und in Form bringen. An den Beinen für einen 3D-Effekt die Länge variieren.

❊ Stickanleitung: Igel

1. Direkt auf dem Kleidungsstück (in diesem Fall einem Hemd) die Stacheln als Fransenstickerei arbeiten. Bei Bedarf je 2 Fäden unterschiedlicher Farben verwenden. Schlaufen aufschneiden. Oben und innen kurz schneiden, außen länger lassen.
2. Gesichtsposition auf Flicken übertragen und mit Fransenstickerei füllen. Schlaufen aufschneiden und in der Mitte des Gesichts kurz schneiden. Außen länger lassen. Augen und Mund im Plattstich auf die Fransen sticken. Mit Wickelstich die Ohren plastisch herausarbeiten.

❊ Nähanleitung Igeltasche

1. Stacheln auf Oberstoff sticken.
2. Taschenstoff rechts auf rechts auf Oberstoff legen und Gesichtsumriss absteppen.
3. Gesicht ausschneiden. Taschenstoff durch das Loch auf die Rückseite wenden.
4. Loch unten mit der Garnfarbe der Stacheln umsticken. Das wird der Tascheneingriff.
5. Flicken rechts auf links unter Oberstoff legen und Loch (Gesichtskontur) nachziehen.
6. Gesicht auf den Flicken sticken. Lange Fransen sticken, im unteren Bereich am längsten lassen.
7. Um das Gesicht herumnähen (ohne die in Schritt 4 umstickte Strecke), um alle drei Stoffstücke zu verbinden.
8. Überstehende Ränder abschneiden und rundherum zusammennähen.

Originalgröße: Eisbär

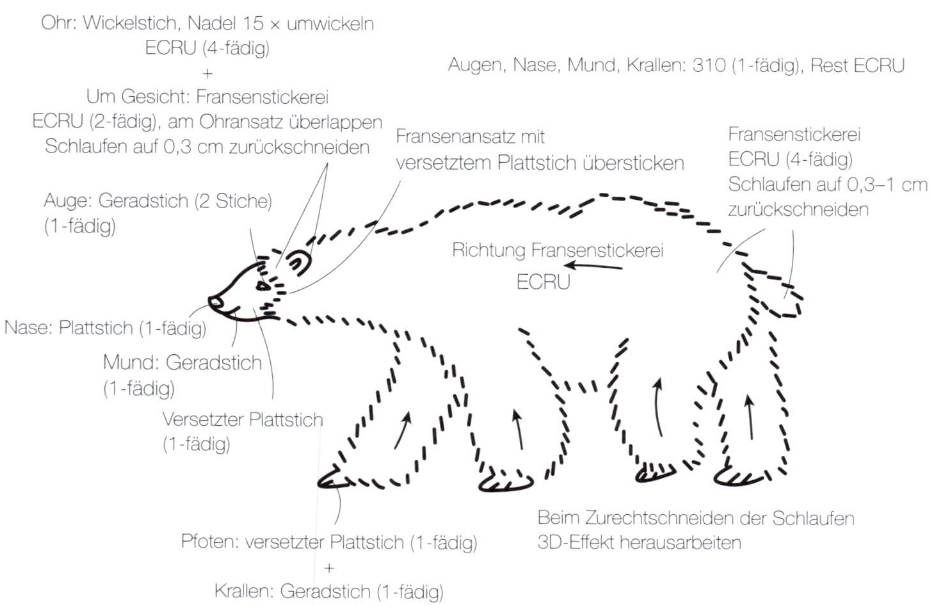

Stickanleitung: Igel

1

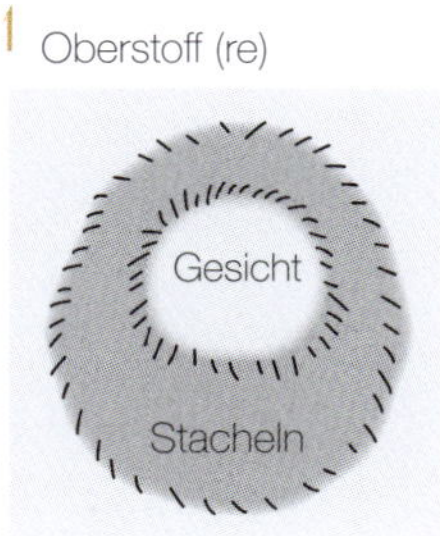

Stacheln als Fransenstickerei arbeiten, Gesicht freilassen.

2

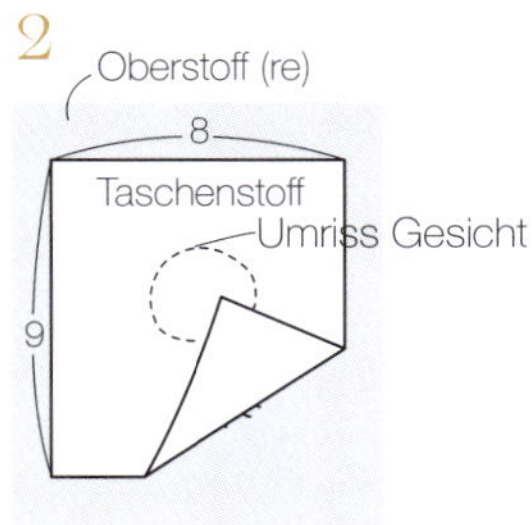

Taschenstoff rechts auf rechts auf Oberstoff legen, Gesichtsumriss absteppen.

3

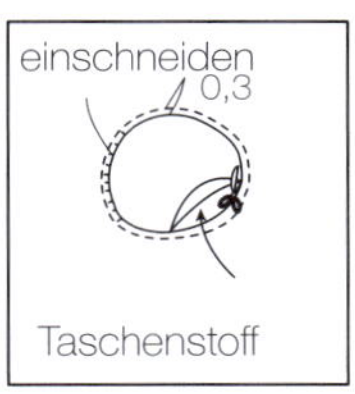

Innerhalb der Naht ausschneiden und Taschenstoff durch Loch wenden.

4

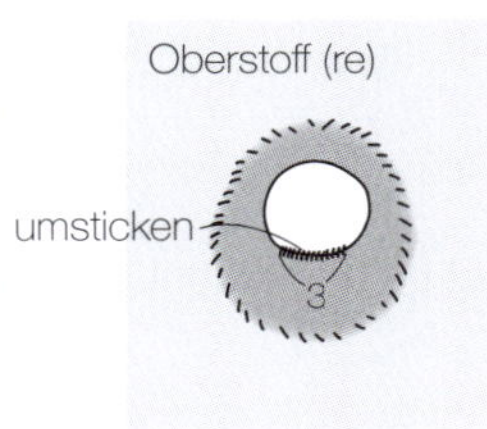

Loch unten umsticken

5

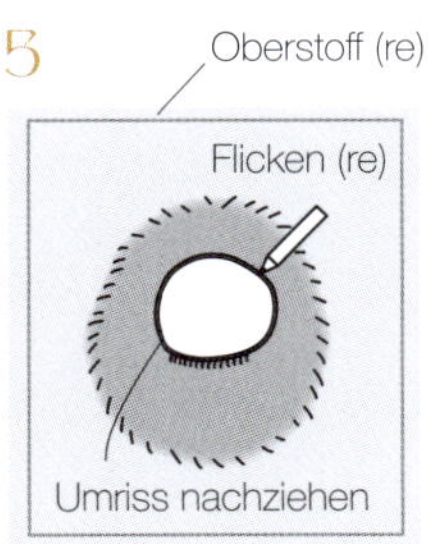

Weiteres Stoffstück unter Oberstoff legen und Gesichtsposition markieren.

6

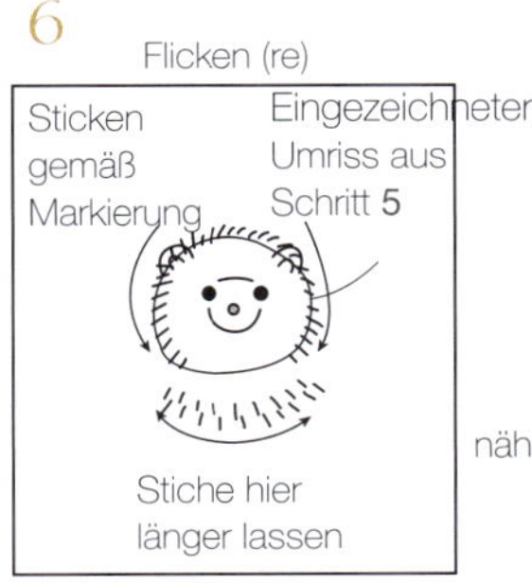

Gesicht auf Flicken sticken

7

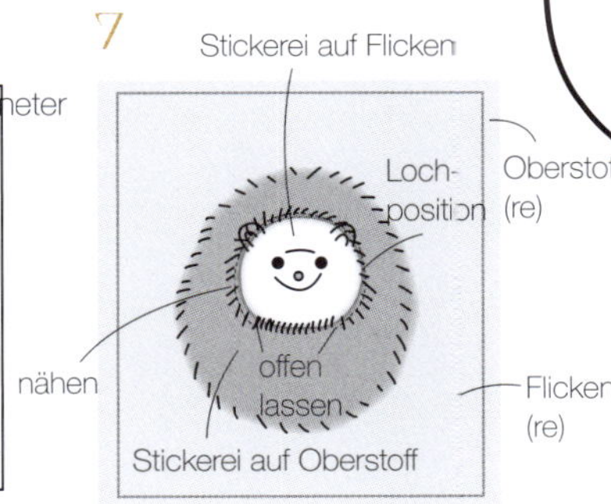

Flicken hinter Oberstoff legen, Gesicht in Stacheln einpassen. Um Gesicht herumnähen, umstickten Eingriff frei lassen.

8

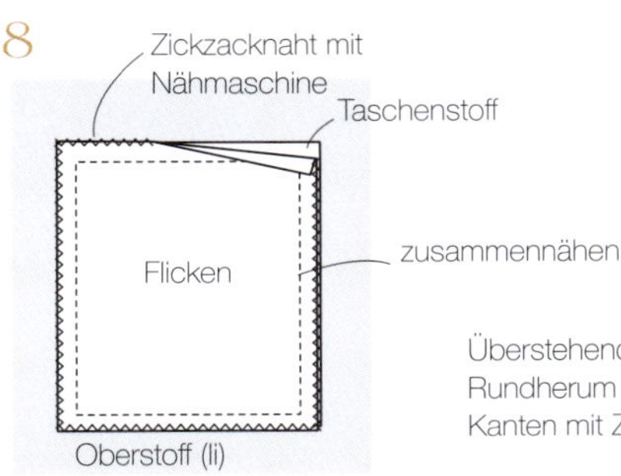

Überstehende Ränder von Flicken/Taschenstoff abschneiden.
Rundherum zusammennähen, außer Oberstoff.
Kanten mit Zickzackstich der Nähmaschine versäubern.

Originalgröße: Igel

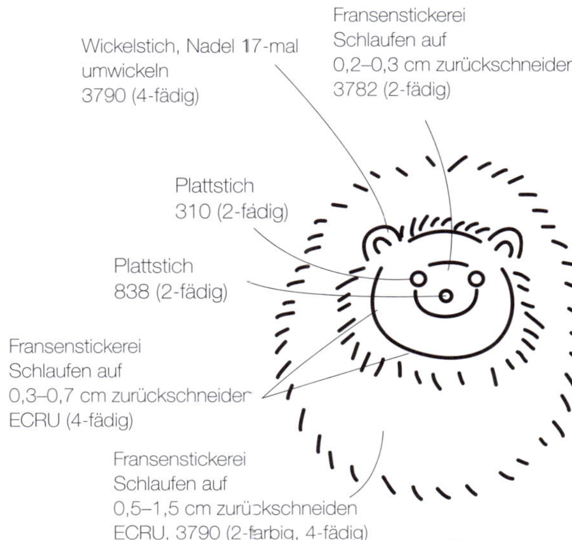

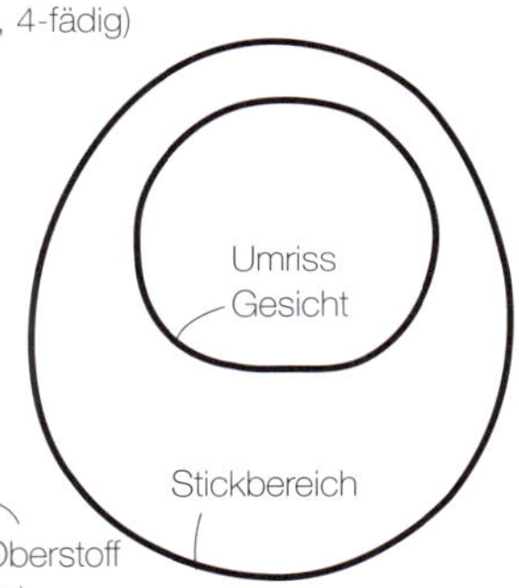

❊ Stickanleitung: Esel und Fuchs

Esel

1. Gesicht, Beine und Ohren im versetzten Plattstich sticken. An der Grenze zu den Fransen etwas Platz frei lassen.
2. Für Bauch, Stirn und Schwanzquaste Fransenstickerei verwenden. Entgegen der Fellrichtung sticken.
3. Mit versetztem Plattstich an den Rändern über Fransenansatz sticken und die Form herausarbeiten.
4. Schwanz bis zur Quaste im versetzten Plattstich sticken.
5. Fransen aufschneiden und in Form bringen. Für einen 3D-Effekt die Länge variieren.

Fuchs

1. Für Ohren, Gesicht, Beine und Rumpf versetzten Plattstich verwenden, dabei auf Farbverlauf achten.
2. Für Augen und Mund Geradstich verwenden, für Nase Plattstich.
3. Schwanz mit Fransenstickerei arbeiten, dabei Farben ineinander übergehen lassen.
   Fransenansatz mit versetztem Plattstich übersticken. Form anpassen.
4. Fransen aufschneiden und in Form bringen. Für einen flauschigen Schwanz die Länge variieren.

Siehe auch S. 63/64

Originalgröße

Esel

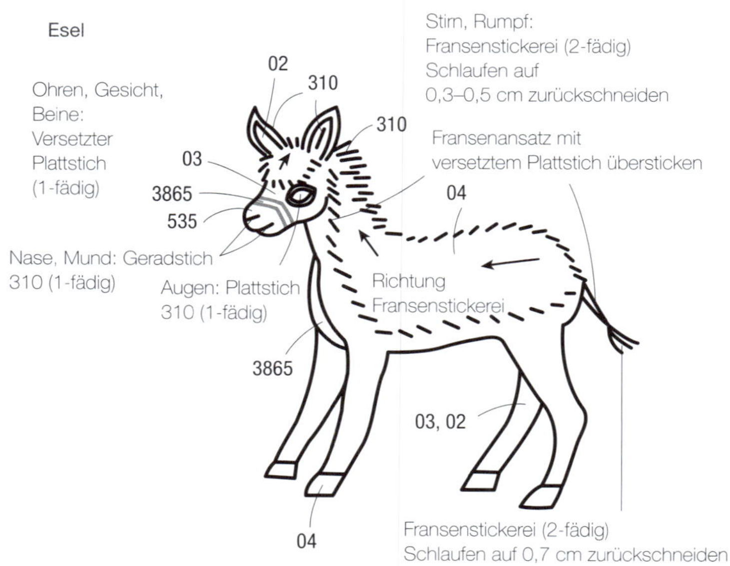

Fuchs

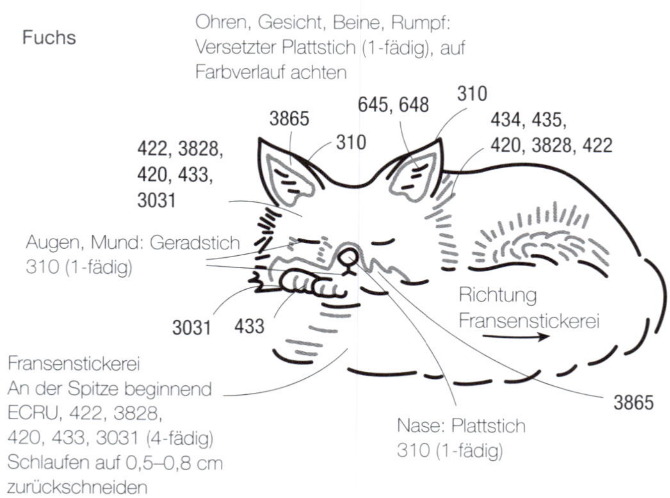

KATZENKISSEN

Fertigmaße: 45 × 45 cm

✻ Was du brauchst

Außenstoff 100 × 55 cm
Futterstoff 50 × 50 cm
Reißverschluss 45 cm lang
1 Innenkissen
Sechsfädiges Stickgarn DMC 25: ECRU, 02, 03, 04, 05, 07, 08, 225, 310, 317, 648, 676, 3031, 3053, 3078, 3752, 3865

✻ Hinweise

- Nahtzugabe: 1 cm
- Fransenschlaufen aufschneiden und dreidimensional in Form bringen.
- Fellfarbe nach Belieben wählen.

✻ Stickanleitung

1. Für die Ohren versetzten Plattstich und Plattstich verwenden.
2. Wo keine Fransenstickerei eingesetzt wird (vor allem Augen/Nasen), versetzten Plattstich und Plattstich verwenden.
3. Für das Fell Fransenstickerei verwenden. Von außen nach innen entlang der Kontur arbeiten, dabei auf Fellrichtung und Ohrenform achten.
4. Fransen aufschneiden und für einen 3D-Effekt in Form bringen. Ruhig manche Schlaufen ganz lassen.

✻ Nähanleitung

1. Vorderteil des Außenstoffs besticken, dann Futterstoff auf linke Seite legen.
2. Reißverschluss auf linke Seite des Außenstoffs nähen.
3. Vorderseite und Rückseite des Außenstoffs rechts auf rechts aufeinanderlegen, Seitennähte schließen.
4. Kanten mit Zickzackstich der Nähmaschine versäubern.
5. Innenkissen in den Bezug legen.

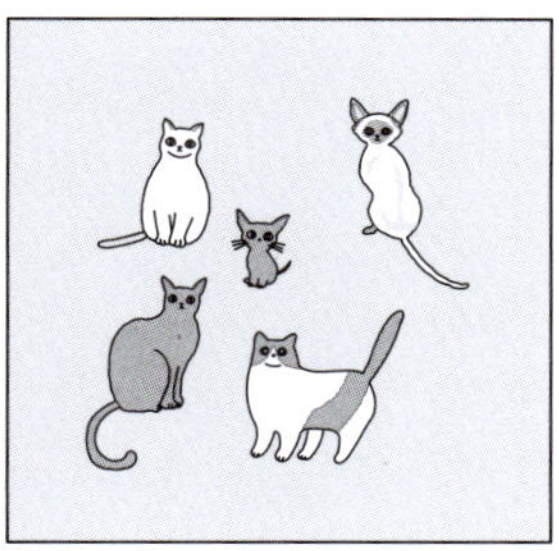

Außenstoff vorn: 1 ×
Futterstoff: 1 ×

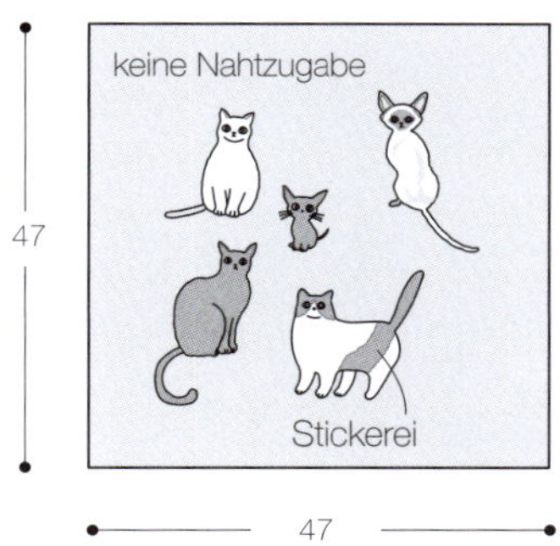

* Rückseite nicht bestickt

Außenstoff hinten oben: 1 ×

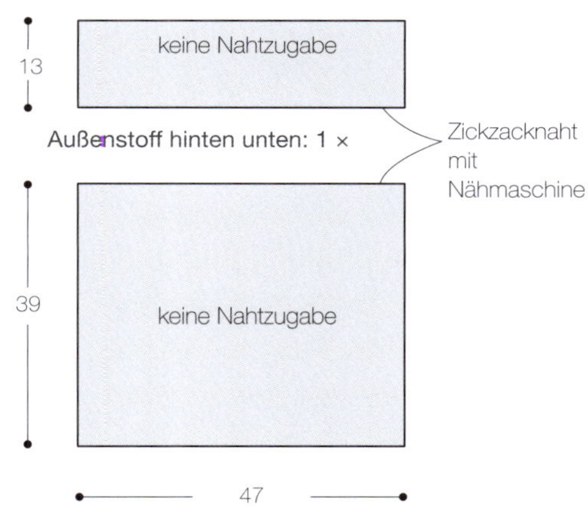

Kissenrückseite nähen

1

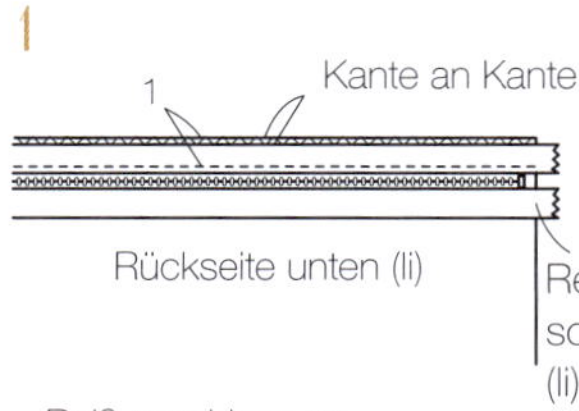

Reißverschluss an unteres Rückteil nähen.

2

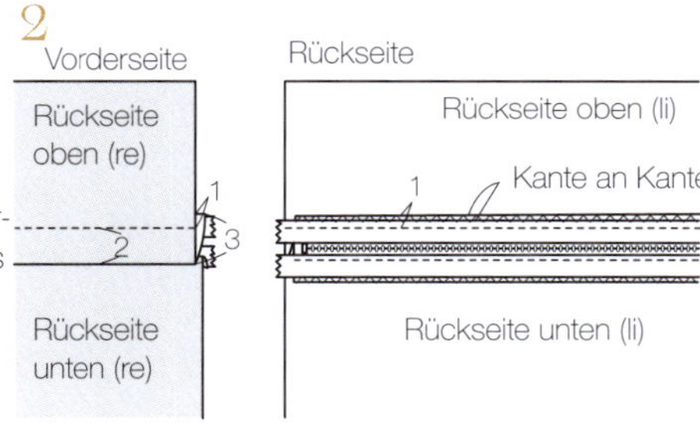

Unterkante des oberen Rückteils 3 cm umbügeln und bündig auf Reißverschluss legen.
Mit linker Seite nach oben festnähen.

Schritte

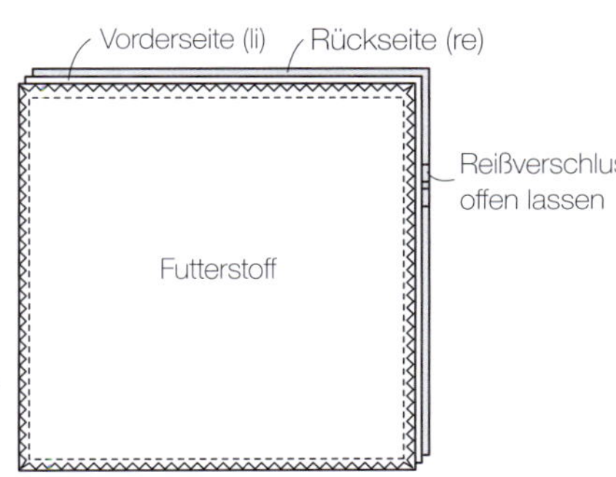

Futterstoff auf linke Seite des Vorderteils legen.
Beides rechts auf rechts auf Rückteil legen und rundherum zusammennähen.
Kanten mit Zickzackstich der Nähmaschine versäubern.

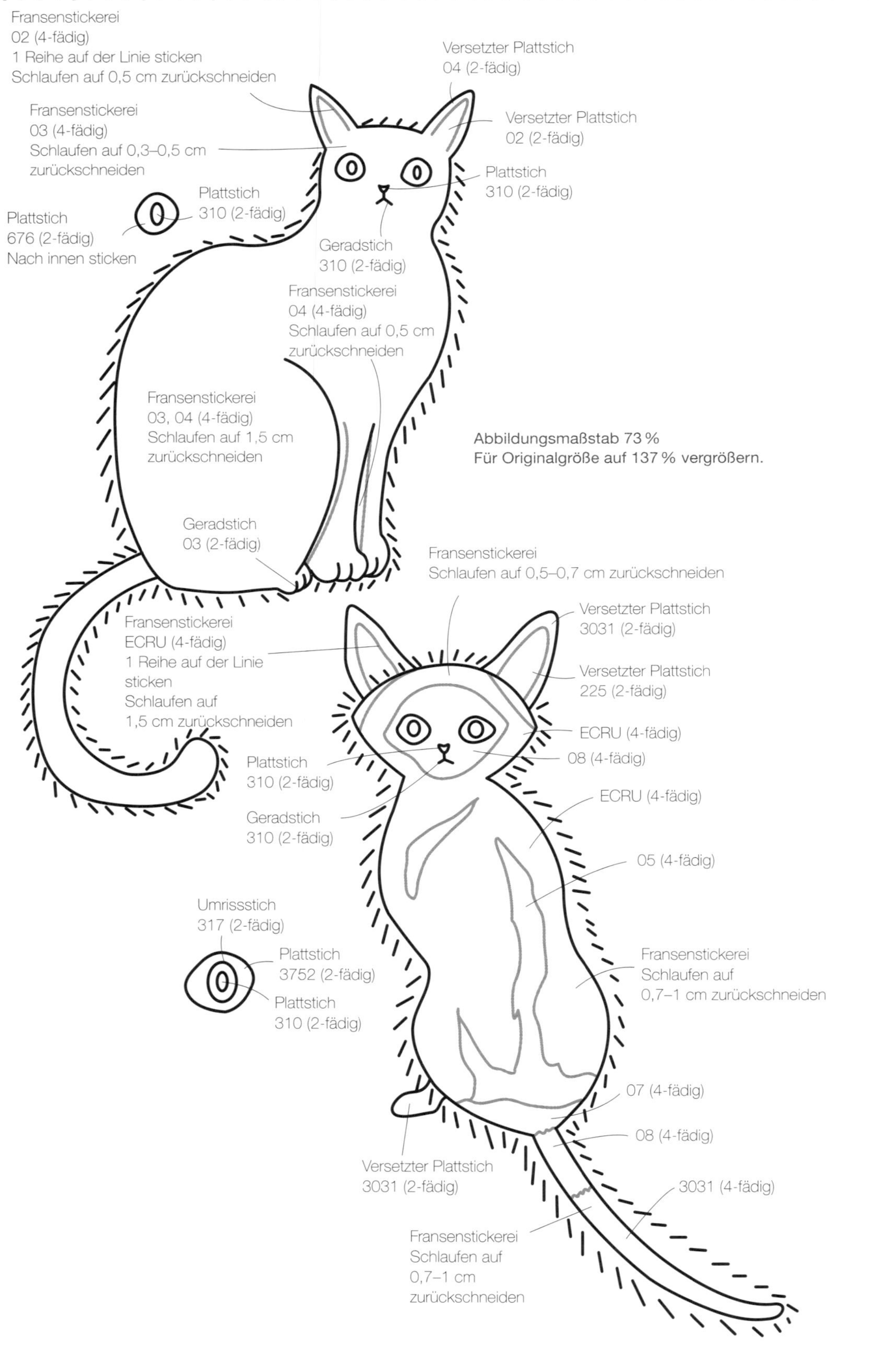

Abbildungsmaßstab 73 %
Für Originalgröße auf 137 % vergrößern.

Abbildungsmaßstab 73 %
Für Originalgröße auf 137 % vergrößern.

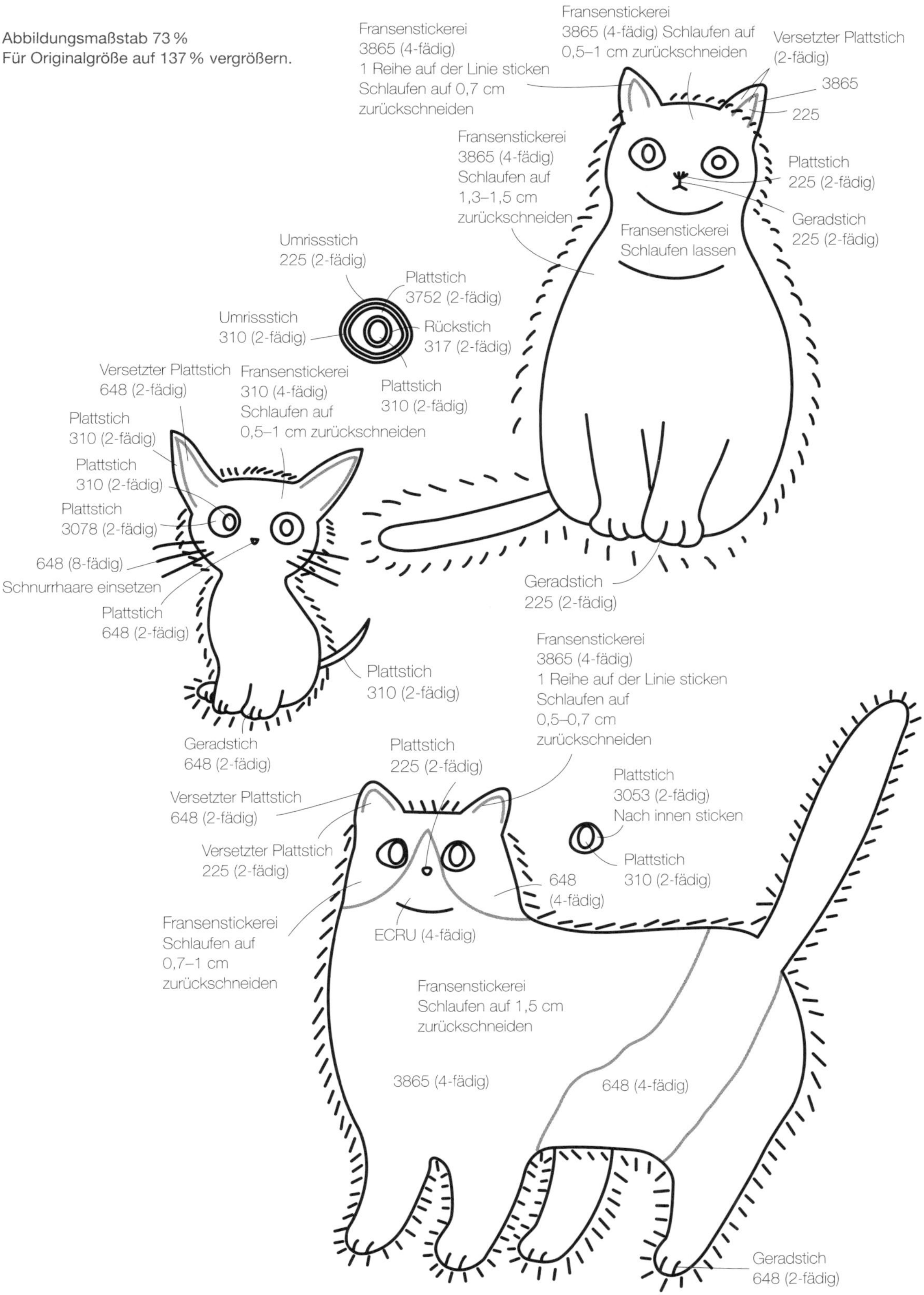

S. 29 KATZENTASCHE

Fertigmaße: 39 × 48 cm

✻ Was du brauchst

Außenstoff (inkl. Henkel und Außentasche) 75 × 100 cm
Futterstoff (inkl. Außentaschenfutter und Innentasche) 110 × 80 cm
Reißverschluss 20 cm lang
Druckknopf zum Annähen, 2 cm Durchmesser
Sechsfädiges Stickgarn DMC 25: ECRU, 225, 422, 738, 739, 761, 3828, 3865

✻ Hinweise

- 1 cm Nahtzugabe zugeben.
- Futter für Außentasche circa 5 mm kleiner zuschneiden als Außenstoff für Außentasche.

✻ Stickanleitung

1. Für Ohren und Stirn versetzten Plattstich verwenden. Die gesamte Fläche sorgfältig füllen, Form herausarbeiten. Für einen melierten Effekt bei Bedarf je 2 Fäden unterschiedlicher Farben verwenden. Siehe auch S. 63.
2. Fransenstickerei für die Pfoten verwenden, dabei Farben ineinander übergehen lassen. Schlaufen aufschneiden und in eine runde Form bringen.
3. Für die Umrandung der Pfoten Umrissstich verwenden.

✻ Nähanleitung

1. Außenstoff besticken. Außentasche vorbereiten und auf Außenstoff nähen.
2. Außenstoff rechts auf rechts in der Mitte falten. Seitennähte schließen und Ecken abnähen.
3. Innentaschen vorbereiten und auf den Futterstoff nähen.
4. Die zwei Futterstoffteile rechts auf rechts aufeinanderlegen. Seitennähte und Bodennaht schließen, eine Öffnung zum Wenden lassen, Ecken abnähen.
5. Henkel nähen.
6. Henkel an Außenstoff heften. Futter und Außenstoff rechts auf rechts ineinanderstecken und an Oberkante zusammennähen, dabei eine Öffnung zum Wenden lassen.
7. Wenden, Wendeöffnung schließen, Oberkante absteppen.

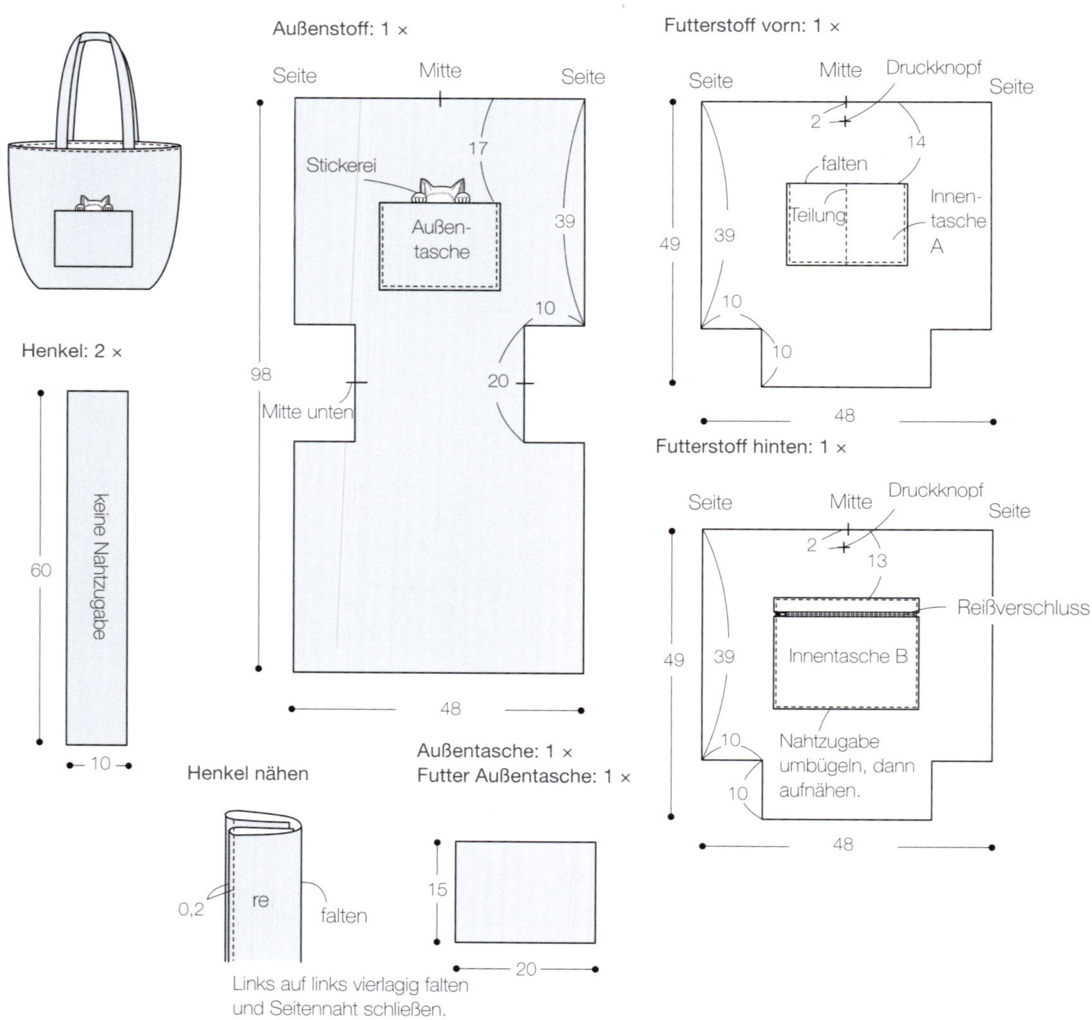

Innentasche A:
1 ×

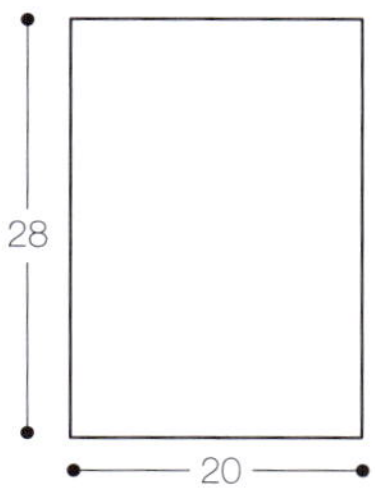

Innentasche B oben:
1 ×

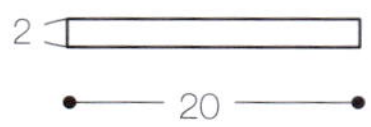

* Nähanleitung siehe S. 74.

Innentasche B unten:
1 ×

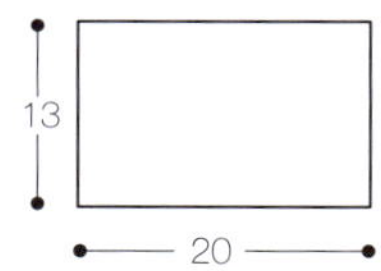

Futter nähen

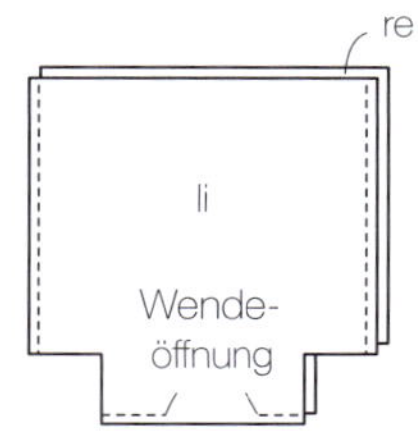

Futterstoffteile (vorn und hinten) rechts auf rechts aufeinanderlegen.
Seitennähte und Bodennaht schließen, Wendeöffnung lassen.

Innentasche A nähen

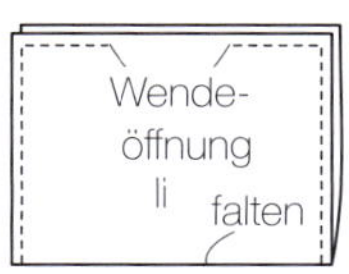

Rechts auf rechts in der Mitte falten.
Seitennähte schließen, Wendeöffnung lassen.
Wenden und Wendeöffnung schließen.

Außentasche nähen

1

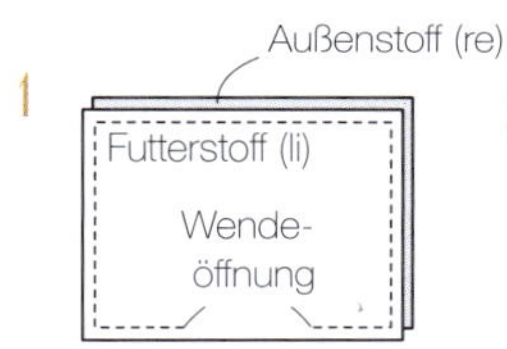

Außen- und Innenstoff rechts auf rechts aufeinanderlegen. Rundherum zusammennähen, aber Wendeöffnung lassen.

2

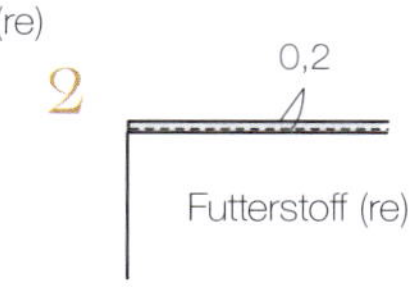

Wenden und Wendeöffnung schließen.
Naht auf Futterseite ziehen und absteppen.

Schritte

1

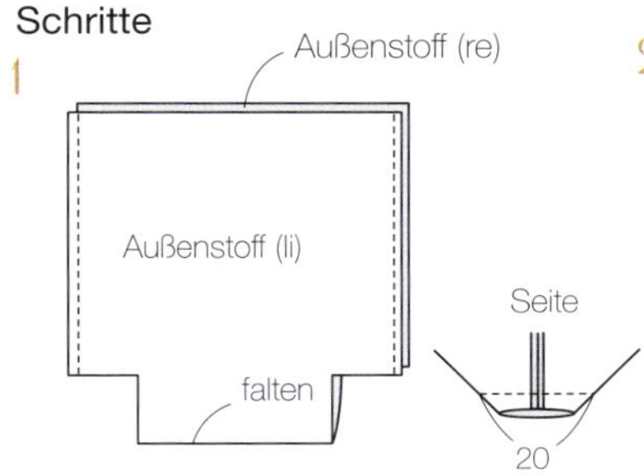

Rechts auf rechts in der Mitte falten.
Seitennähte schließen und Ecken abnähen.

2

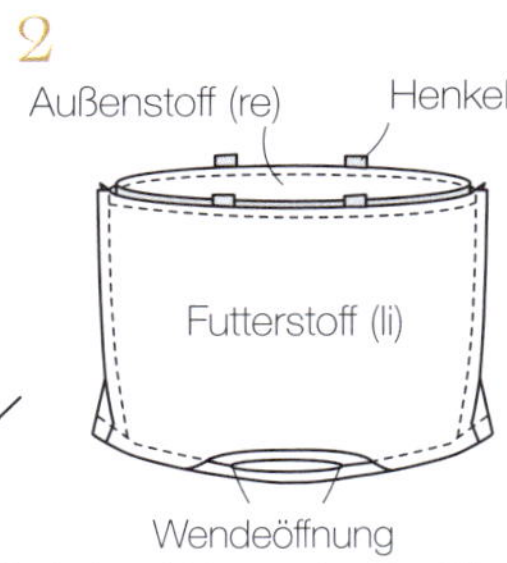

Henkel an Nahtzugabe der Oberkante heften.
Außenstoff rechts auf rechts in Futter stecken und an Oberkante zusammennähen.

3

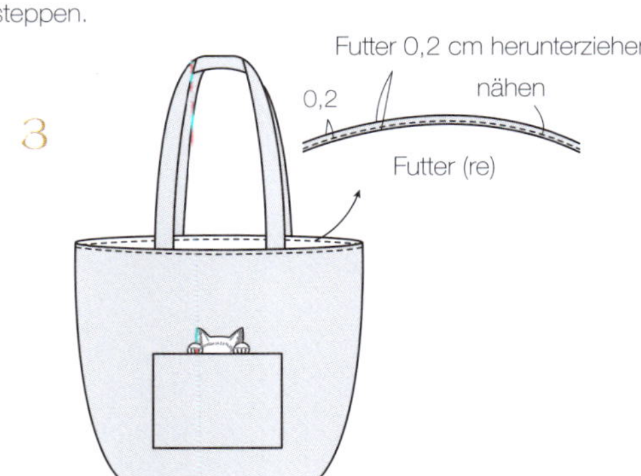

Wenden. Wendeöffnung mit Leiterstich schließen.
Oberkante absteppen und Druckknopf annähen.

Originalgröße

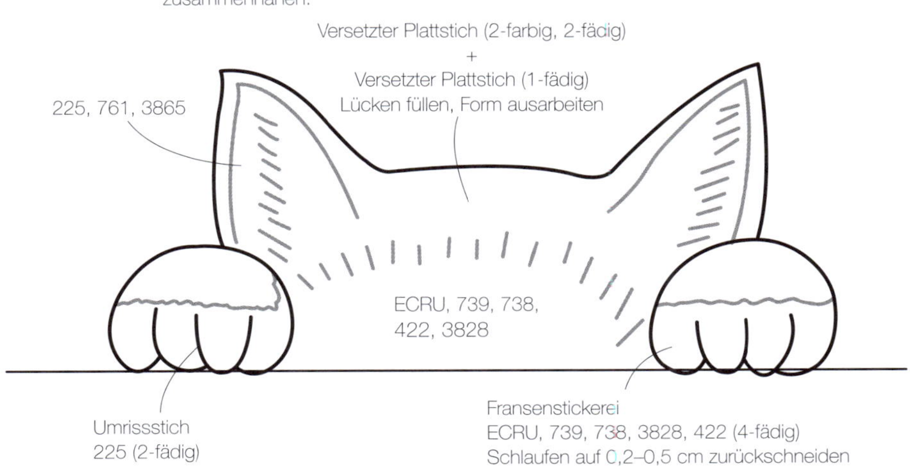

S. 30 DECKE MIT EICHHÖRNCHEN

Fertigmaße: 150 × 93 cm

Was du brauchst

Außenstoff Wolle 100 × 160 cm
Sechsfädiges Stickgarn DMC 25: 310, 433, 434, 838, 839, 840, 841, 842, 3862, 3866

Hinweise

- 3 cm Nahtzugabe zugeben.

Stickanleitung

1. Für Rumpf, Kopf und Beine versetzten Plattstich verwenden, dabei auf den Farbverlauf achten. Lücken füllen. Für einen melierten Effekt bei Bedarf je 2 Fäden unterschiedlicher Farben verwenden.
2. Für die Ohren Fransenstickerei verwenden, dabei auf die Fellrichtung achten. Den Fransenansatz mit versetztem Plattstich übersticken.
3. Für den Schwanz Fransenstickerei verwenden. Von der Spitze ausgehend Farben ineinander übergehen lassen.
   Siehe auch S. 63/64.

Nähanleitung

1. Motiv sticken.
2. Kanten doppelt einschlagen und festnähen.

Decke: 1 ×

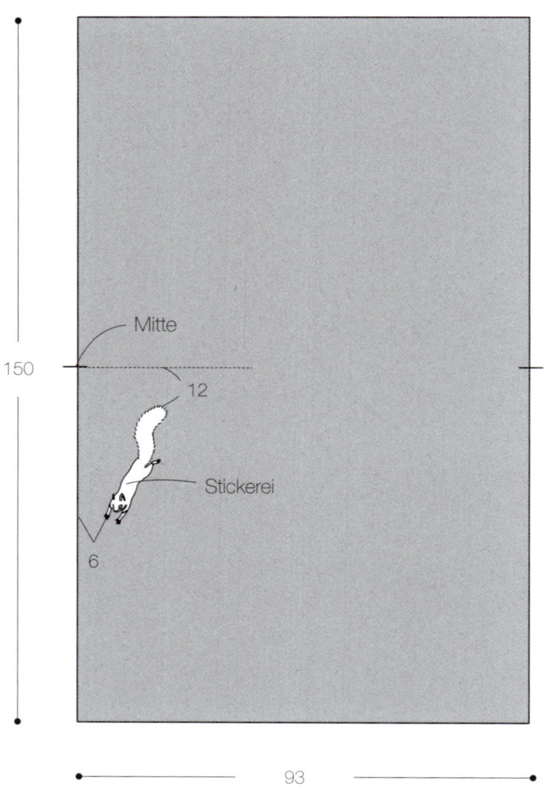

Schritte

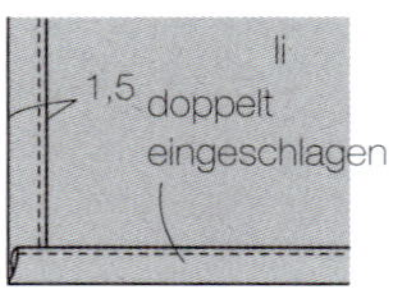

Doppelt einschlagen und rundherum festnähen.

Abbildungsmaßstab 80 %
Für Originalgröße auf 125 % vergrößern.

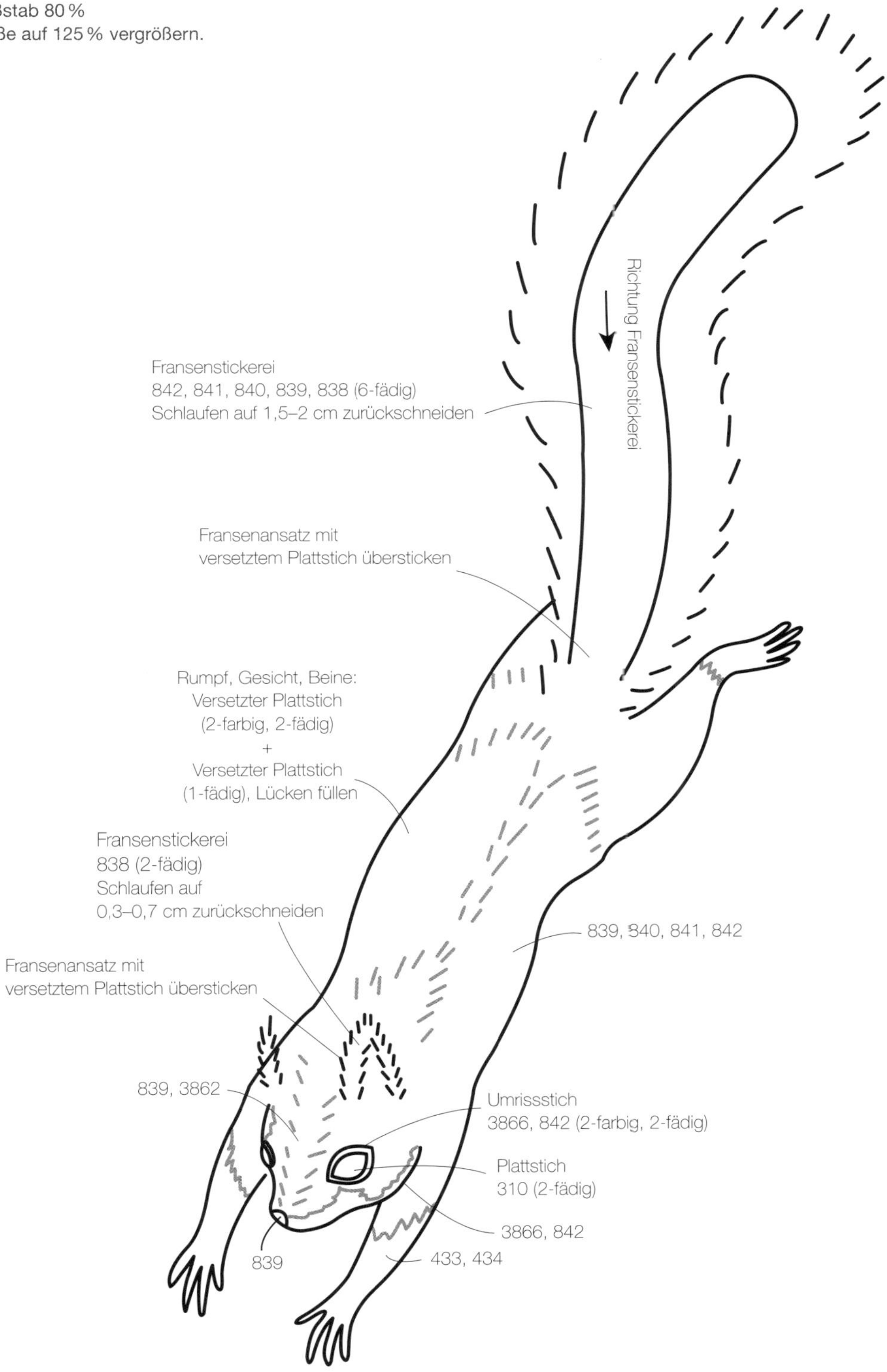

Abbildungsmaßstab 80 %. Für Originalgröße auf 125 % vergrößern.

✻ Stickanleitung

1. Flügel sticken. Fläche mit versetztem Plattstich füllen und Umrisse im Plattstich sticken.
2. Für Schnabel und Auge Plattstich verwenden.
3. Rumpf dreifarbig im versetzten Plattstich sticken. Auf Federrichtung achten und alle Lücken zwischen Stichen füllen. Für einen melierten Effekt bei Bedarf je 2 Fäden unterschiedlicher Farben verwenden.

Siehe auch S. 63

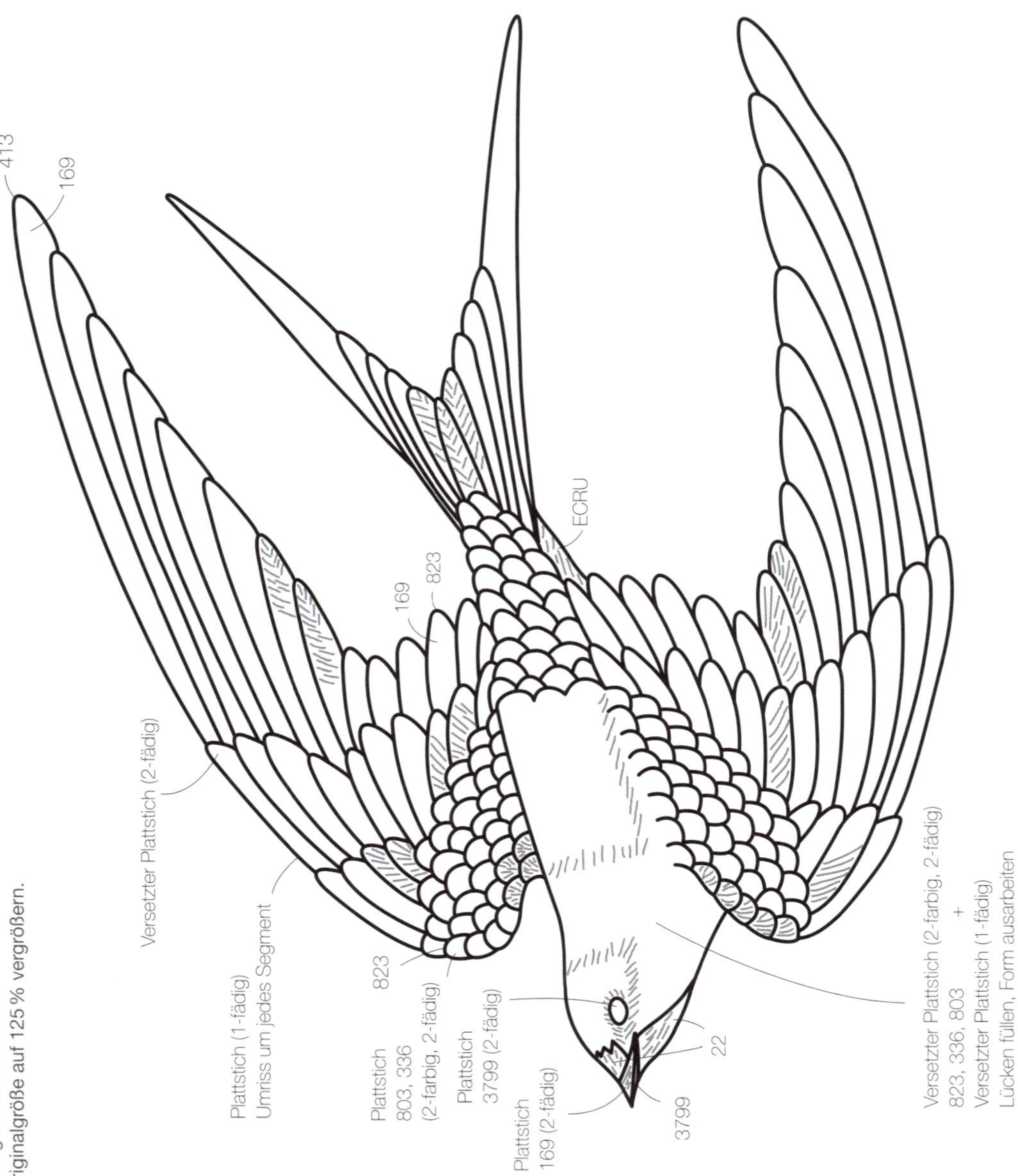

Abbildungsmaßstab 80 %
Für Originalgröße auf 125 % vergrößern.

S. 33 FLÜGEL

Originalgröße

❈ Stickanleitung

1. Fläche mit versetztem Plattstich füllen.
2. Lücken zwischen Stichen mit weiteren Stichen füllen.

Siehe auch S. 63

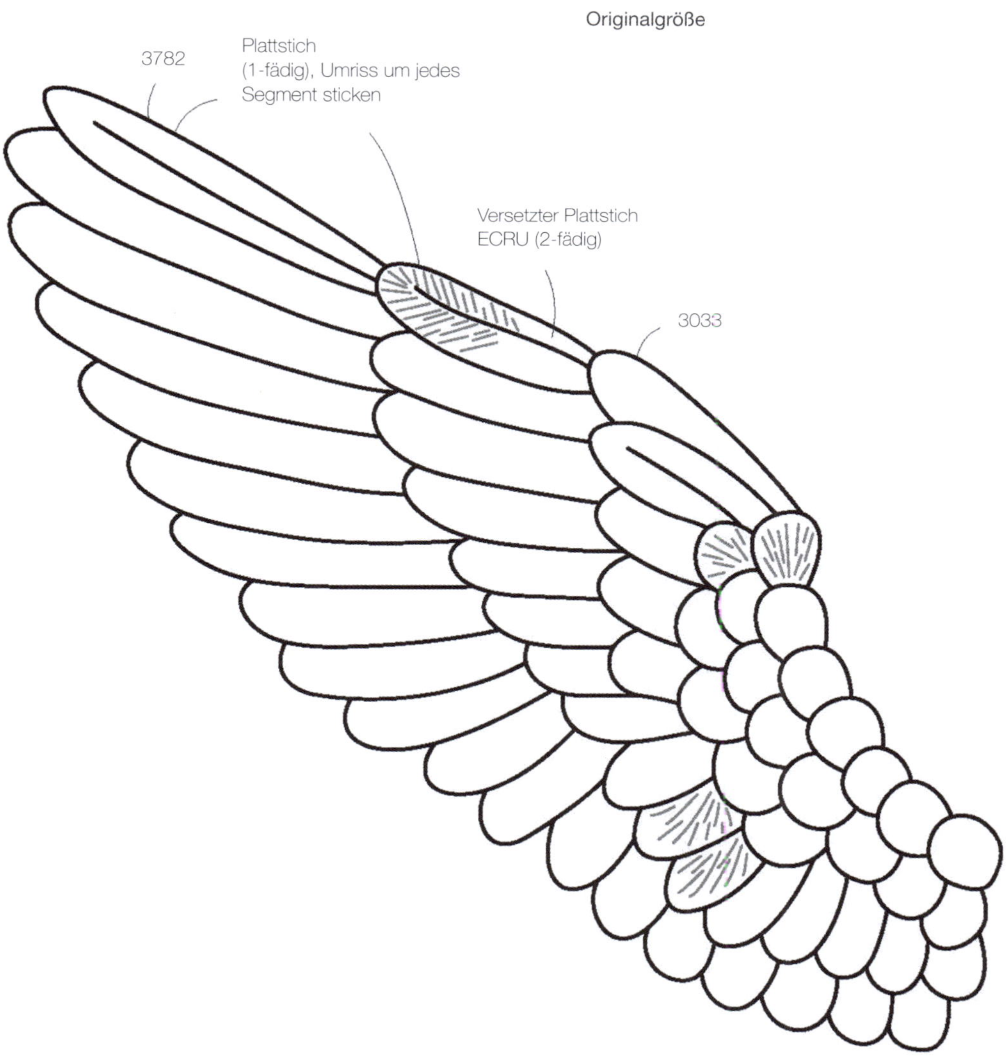

S. 34 SCHWALBENBEUTEL

Fertigmaße: 32 × 23 cm

❊ Was du brauchst

Außenstoff (inkl. Henkel) 70 × 65 cm
Futterstoff (inkl. Innentasche) 45 × 70 cm
Sechsfädiges Stickgarn DMC 25: ECRU

❊ Hinweise

- 1 cm Nahtzugabe zugeben.

❊ Stickanleitung

1. Fläche mit versetztem Plattstich füllen.
2. Lücken zwischen Stichen mit weiteren Stichen füllen.

❊ Nähanleitung

1. Außenstoff besticken.
2. Vorderteil und Rückteil des Außenstoffs rechts auf rechts zusammennähen.
3. Innentasche herstellen und auf den Futterstoff nähen.
4. Futterstoff rechts auf rechts in der Mitte falten. Wendeöffnung lassen. Seitennähte schließen.
5. Henkel nähen.
6. Henkel an Außenstoff heften. Futter und Außenstoff rechts auf rechts ineinanderstecken und an Oberkante zusammennähen.
7. Wenden, Wendeöffnung schließen, Oberkante absteppen.

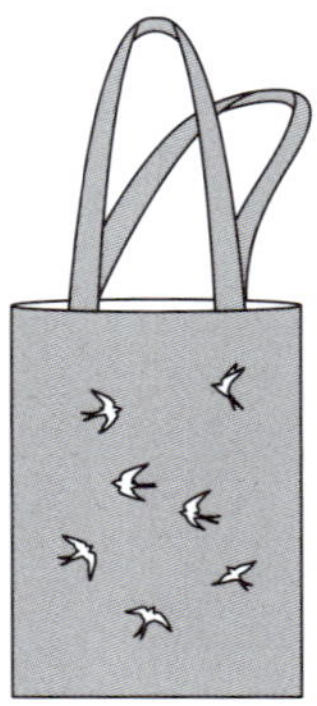

Außenstoff vorn: 1 ×

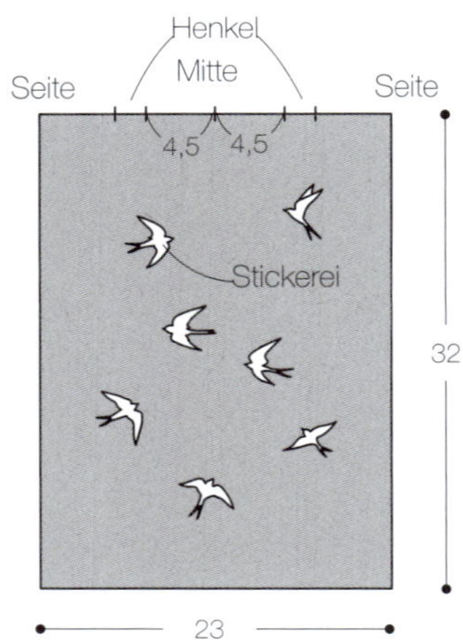

Außenstoff hinten: 1 ×

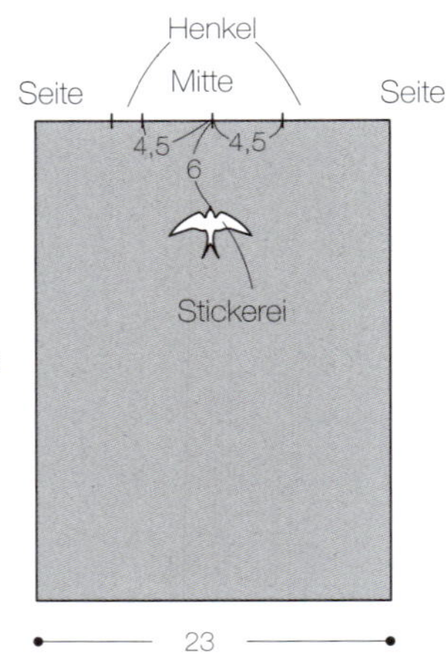

Futterstoff: 1 ×

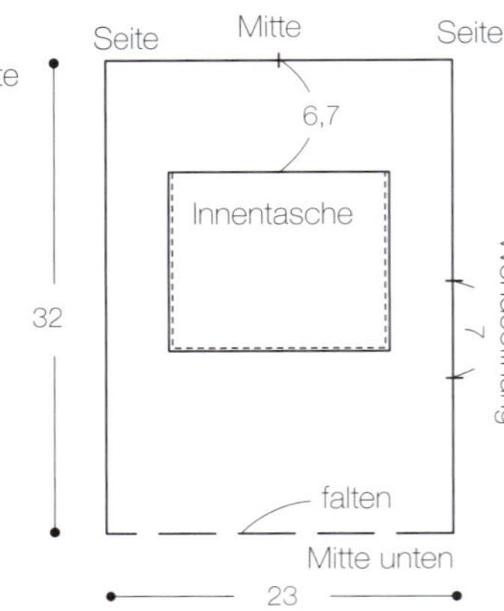

Henkel: 2 ×

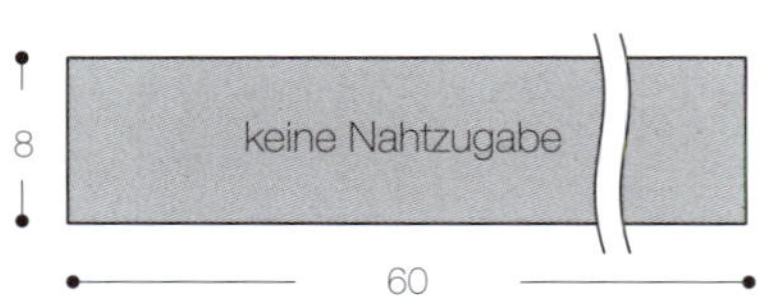

Henkel nähen

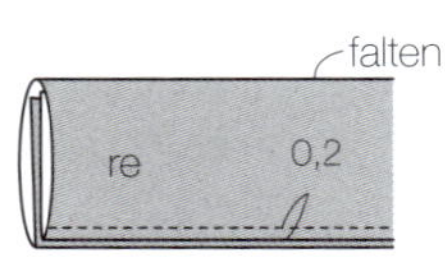

Links auf links vierlagig falten.

Innentasche: 2 ×

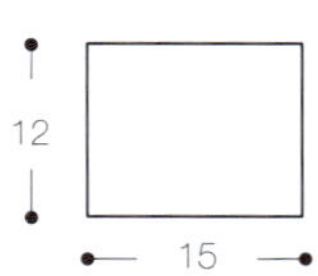

Innentasche nähen

1

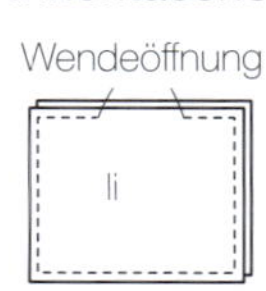

Rechts auf rechts zusammennähen, Wendeöffnung lassen.

2

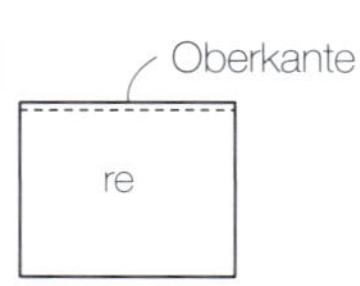

Wenden. Nahtzugabe nach innen bügeln und absteppen.

Schritte

1

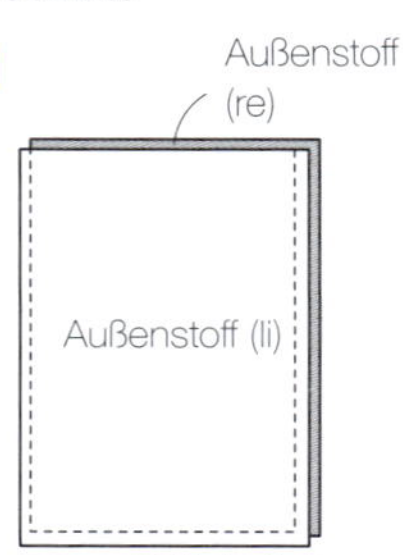

Vorderteil und Rückteil des Außenstoffs rechts auf rechts aufeinanderlegen.
Seitennähte und Bodennaht schließen.
Futterstoff rechts auf rechts in der Mitte falten.
Seitennähte schließen, aber Wendeöffnung lassen.

2

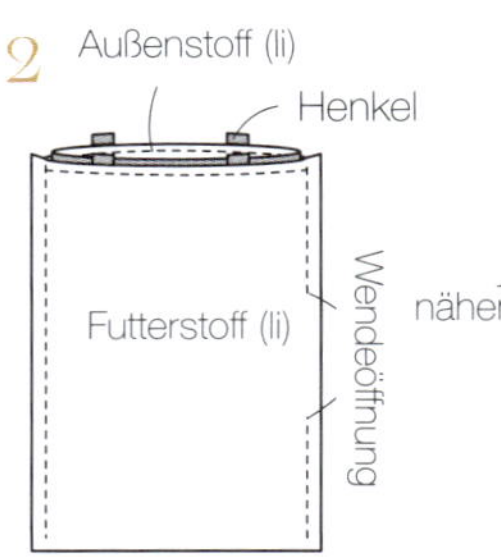

Henkel an Nahtzugabe der Oberkante heften.
Außenstoff rechts auf rechts in Futter stecken und an Oberkante zusammennähen.

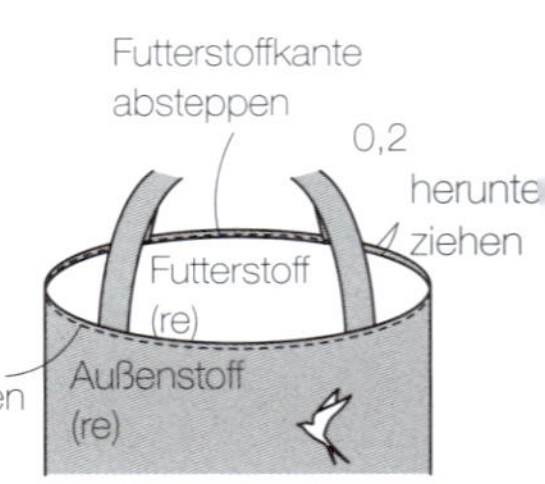

Wenden und Wendeöffnung mit Leiterstich schließen.
Oberkante absteppen.

Originalgröße

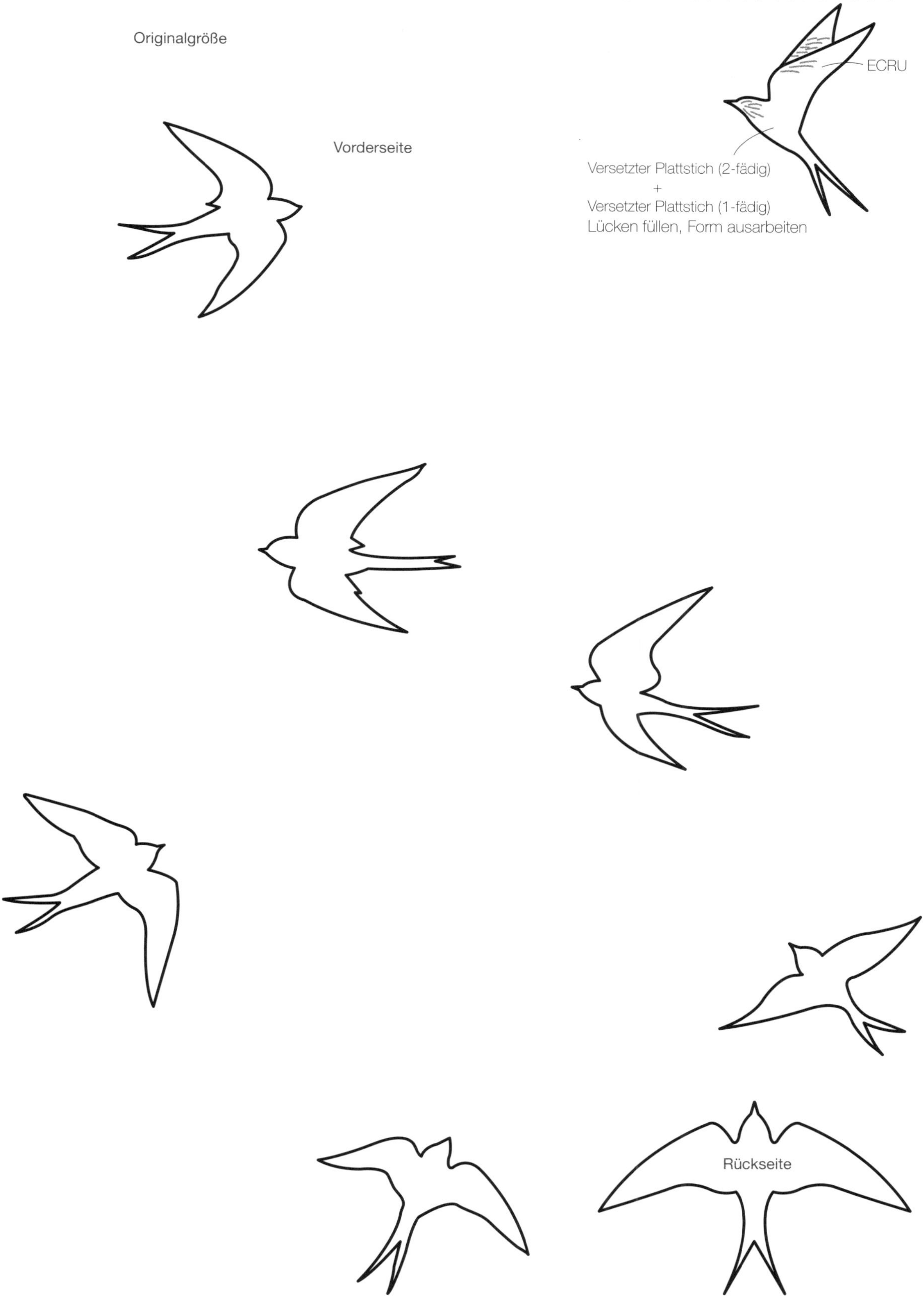

Originalgröße

❋ Stickanleitung

- Je nach Wunsch mit versetztem Plattstich, Umrissstich usw. sticken. Für einen melierten Effekt bei Bedarf je 2 (oder 4) Fäden unterschiedlicher Farben verwenden. Siehe auch S. 62/63.
- Für die Namen Anlegetechnik verwenden.

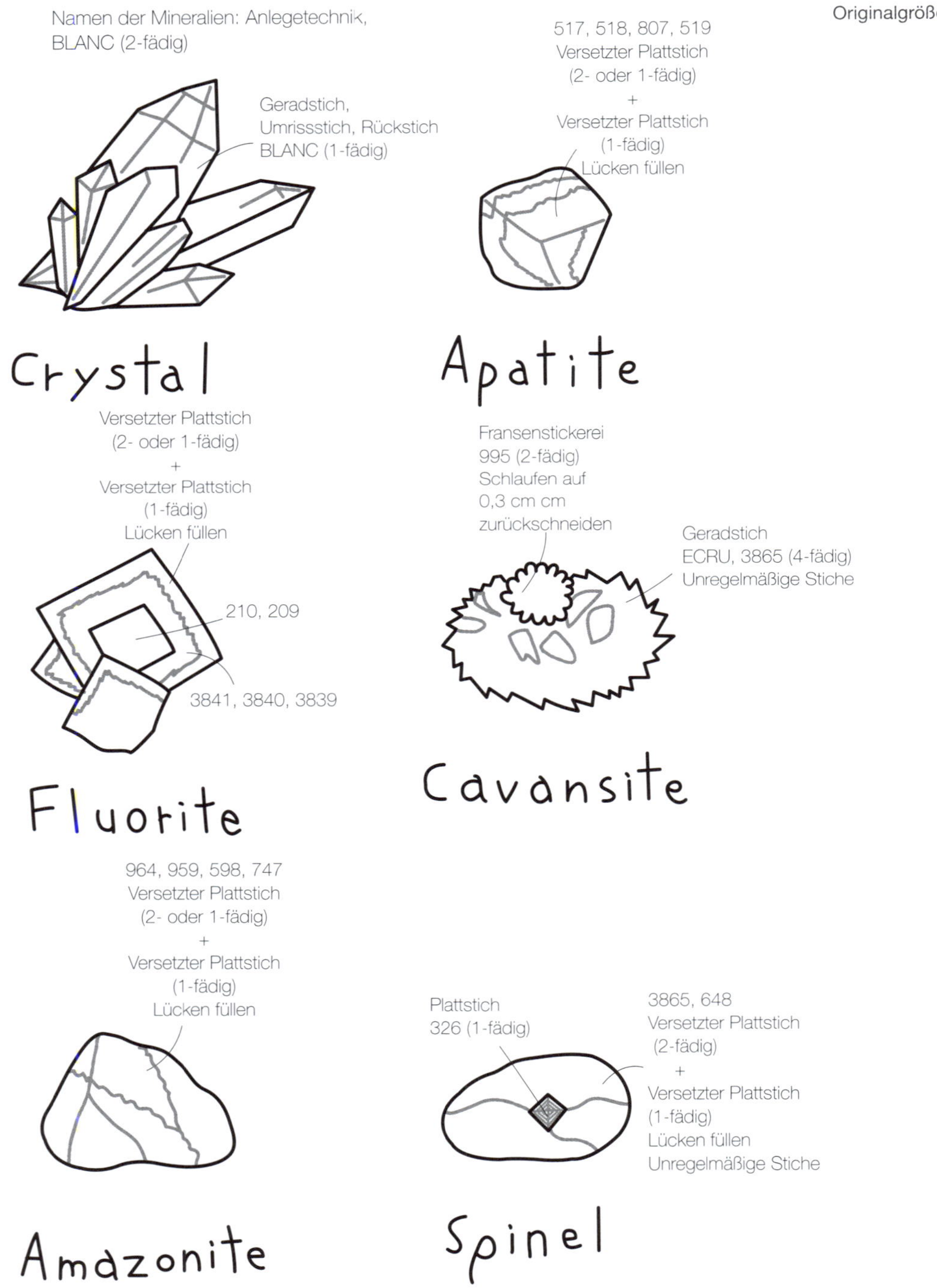

Originalgröße

Namen der Mineralien: Anlegetechnik,
BLANC (2-fädig)

BLANC, 553, 209, 210, 211, 818
Versetzter Plattstich
(2- oder 1-fädig)
+
Versetzter Plattstich
(1-fädig), Lücken füllen

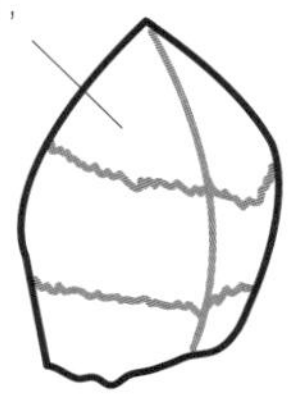

Amethyst

3815, 561, 500
Versetzter Plattstich
(2- oder 1-fädig)
+
Versetzter Plattstich
(1-fädig), Lücken füllen

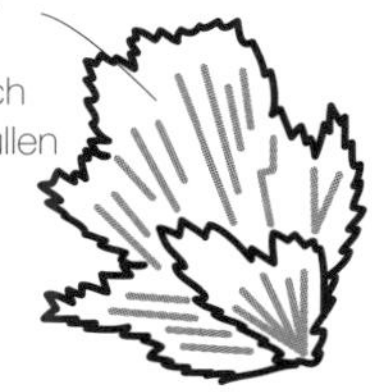

Malachite

645, 3782, 648, 3033
Unregelmäßig sticken,
um Felsstruktur nachzuahmen

726, 3820
Versetzter Plattstich (1-fädig)
Geradstich (1-fädig)

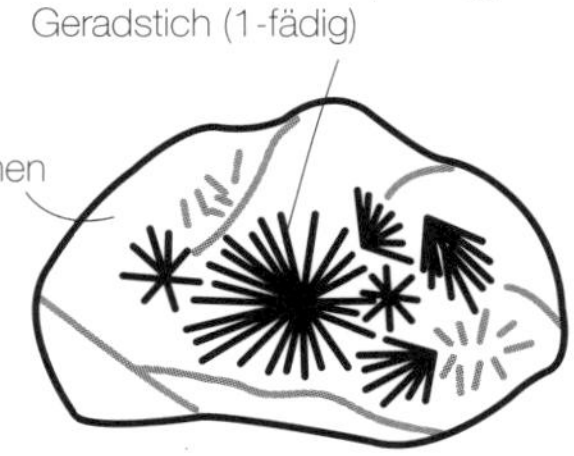

Boltwoodite

BLANC, 02, 03
Versetzter Plattstich
(2- oder 1-fädig)
Längere Stiche
+
Versetzter Plattstich
(1-fädig)
Lücken füllen

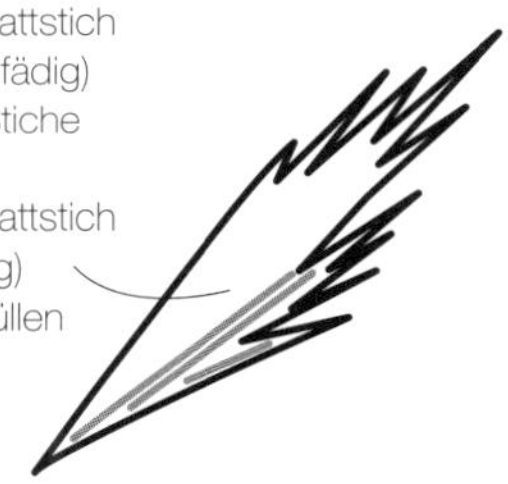

Scolecite

3865, 02, 03
Versetzter Plattstich
(2- oder 1-fädig)
+
Versetzter Plattstich
(1-fädig)
Lücken füllen

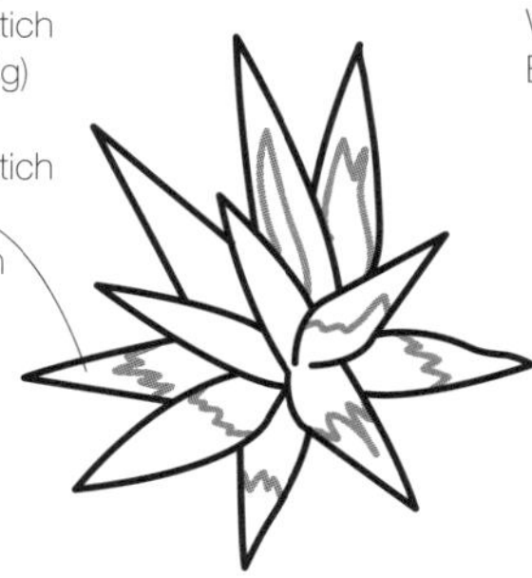

Calcite

Wickelstich
BLANC (2-fädig)

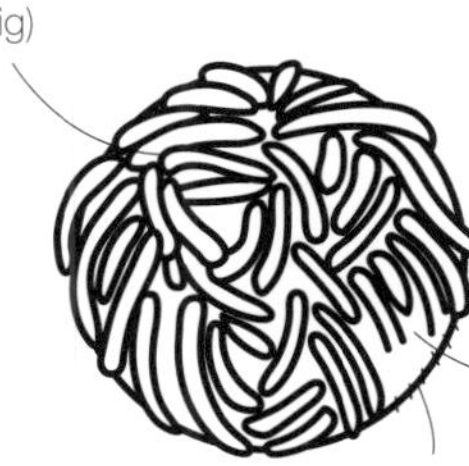

Auf Leinenstoff sticken

Leiterstich

Desert Rose

S. 41 LESEZEICHEN MIT KRISTALL

Fertigmaße: 10 × 5,5 cm

Was du brauchst

Außenstoff (inkl. Rückseite) 15 × 15 cm
1,1 cm breites Stoffband, 30 cm lang
Sechsfädiges Stickgarn DMC 25: A: 151, 645, 3354, 3733
B: 210, 340, 341, 598, 645, 747, 964

Hinweise

- Du kannst einen beliebigen Kristall von den Seiten 100/101 sticken.

Stickanleitung

- Für den Kristall versetzten Plattstich verwenden. Die gesamte Fläche sorgfältig füllen, in eventuelle Lücken weitere Stiche setzen. Für einen melierten Effekt bei Bedarf je 2 Fäden unterschiedlicher Farben verwenden. Siehe auch S. 62/63.
- Für die Buchstaben Anlegetechnik verwenden.

Nähanleitung

1. Motiv sticken.
2. Band zwischen Vorder- und Rückseite des Stoffs legen. Rundherum zusammennähen.

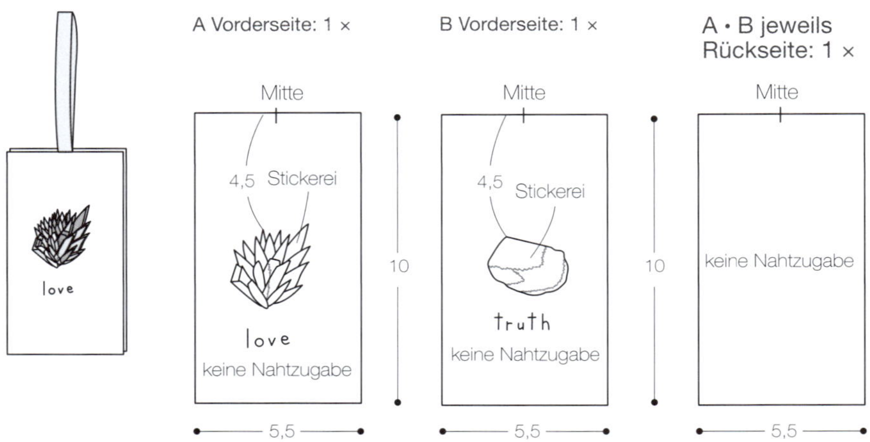

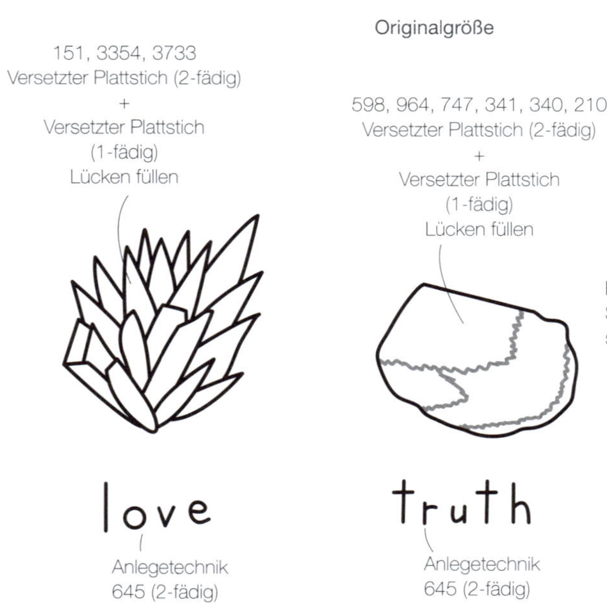

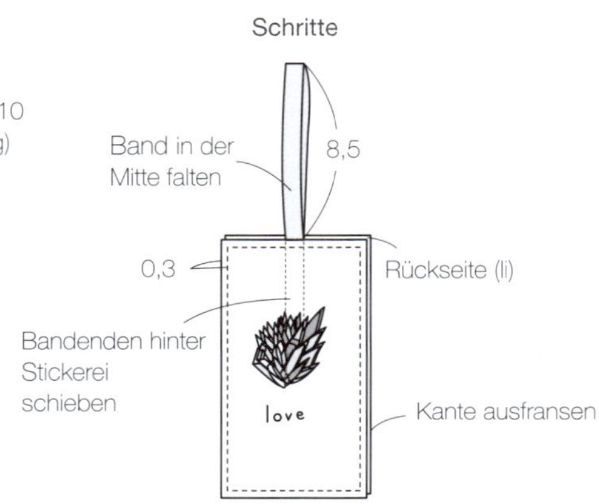

Vorder- und Rückseite links auf links aufeinanderlegen, Band dazwischenlegen, rundum zunähen.

S. 42 GERAHMTE MOTIVE AUS GEBIRGE UND MEER

Fertigmaße – A: 9,5 × 14 cm (Bildgröße), B: 8 × 11,8 cm (Bildgröße), C: 19 × 19 cm (Bildgröße)

❊ Was du brauchst

A: Stoff 30 × 25 cm
Rahmen 9,5 × 14 cm (Bildgröße)
Sechsfädiges Stickgarn DMC 25: ECRU, 07, 08, 642, 646, 647, 648, 3022, 3023, 3033, 3782, 3790, 3862, 3863

B: Stoff 25 × 25 cm
Rahmen 8 × 11,8 cm (Bildgröße)
Sechsfädiges Stickgarn DMC 25: 08, 838, 839, 3032, 3782, 3826, 3863

C: Stoff 40 × 40 cm
Rahmen 19 × 19 cm (Bildgröße)
Sechsfädiges Stickgarn DMC 25: BLANC, 211, 225, 676, 3078, 3782

❊ Hinweise

- Rahmen nach Geschmack aussuchen.

❊ Stickanleitung

- **Für A:** Für Blätter und Flügel versetzten Plattstich verwenden. Die gesamte Fläche sorgfältig füllen, in eventuelle Lücken weitere Stiche setzen. Für einen melierten Effekt bei Bedarf je 2 Fäden unterschiedlicher Farben verwenden. Siehe auch S. 63.
- Anleitung für Bienenwabe in Anlegetechnik siehe unten.
- **Blätter bei B:**

1 Mittelrippe und Adern im Umrissstich sticken.
2 Fläche mit versetztem Plattstich füllen. Mit weiteren Stichen Lücken füllen und die Form ausarbeiten.
3 Für beschädigte Blattteile Spitzenfüllstich verwenden.

- **Koralle bei C:** Am dicken Ende mit Plattstich beginnen und zum dünnen Ende hin in Umrissstich übergehen.

❊ Nähanleitung

1. Motiv sticken.
2. Rückwand bespannen und in Rahmen einlegen.

Anlegetechnik

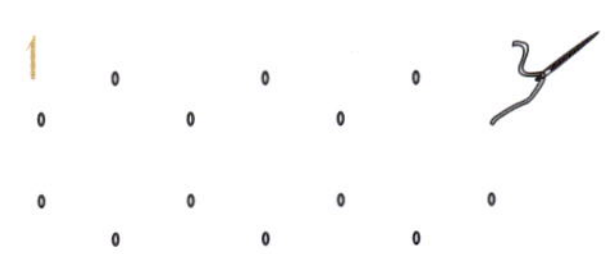

Position der Hexagon-Ecken

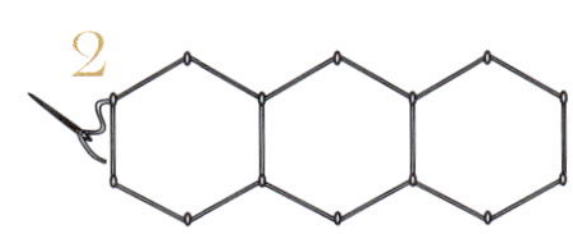

Stickgarn auf den Stoff legen und an jeder Ecke (siehe Abb. 1) fixieren.

A

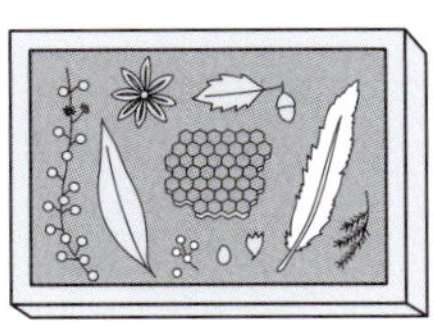

B

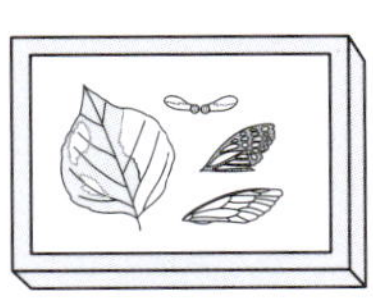

A Stoff: 1 ×

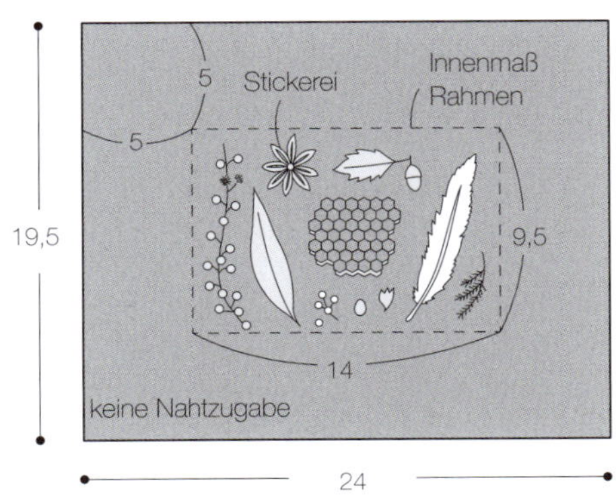

B Stoff: 1 ×

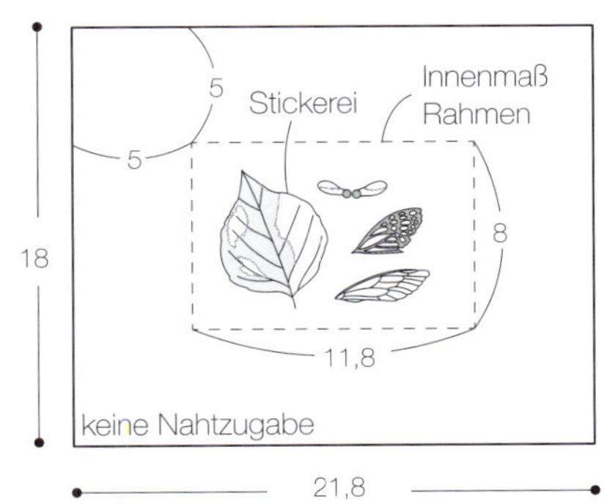

C

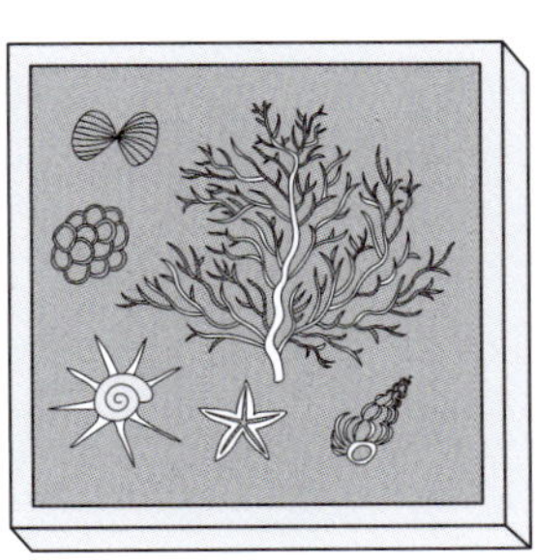

C Stoff: 1 ×

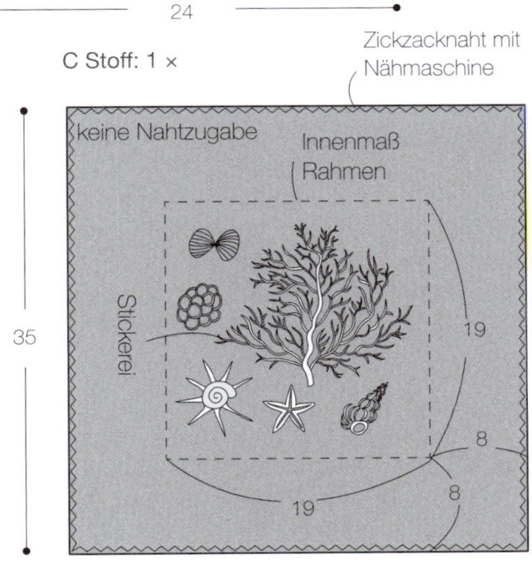

Schritte

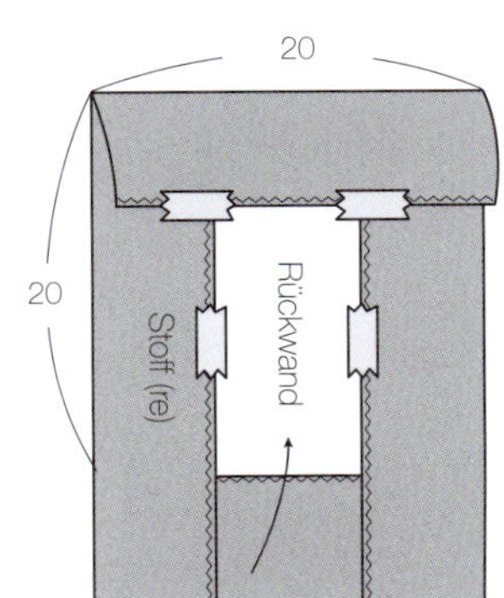

Rückwand bespannen.
Mit Klebeband fixieren.
In Rahmen einlegen.

Originalgröße

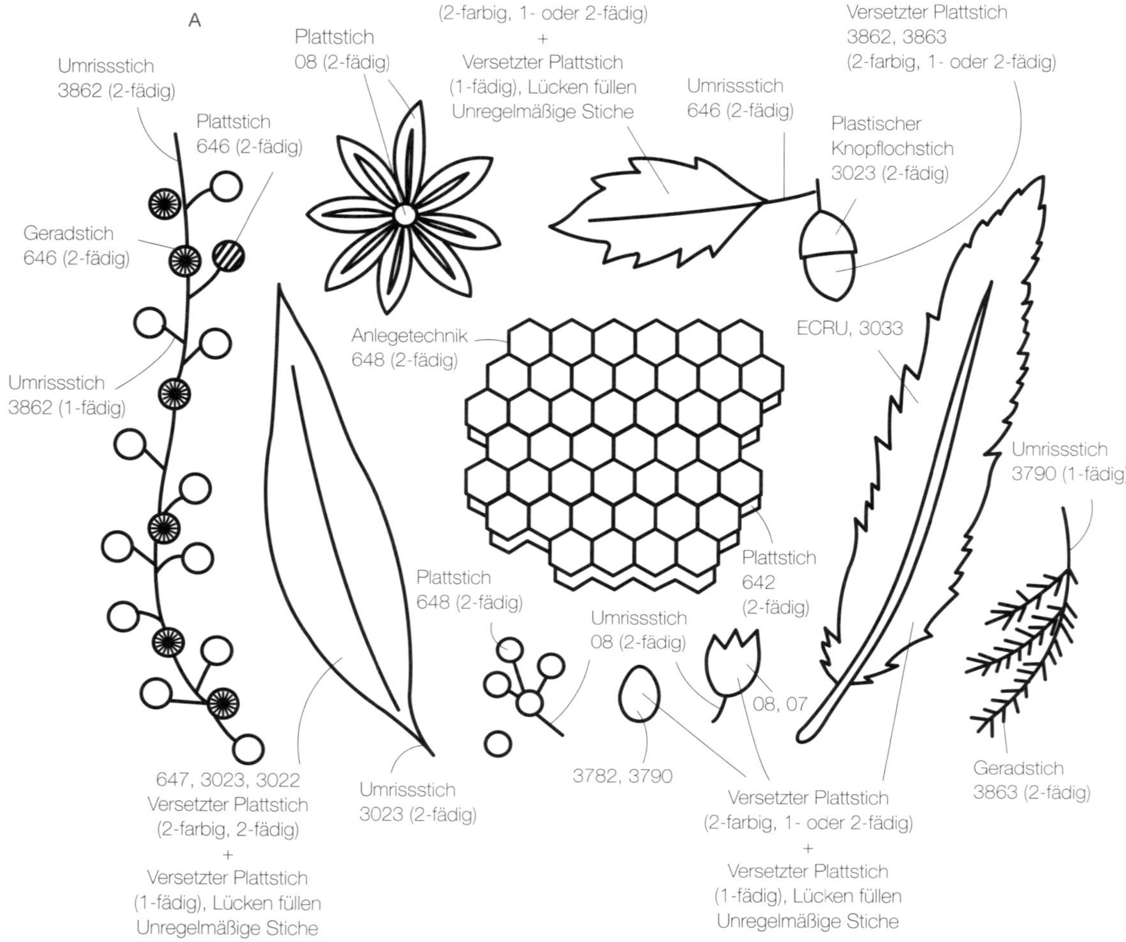

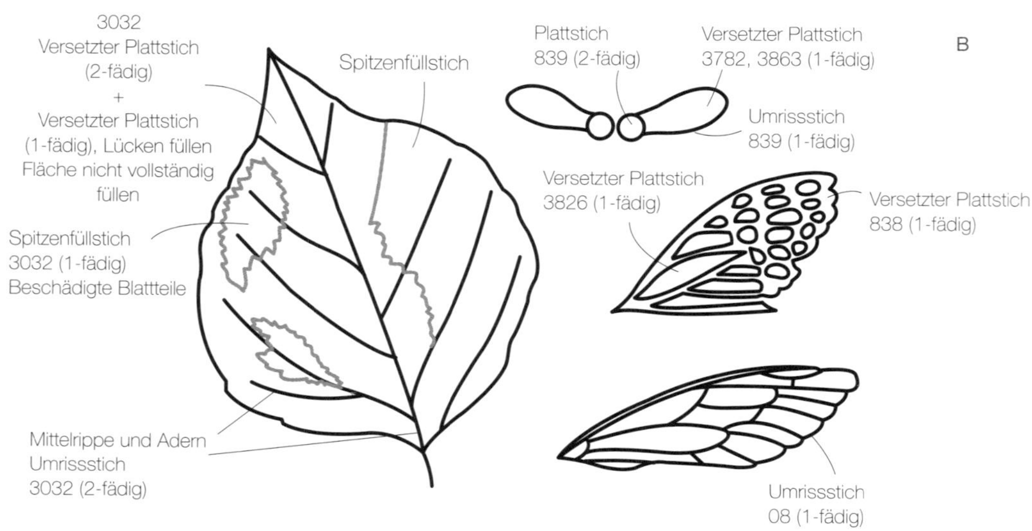

Originalgröße

C

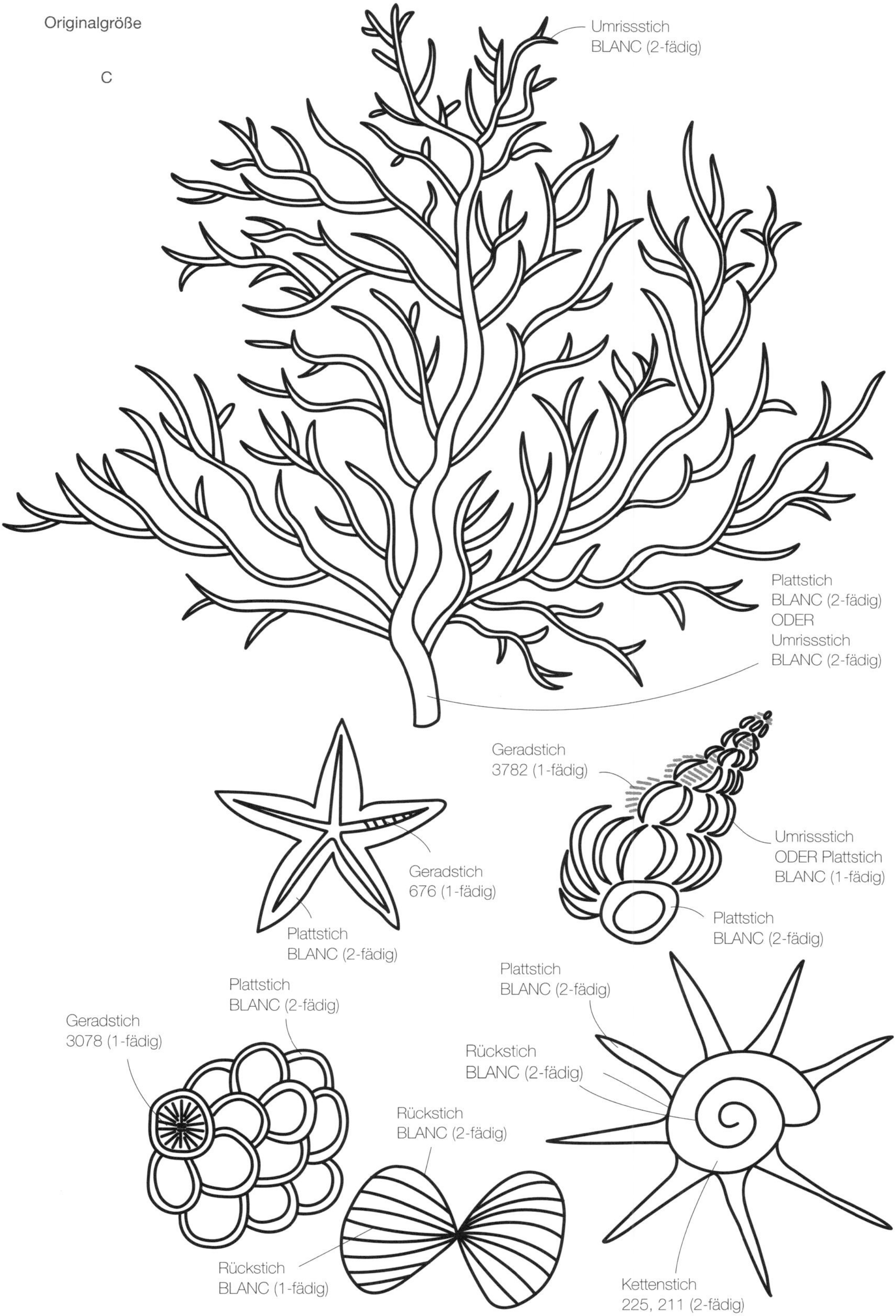

Originalgröße

Stickanleitung

1. Die Schwalbe im versetzten Plattstich sticken. Dafür eine beliebige Schwalbe von S. 99 verwenden.
2. Für die Milchstraße Geradstich verwenden – oder nach Belieben andere Sticharten.

Originalgröße

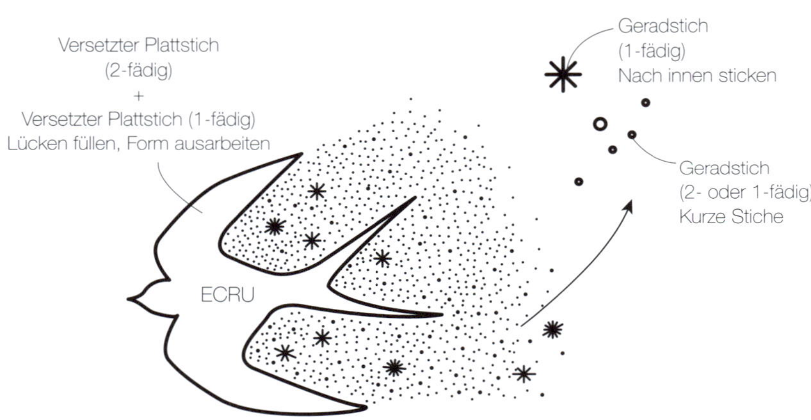

 ZITRONENTÄSCHCHEN

Fertigmaße: 14 × 11 cm

✻ Was du brauchst

Organza 15 × 35 cm
2,5 cm breites Stoffband, 100 cm
Sechsfädiges Stickgarn DMC 25: 307, 3078, 3865

✻ Hinweise

• Zitrone frei sticken, nicht streng an die Vorlage halten. Beispiele siehe S. 46.

✻ Stickanleitung

1. Gelbe Schale in schrägem Plattstich sticken.
2. Weiße Haut in versetztem Plattstich mit gleichbleibender Richtung sticken.
3. Für Zwischenwände Rückstich verwenden. Am Ende Loch in der Mitte umsticken.
4. Fruchtfleisch mit Spitzenfüllstich sticken. Siehe auch S. 60.

✻ Nähanleitung

1. Motiv auf Organza sticken.
2. Ober- und Unterkante säumen und Stoffstreifen in der Mitte falten. Seiten mit Band einfassen.

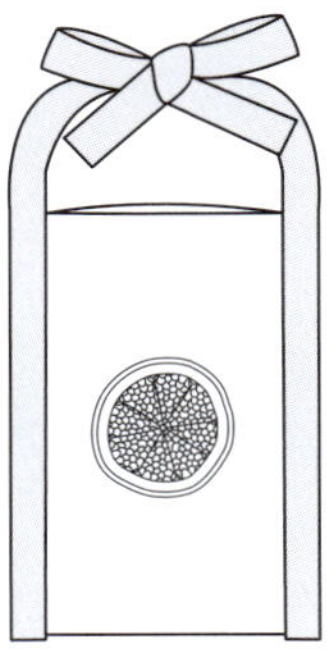

Organza: 1 ×

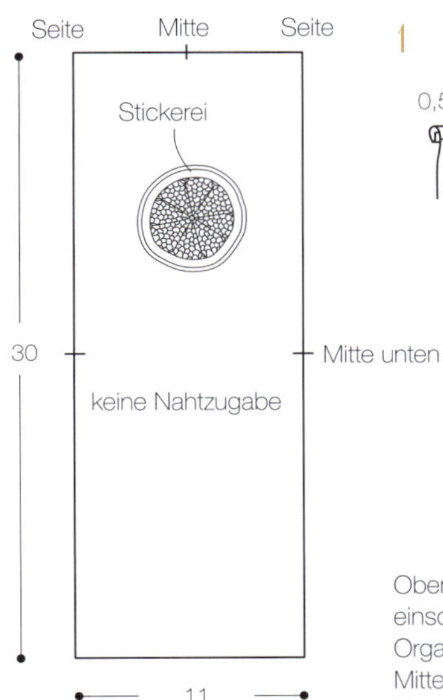

Schritte

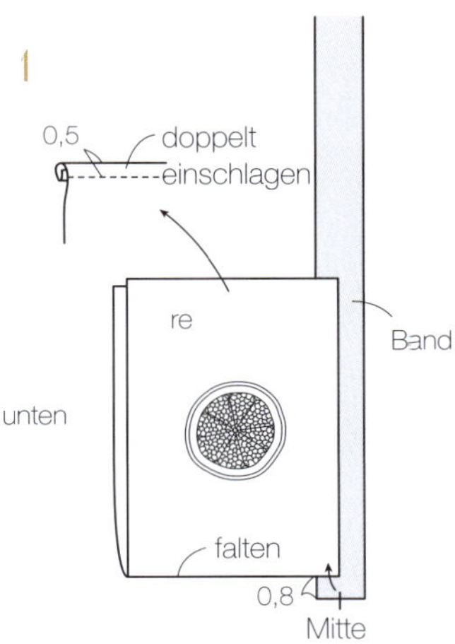

Ober- und Unterkante doppelt einschlagen.
Organzastreifen links auf links in der Mitte falten.
Band anlegen und um untere Ecke falten.

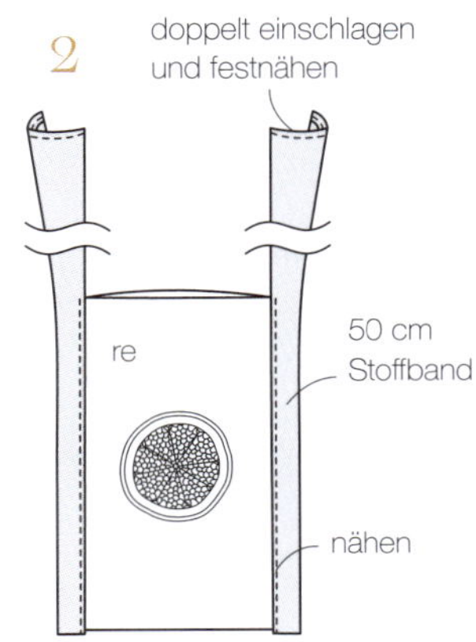

Band in der Mitte falten.
Oberkante doppelt einschlagen und festnähen.

Originalgröße

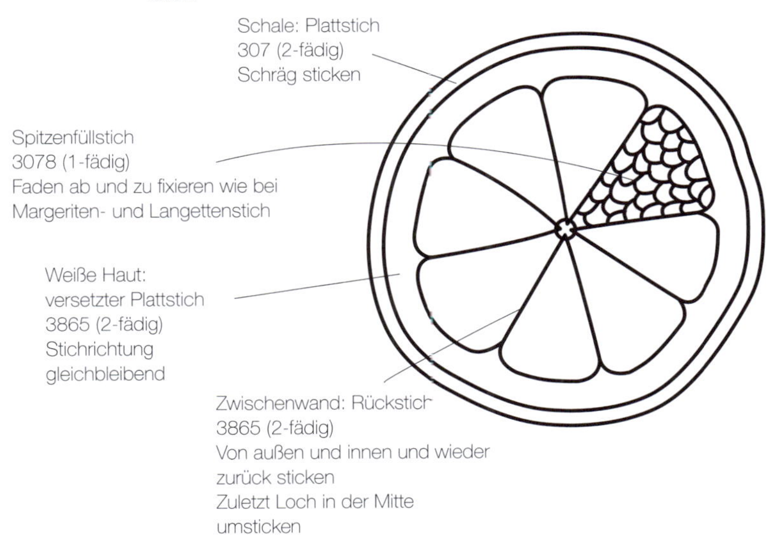

S. 48 STRAND

Abbildungsmaßstab 80 %. Für Originalgröße auf 125 % vergrößern.

❊ Stickanleitung

- Nach Belieben mit versetztem Plattstich, Plattstich, Umrissstich, Geradstich, Kettenstich usw. sticken.
- Stickgarn-Farben: Haut z. B. ECRU, 422, 739 / Haare z. B. 08, 676, 3826 / für Kleidung Lieblingsfarben oder Garnreste verwenden.
- Auf Gegenstand deiner Wahl sticken, z. B. Hemd oder Tasche.

Abbildungsmaßstab 80 %.
Für Originalgröße auf 125 % vergrößern.

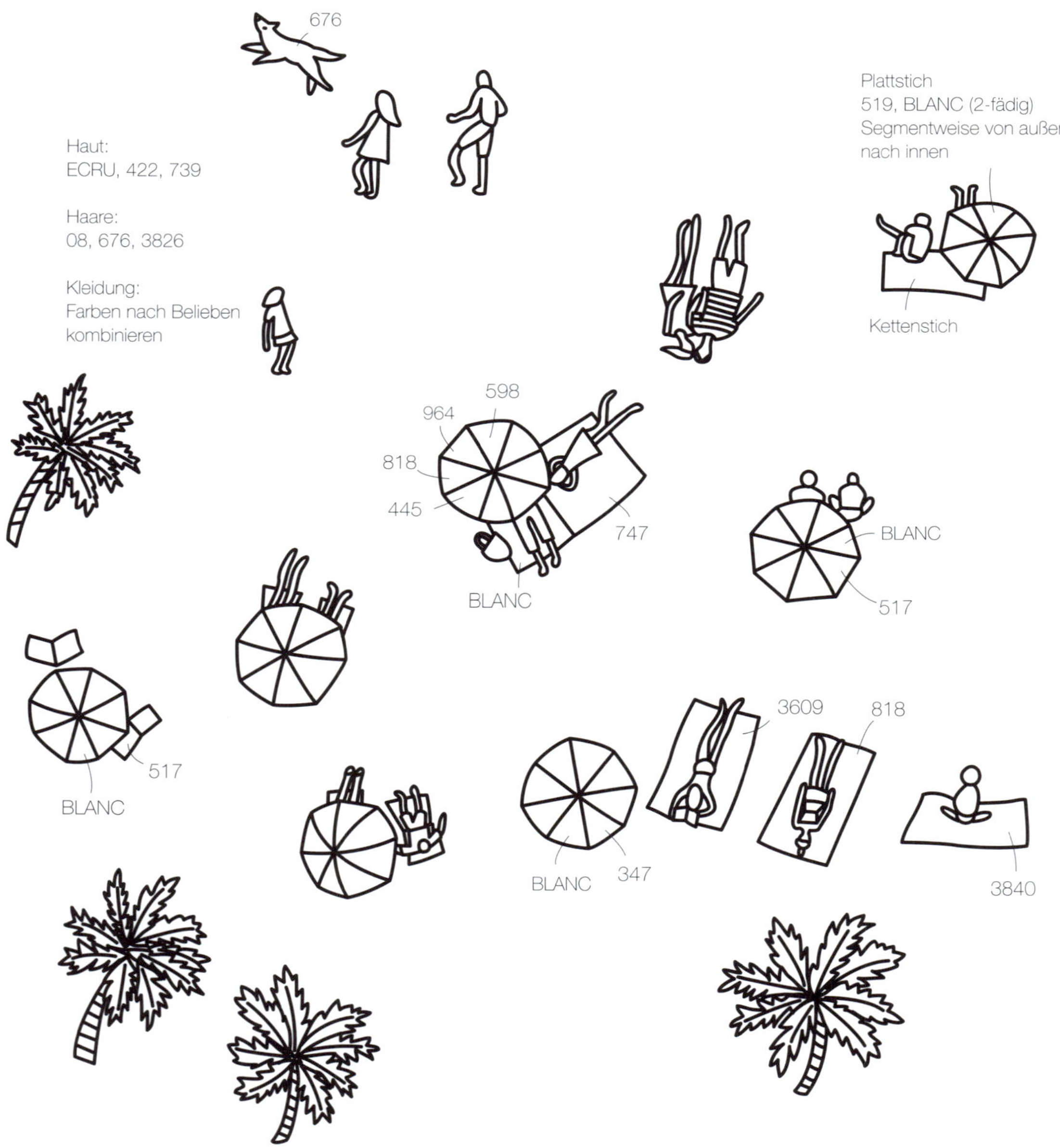

Positionierung

Mit etwas Anpassung lässt sich die Vorlage auf jedes beliebige Kleidungsstück sticken.

Abbildungsmaßstab 80 %.
Für Originalgröße auf 125 % vergrößern.

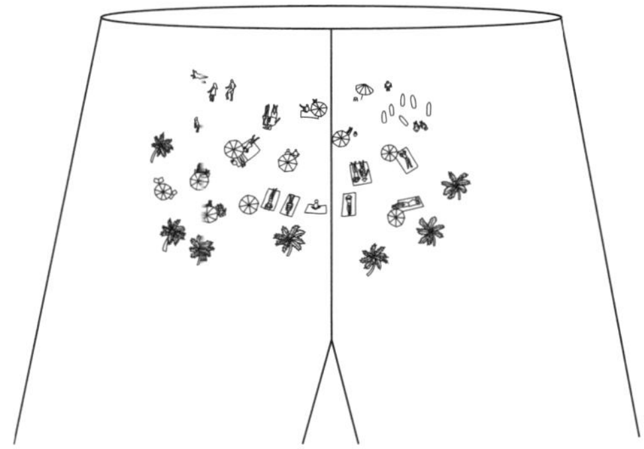

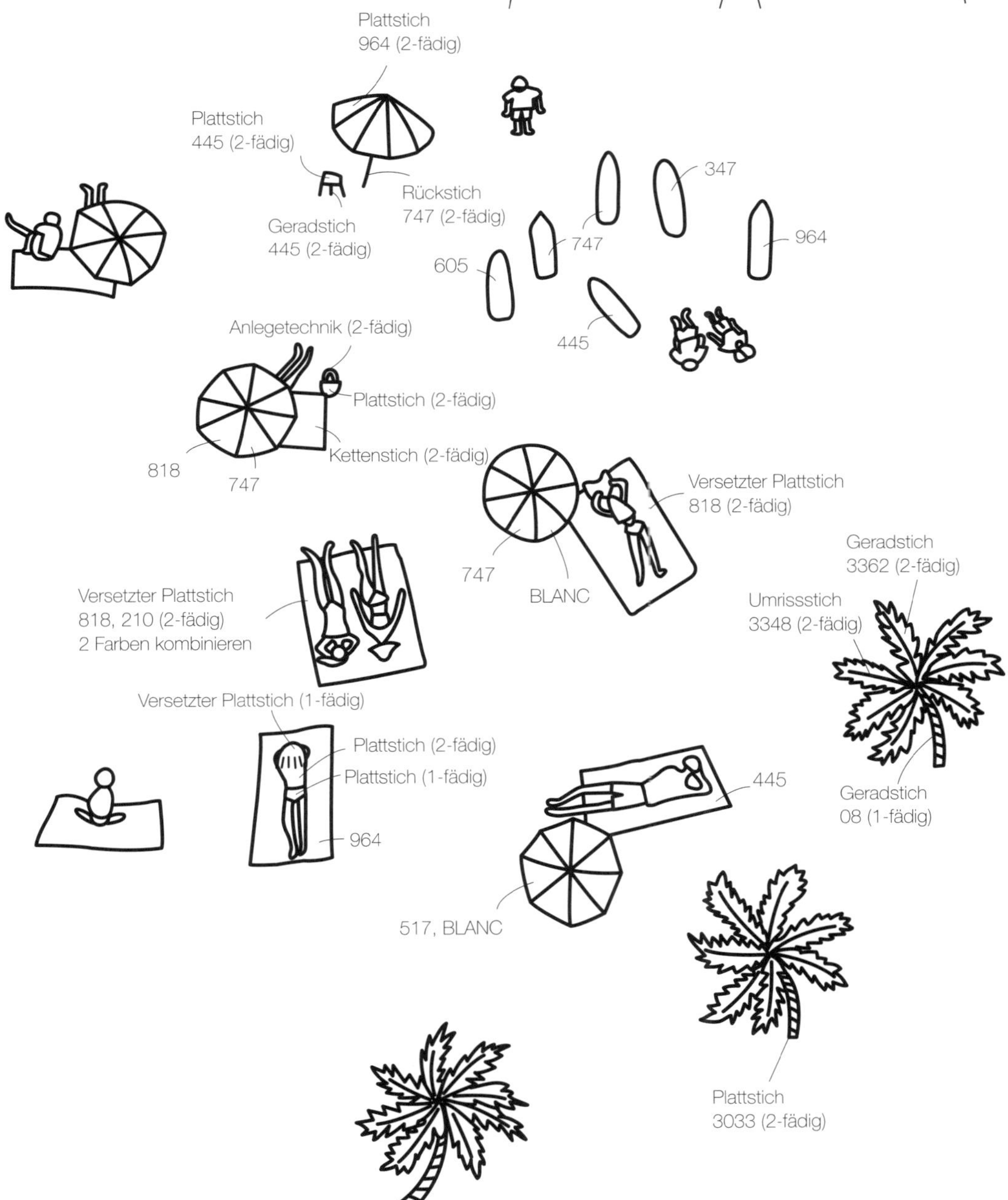

S. 51 SKIPISTE

Abbildungsmaßstab 73 %. Für Originalgröße auf 137 % vergrößern.

❊ Stickanleitung

- Berge: Wo immer möglich, Stofffarbe ausnutzen und nur den Rest sticken. Für einen melierten Effekt bei Bedarf je 2 Fäden unterschiedlicher Farben verwenden.
- Frei mit versetztem Plattstich, Plattstich, Umrissstich, Geradstich usw. sticken.
- Für die Kleidung Lieblingsfarben oder Garnreste verwenden.
- Auf Gegenstand deiner Wahl sticken, z. B. Hemd oder Tasche.

Abbildungsmaßstab 73 %.
Für Originalgröße auf 137 % vergrößern.

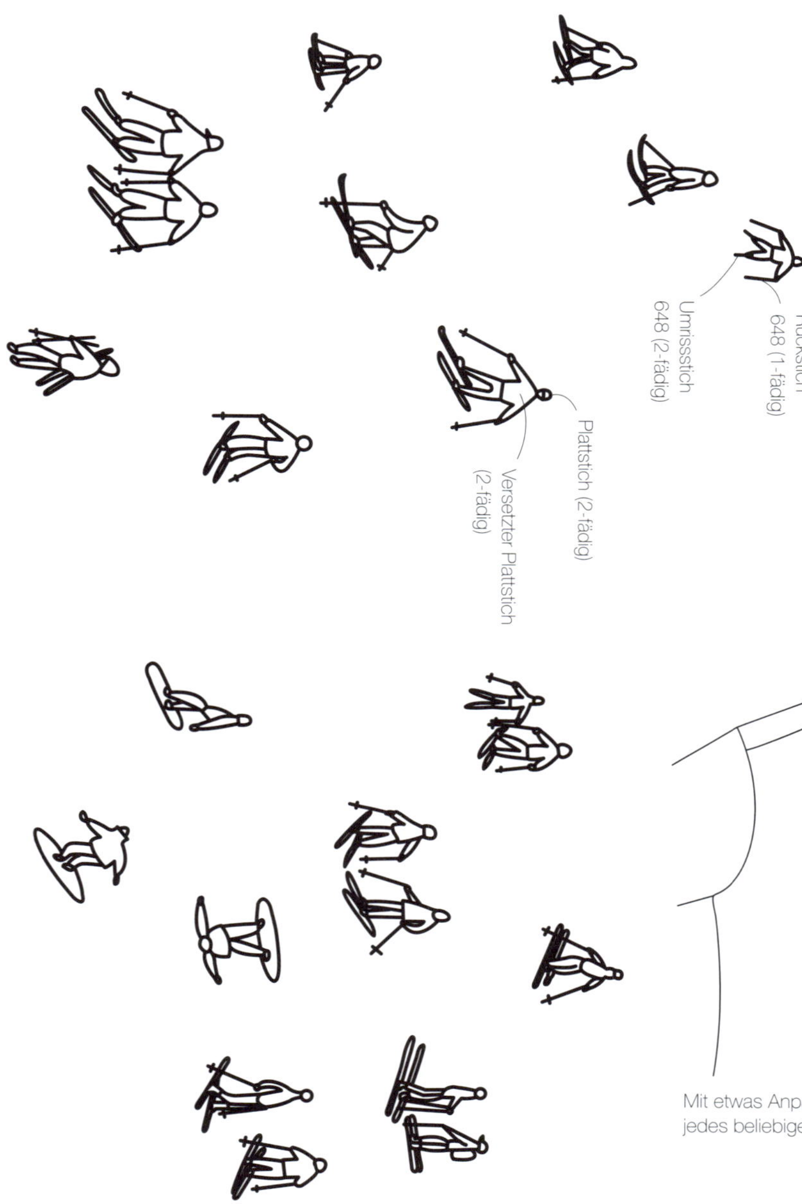

Positionierung

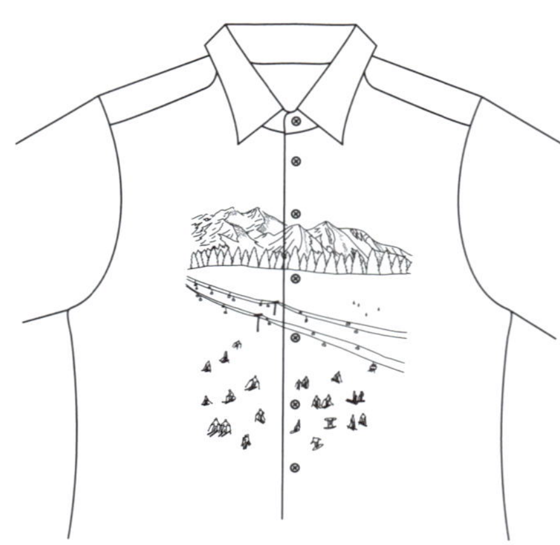

Mit etwas Anpassung lässt sich die Vorlage auf jedes beliebige Kleidungsstück sticken.

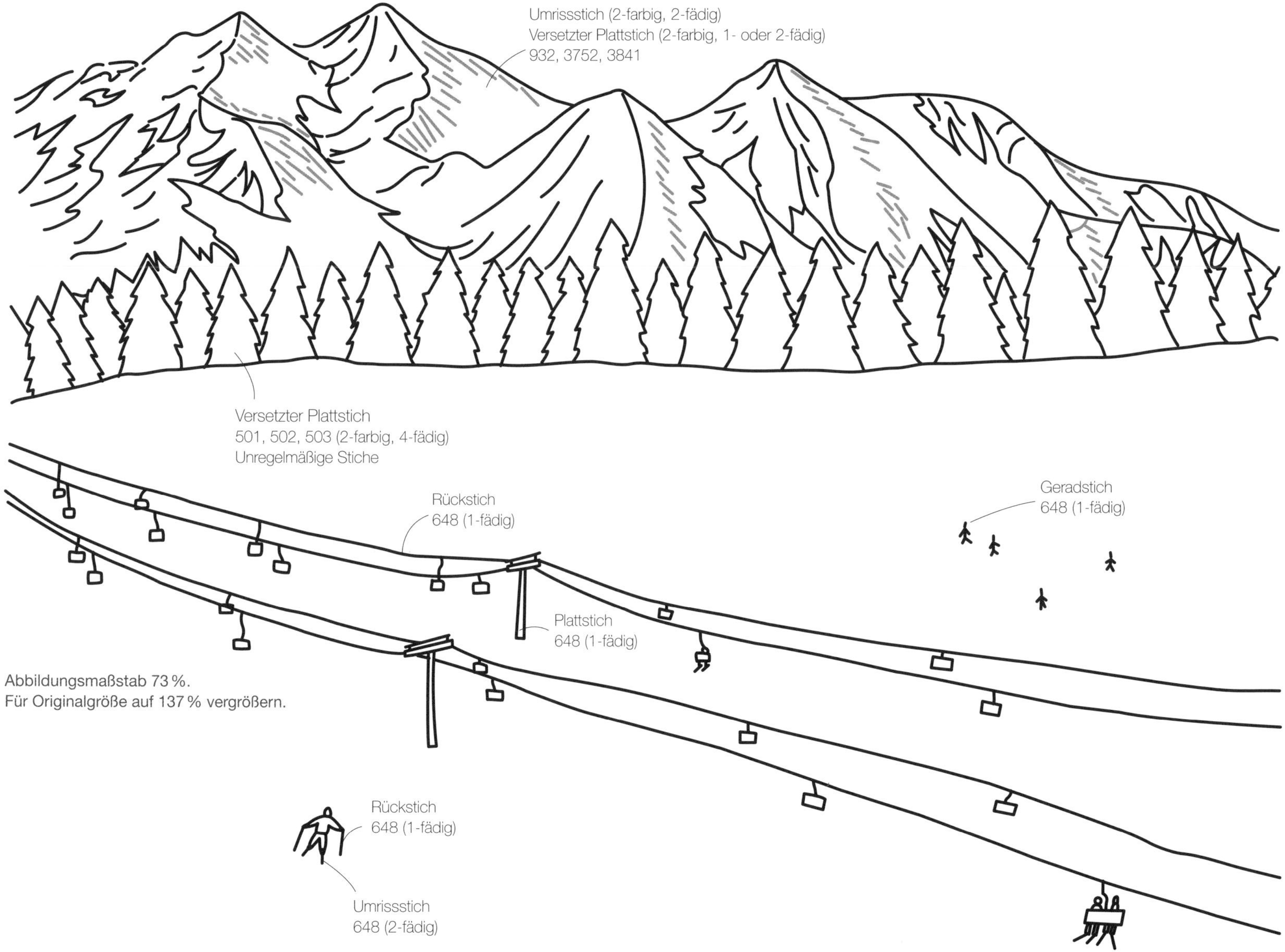

Abbildungsmaßstab 73 %.
Für Originalgröße auf 137 % vergrößern.

ÜBER DIE AUTORIN

Stickkünstlerin »juno« malt mit Nadel und Faden inspirierende, wunderschöne, fröhliche Motive. Ihre Arbeiten wurden bereits vielfach ausgestellt.

Instagram: @junoembroidery

Liebe Leser:innen,
wir freuen uns, dass wir euch mit diesem Buch inspirieren und Teil eurer kreativen Reise sein dürfen.
Noch mehr Inspiration, originelle Ideen und besondere Themen findet ihr auf unserer Verlagsseite www.stiebner.com.

Lasst uns zusammen kreativ werden!
Wir sind immer offen für eure Anregungen, Wünsche und Kritik – schreibt uns gerne unter verlag@stiebner.com.
Da geteilte Freude bekanntlich doppelte Freude ist: Zeigt uns eure kreativen Ideen und fertigen Projekte auf Social Media!
Markiert uns mit @stiebnerverlag und »juno« mit @junoembroidery oder nutzt die folgenden Hashtags:
#KunstvollSticken #StiebnerKreativ

Erstmals erschienen unter dem Titel »juno no Shishu Note Shishu de Egaku Shokubutsu to Doubutsu to Monogatari«
bei by Graphic sha Publishing Co., Ltd.

Die japanische Originalausgabe erschien 2021 bei Graphic-sha Publishing Co., Ltd.

2. Auflage 2025

Übersetzungsrechte vereinbart mit GRAPHIC SHA PUBLISHING CO., LTD. über die Japan UNI Agency, Inc. in Tokio
Mitarbeiter:innen der Originalausgabe
Fotos: Kiyoko Eto
Buchdesign: Motoko Kitsukawa
Zeichnungen: Miyuki Oshima
Cooperation: DMC, TSUNODA.CO., Ltd., POCKET PARK
Lektorat: Ayako Enaka (Graphic-sha Publishing Co., Ltd.)
Produktion und Management der ausländischen Ausgabe: Takako Motoki, Yuki Yamamoto (Graphic-sha Publishing Co., Ltd.)

Übersetzung aus dem Englischen: Anja Neudert
Cover: Danai Afrati, Stiebner Verlag
Projektleitung und Lektorat: Stefanie Klapetek, Stiebner Verlag
Gedruckt bei Central Dabas Printing House, Ungarn

FSC www.fsc.org
MIX
Papier | Fördert gute Waldnutzung
FSC® C106616

ISBN 978-3-8307-2153-6

Bibliografische Information der Deutschen Nationalbibliothek:
Die Deutsche Nationalbibliothek verzeichnet diese Publikation in der Deutschen Nationalbibliografie;
detaillierte bibliografische Daten sind im Internet über http://dnb.dnb.de abrufbar.

www.stiebner.com